THE ECONOMICS OF COLLUSION
CARTELS AND BIDDING RINGS

麻省理工学院经典译著（The MIT Press）

共谋经济学

——卡特尔与串谋竞标

（美）罗伯特 C. 马歇尔（Robert C. Marshall）

（美）莱斯利 M. 马克思（Lislie M.Marx）

蒲 艳 张志奇◎译 吴汉洪◎校

人民出版社

译者序

英文collusion的中文翻译为勾结、共谋。共谋是现实世界中的普遍现象。涉及到经济学领域，在寡头市场中，具有竞争关系的同业竞争者为了避免两败俱伤的竞争和共同抵御行业外的进入者，就会有共谋的意愿。在经济学中，一个市场中的企业之间有关生产的产量或索取的价格达成某种协议就被称为共谋，而联合起来行事的企业集团被称为卡特尔（cartel）。从政府对市场竞争监管的角度看，共谋行为是损害市场竞争的。虽然微观经济学和产业组织方面的教科书都有对卡特尔和共谋的讨论，但专门以共谋为论题的研究专著却不多见。读者面前的这本《共谋经济学》正是这样一部著作。本书具有以下特点：

其一，论题集中和深入。作者在本书前言明确表示，本书的主题是明示共谋（explicit collusion），其含义为竞争者之间通过沟通信息和转移收益，达到限制竞争目的的协议。为了集中和系统分析明示共谋，作者分四个部分进行考察：第一部分对现实中的共谋进行了考察，包括卡特尔概述、串谋竞标概述和卡特尔侦查；第二部分是卡特尔经济学，包括卡特尔对竞争的限制、卡特尔共谋的实施和超越内部竞争限制；第三部分为恶意串谋者集团的经济分析，包括竞价者限制竞争的行为、恶意串谋者集团共谋的实现和拍卖规则对恶意串谋者集团的影响；第四部分是利用经济学证据推定共谋的存在，包括附加因素和恶意串谋者集团中的附加因素等内容。应该说，本书对上述四个部分的论述使人们对明示共谋有了较为深入的认识和理解，其广度和深度明显超越了微观经济学和产业组织教科书对该论题的阐述。

其二，理论联系实际。本书不仅从理论上考察了卡特尔和串谋竞标的运作和实施，而且从限制竞争的视角考察串谋的影响，并从反垄断执法的视角说明利用经济学证据推定共谋的存在等问题，不仅如此，书中还包括一些相关案例。

其三，通俗易懂。为了吸引更多的潜在读者，本书舍弃复杂的数学模型，书中大部分分析都比较直白，没有冗长的说明，也无需太多的学术基础。

我们认为，本书中文版的出版至少具有如下意义：一是可以使我国的读者更深入地认识现实中的共谋现象，不仅包括经济领域中的共谋，而且还包括政治领域及国际领域中的共谋；二是对我国反垄断执法部门查处垄断协议行为有积极的作用；三是对我国相关部门和机构规范招标和投标工作也有积极作用。

本书的翻译出版工作得到了国家自然科学基金项目"我国信息资源产业发展及管理研究"（71133006）的资助，特此说明。

本书的翻译分工如下：我主持全书的翻译工作。蒲艳负责本书前两部分的翻译，张志奇负责本书后两部分的翻译。翻译初稿完成后，先由两位译者相互校译，最后由我总校译。

我们在此感谢人民出版社的高晓璐女士，她积极联系版权才使本书中文版得以出版，在编辑和出版过程中，高女士仔细和高效的工作也给我们留下了深刻的印象。

由于时间仓促和水平有限，翻译中的偏颇和错误在所难免，敬请读者批评指正。

吴汉洪

于中国人民大学明德楼

2015年1月10日

前　言

本书的主题是明示共谋(explicit collusion)。明示共谋指竞争者之间通过沟通信息和转移收益，达到限制竞争目的的协议。[1]一般而言，竞争者之间的对抗会侵蚀利润，而限制竞争可以提高利润。

一些学者认为，明示共谋在现实生活中是非常罕见的，并认为公司在激烈的竞争中一般会显示出弱肉强食之类的特征。而另外一些学者则持相反的观点，他们的理由是经济学之父亚当·斯密在《国富论》中的一段至理名言："同业者即便是为了娱乐也很少在一起，而一旦他们聚在一起，不是合谋对付公众，就是计谋抬高价格"[2]。

这两种观点，我们都不赞成。我们认为厂商在追逐利润的时候，必然会考虑经营决策伴随的风险。在资源数量既定且存在风险的情况下，厂商必然会选择能够带来更高预期收益率的决策，放弃预期收益率更低的行为。明示共谋既可能带来更高的预期收益率，也可能带来相反的结果。

即便如此，我们仍承认共谋行为对厂商的吸引力。成功限制竞争是厂商的目标之一。相比畅销读物，我们每个人更愿意阅读欧洲委员会处理的卡特尔案例。然而，当读到厂商由于那些有名无实的反竞争行为（这些行为通常都没有机会获得成功）而被处以巨额罚款时，我们都感觉非常悲哀。我们读到过许多这样的事例：相互竞争的厂商的经理们在一个快餐店或咖啡馆会面，讨论价格或竞标策略，隔周后再次见面时，往往会抱怨之

1　在本书中，任何时候提到"共谋"，如未特别阐明，都是指"明示共谋"。

2　斯密（1981）再版，第10章，第27段，第145页，详见参考文献第226条。

前的约定没有产生合意的结果。一位能干的经理不会相信，仅仅是一顿午餐或一个小时的谈话就能产生巨大的利润收益。成功的明示共谋需要管理层精心地策划和运作，需要清醒的头脑以及勤奋的工作。

经过二十多年对共谋行为的考察，本书终于问世了。本书早期的大部分研究主要关注拍卖中的共谋。但在最近十年，本书的研究工作拓展到卡特尔，主要原因是我们曾以举证专家和咨询顾问的身份参与了许多大型的卡特尔案件。

如何确定本书的写作深度和范围是一件非常具有挑战的事情。我们希望本书能够适合高年级的大学生，也希望反垄断领域的工作者、法律专业的学生以及对反垄断有兴趣的应用经济学家们能够喜欢本书。我们努力将对目标读者数学基础的要求降到最低，因为他们可能对数学方面的论证和计算不感兴趣。我们希望读者能够理解基本的经济原理。本书中，带星号的章节包含更多的数学推导。

本书不会论述有关共谋经济学的所有问题。例如，我们不会讨论反共谋行为的法律法规。我们讨论的重点是为其他公司生产中间产品的卡特尔组织，而不是直接将商品或服务销售给个人的卡特尔组织。我们称前者为工业卡特尔。我们采用独特的信息框架研究拍卖和采购招标[1]中的共谋行为。[2]写作此书的主要目的是让读者对共谋行为——什么是共谋，为什么共谋行为有利可图，如何实施共谋以及如何发现共谋——有一个基本的了解。

本书舍弃精确的数学模型，因此大多数分析都比较直白，没有冗长的说明，也无需太多的学术基础。部分原因是我们希望有更多的读者愿意阅读本书，了解共谋行为的核心问题。此外，尽管许多分析可以以某种产品/某个市场/某个行业为假定条件，但对读者而言，书中频繁地出现各种限制条件，这也是很烦人的事情。

1　拍卖或采购招标过程中，需同时考虑买卖双方的报价。

2　关于信息框架，请参考经济学文献"独立的个人价值"模型。参见Krishna（2009），详见参考文献第139条。

我们诚挚地感谢许多厂商和个人的支持。我们的合伙厂商LLC贝茨·怀特公司和该公司卡特尔行为的倡导者马特·莱福（Matt Raiff），都为我们理解和研究卡特尔组织提供了独特的视角。

我们从人力资本基金会向宾夕法尼亚州立大学拍卖、采购招标和竞争政策研究中心（CAPCP）提供的经济支持中获益良多。值得一提的是，安德烈·瓦维洛夫（Andrey Vavilov）为推动宾州大学的经济研究做出了不可磨灭的贡献。人力资本基金会提供的基金让CAPCP得以将数据及软件提供给大众使用，其中包括12章附录部分述及的俄罗斯石油和天然气拍卖数据。

我们收到了各界对本书各部分内容的评论，包括戴夫·巴斯（Dare Barth）、李·格林菲尔德（Lee Greenfield）、乔·哈林顿（Joe Harrington）、杰夫·霍华德（Jeff Howard）、保罗·约翰逊（Paul Johnson）、奇普·米勒（Chip Miller）、马克·谢克特（Mark Schechter）、特里·沃恩（Terry Vaughn）以及斯蒂文·舒伦贝格（Steve Schulen beg）。在威尔默黑尔举办的研讨会上的与会者及美国联邦贸易委员会同样提供了具有启发性的评论。我们非常感激乔治·比特林梅尔（George Bittling mayer）对安迪斯顿案例的讨论，以及为我们提供该案例诉讼过程的记录副本。

多年来与下列人员的讨论也促使我们更好地理解了共谋行为的关键问题，这些人员包括吉姆·安东（Jim Anton）、约翰·阿斯科（John Asker）、苏珊·阿西（Susan Athey）、帕特·巴格瑞（Pat Bajari）、劳拉·鲍尔温（Laura Baldwin）、查理·贝茨（Charley Bates）、道格·伯恩汉姆（Doug Bernheim）、卡利安·查特吉（Kalyan Chatterjee）、波比·菲利皮（Bobby Filipi）、埃里克·格尔（Eric Gaier）、约翰·葛伟克（John Geweke）、丹·格雷厄姆（Dan Graham）、艾德·格林（Ed Green）、兰迪·黑博（Randy Heeb）、肯·亨德里克斯（Ken Hendricks）、基斯·海尔顿（Keith Hylton）、巴里·伊克斯（Barry Icker）、吉姆·乔丹（Jim Jordan）、艾虎德·卡莱（Ehud Kalai）、布莱特·卡兹曼（Brett Kstzman）、埃文·科雷（Evan Kwerel）、弗拉基米尔·格雷德尔

（Vladimir Kreyndel）、维贾依·克利须那（Vijay Krishna）、伯纳德·莱布伦（Bernard Lebrun）、斯科特·洛贝尔（Scott Lobel）、皮诺·洛波莫（Pino Lopomo）、大卫·麦克亚当斯（David Mcadams）、麦克·莫伊雷尔（Mike Meurer）、罗杰·迈尔森（Roger Myerson）、罗伯·波特（Rob Porter）、简-弗朗索瓦·理查德（Jean-Francois Richard）、乔治·鲁然斯基（George Rozanski）、乔尔·索贝尔（Joel Sobel）、玛莎·斯坦希尔（Martha Stancill）、杰伦·斯文科斯（Jeroen Swinkels）、鲍勃·韦伯（Bob Weber）、哈尔·怀特（Hal White）。我们特别感谢最近刚结束联邦贸易委员会委员任期的比尔·科瓦契奇（Bill Kovacic），他给予了我们很多耐人深思的启发。政府部门能够吸引像比尔一样学识渊博且具有无私奉献精神的人，让广大民众感到安心。

　　米歇尔·莫斯拉克（Michele Moslak）对整本书的工作提供了极大的支持。露西·普雷斯（Lucy Pless）独特视角的演讲使我们获益良多。约翰·多特雷（John Dougherty）、尤雷提·霍罗科夫斯基（Yurity Horokhivskyy）、安德烈·卡拉瓦伊（Andrei Karavaev）、普拉德普·库玛（Pradeep Kumar）、维克拉玛·库玛（Vikram Kumar）、克雷斯·伦格拉克（Chris Lengrcih）、利利·萨玛科哈拉德（Lily Samkharadze）和达恩·维尔伯恩（Dane Wilburne）为我们提供了研究支持。我们还非常幸运地邀请到约翰·科威尔（John Covell）担任本书主编，在整个出版过程中，他提供了深刻的见解和极大的帮助。另外，我们非常感谢MIT出版社杰出的员工，特别是达恩·安德斯（Dane Andrus）和卡特依·霍普（Katie Hope）。

　　最后，感谢我们的家人，因为她们的付出，使本书的读者能够增进学识。我们衷心希望家人的付出能够获得回报。

　　鲍勃·马歇尔（Bob Marshall）和莱斯利·马克思（Leslie Marx）

目 录

第一章　关于共谋的概述 ························· 1

第一节　鼓舞人心的案例 ··························· 1

第二节　波特五力模型中的共谋 ··················· 3

　　一、市场结构 ································· 3

　　二、影响利润的因素 ··························· 4

第三节　共谋的困难 ······························· 5

　　一、沟通和转移 ······························· 5

　　二、暗中违约 ································· 6

　　三、共谋，而不是合并 ························· 7

第四节　需要明示共谋的情况 ····················· 8

　　一、看得见的标价 ····························· 9

　　二、看不见的投标价格 ························· 11

　　三、明示共谋的作用 ··························· 15

第五节　明示共谋的长期价格效应 ················· 17

第六节　价格形成过程 ··························· 18

　　一、缺少监控情况下，共谋难于维持 ············· 19

　　二、监控情况下的有效共谋 ····················· 20

第七节　明示共谋违法性的经济学理论 …………………… 21

第八节　卡特尔侦查 …………………………………………… 22

第九节　影响默示共谋持续性的因素 …………………… 23

第一部分　现实中的共谋

第二章　卡特尔概述 …………………………………………… 26

第一节　故事的开始 …………………………………………… 26

第二节　卡特尔的动议 ………………………………………… 27

第三节　划分市场份额 ………………………………………… 30

第四节　价格上涨和公告 ……………………………………… 33

第五节　销售部门的影响 ……………………………………… 37

第六节　利益再分配 …………………………………………… 38

第七节　相关问答 ……………………………………………… 41

第三章　关于串谋竞标的概述 ……………………………… 51

第一节　学习串谋竞标的基本规则 …………………………… 52

第二节　团伙的两个动机 ……………………………………… 53

一、情景1：关于质量的信息对称 …………………………… 53

二、情景2：关于质量的信息不对称 ………………………… 54

第三节　串谋团伙的组织工作 ………………………………… 55

一、串谋竞买 …………………………………………………… 55

二、团伙淘汰赛 ………………………………………………… 57

第四节　团伙成员的资格（ring membership） …………… 60

第五节　拍卖人的反应 ………………………………………… 61

第六节　补偿性支付的实施 …………………………………… 62

第七节　相关问答 ……………………………………………… 63

第四章　卡特尔侦查 ⋯⋯⋯⋯⋯⋯⋯⋯⋯⋯⋯⋯⋯⋯⋯ 68

第一节　会议开始 ⋯⋯⋯⋯⋯⋯⋯⋯⋯⋯⋯⋯⋯⋯⋯ 69

第二节　卡特尔行为的分类 ⋯⋯⋯⋯⋯⋯⋯⋯⋯⋯⋯ 70

第三节　共谋的经济证据 ⋯⋯⋯⋯⋯⋯⋯⋯⋯⋯⋯⋯ 73

第四节　相关问答 ⋯⋯⋯⋯⋯⋯⋯⋯⋯⋯⋯⋯⋯⋯⋯ 75

第二部分　卡特尔经济学

第五章　卡特尔对竞争的抑制 ⋯⋯⋯⋯⋯⋯⋯⋯⋯⋯ 79

第一节　基本原理 ⋯⋯⋯⋯⋯⋯⋯⋯⋯⋯⋯⋯⋯⋯⋯ 79

一、竞争的作用 ⋯⋯⋯⋯⋯⋯⋯⋯⋯⋯⋯⋯⋯⋯⋯ 79

二、竞争过程 ⋯⋯⋯⋯⋯⋯⋯⋯⋯⋯⋯⋯⋯⋯⋯⋯ 80

三、竞争的抑制 ⋯⋯⋯⋯⋯⋯⋯⋯⋯⋯⋯⋯⋯⋯⋯ 81

第二节　买方的抵制 ⋯⋯⋯⋯⋯⋯⋯⋯⋯⋯⋯⋯⋯⋯ 83

一、暂停招标采购后买方的选择 ⋯⋯⋯⋯⋯⋯⋯ 84

二、举例说明买方对涨价的抵制 ⋯⋯⋯⋯⋯⋯⋯ 86

三、回顾波特的五力模型 ⋯⋯⋯⋯⋯⋯⋯⋯⋯⋯ 89

第三节　没有买方抵制的价格竞争模型 ⋯⋯⋯⋯⋯ 90

一、垄断的结果 ⋯⋯⋯⋯⋯⋯⋯⋯⋯⋯⋯⋯⋯⋯⋯ 91

二、寡头垄断的结果 ⋯⋯⋯⋯⋯⋯⋯⋯⋯⋯⋯⋯⋯ 92

第四节　共谋的结果 ⋯⋯⋯⋯⋯⋯⋯⋯⋯⋯⋯⋯⋯⋯ 94

第五节　欺骗的动机 ⋯⋯⋯⋯⋯⋯⋯⋯⋯⋯⋯⋯⋯⋯ 97

第六章　卡特尔共谋的实施 ⋯⋯⋯⋯⋯⋯⋯⋯⋯⋯⋯ 100

第一节　卡特尔的核心问题与解决方法 ⋯⋯⋯⋯⋯ 100

第二节　定价机制 ⋯⋯⋯⋯⋯⋯⋯⋯⋯⋯⋯⋯⋯⋯⋯ 104

一、减少买方对涨价的抵触 ⋯⋯⋯⋯⋯⋯⋯⋯⋯ 104

二、协调一致的价格公告和解释 ⋯⋯⋯⋯⋯⋯⋯ 105

三、工业厂商的涨价公告 …………………………………… 106

四、涨价的实施 …………………………………………… 109

五、卡特尔的价格歧视 …………………………………… 110

六、减少产量 ……………………………………………… 110

七、协调厂商内部的激励机制 …………………………… 112

第三节 分配机制 …………………………………………… 113

一、客户、地域以及市场份额划分 ……………………… 116

二、再分配的实施 ………………………………………… 119

第四节 执行机制 …………………………………………… 121

一、监控 …………………………………………………… 122

二、惩罚的威胁 …………………………………………… 126

案例：第三方协助机构 …………………………………… 129

一、AC Treuhand公司 …………………………………… 129

二、行业协会的协助 ……………………………………… 131

第七章 超越内部竞争抑制 ……………………………… 133

第一节 共享互利投资 …………………………………… 133

第二节 主导厂商与"假想"成主导厂商的卡特尔 ……… 135

第三节 直接打击非卡特尔厂商的行动 ………………… 137

第四节 外围力量 ………………………………………… 138

一、替代产品的威胁 ……………………………………… 138

二、新进入者的威胁 ……………………………………… 139

三、买方和供应商的议价能力 …………………………… 140

第五节 第六种力量——政府力量 ……………………… 142

案例：反垄断豁免 ………………………………………… 144

案例一：出口行业协会 …………………………………… 145

案例二：联邦市场秩序 …………………………………… 147

第三部分　恶意串谋者集团的经济分析

第八章　竞价者间限制竞争的行为 …………………………………… 149

第一节　拍卖和采购招标中的价格形成 ……………………… 149

第二节　拍卖中的竞争抑制 …………………………………… 152

一、升价式拍卖 …………………………………………… 154

二、密封报价拍卖 ………………………………………… 157

三、小结 …………………………………………………… 160

第三节　串谋集团的构成 ……………………………………… 161

一、成员问题和参与问题 ………………………………… 161

二、成员顺序问题 ………………………………………… 163

第四节　拍卖的设计对串谋集团规模的影响 ………………… 165

案例一：密封报价拍卖中，溢出的定量分析 ………… 167

案例二：密封报价拍卖中的成员问题和参与问题的定量分析… 168

第九章　恶意串谋者集团条件下共谋的实现 ………………… 170

第一节　串谋集团与卡特尔 …………………………………… 170

第二节　串谋集团中的秘密背叛行为（Secret Deviation）……… 171

第三节　串谋集团价格机制与卖方的抵制（Seller Resistance）… 171

第四节　串谋集团的分配机制 ………………………………… 172

第五节　串谋集团的强制机制（Enforcement Structure）……… 173

第六节　标准拍卖的串谋集团机制 …………………………… 174

一、密封报价拍卖：铸铁管案 …………………………… 174

二、竞买者身份信息缺失条件下的升价式拍卖：邮票批

发商案 …………………………………………………… 176

三、竞买者身份信息公开条件下的升价式拍卖：古董、机床和固定

资产案 …………………………………………………… 177

第七节　分配的效率 …………………………………………… 179

第十章　拍卖规则设计对恶意串谋者集团的影响 ⋯⋯⋯⋯ 182

第一节　拍卖信息的透明度 ⋯⋯⋯⋯⋯⋯⋯⋯⋯⋯⋯⋯ 183

一、"雇佣"出价者（"shill"bidder） ⋯⋯⋯⋯⋯ 185

二、注册 ⋯⋯⋯⋯⋯⋯⋯⋯⋯⋯⋯⋯⋯⋯⋯⋯⋯⋯ 185

三、关于待售物品的信息 ⋯⋯⋯⋯⋯⋯⋯⋯⋯⋯⋯ 187

第二节　拍卖的次数 ⋯⋯⋯⋯⋯⋯⋯⋯⋯⋯⋯⋯⋯⋯ 188

第三节　出价记录 ⋯⋯⋯⋯⋯⋯⋯⋯⋯⋯⋯⋯⋯⋯⋯ 189

案例：阻击共谋的规则设计 ⋯⋯⋯⋯⋯⋯⋯⋯⋯ 190

第四部分　利用经济学证据推定共谋的存在

第十一章　有利因素 ⋯⋯⋯⋯⋯⋯⋯⋯⋯⋯⋯⋯⋯⋯ 194

第一节　根据卡特尔结构的分类来组织有利因素 ⋯⋯⋯ 194

第二节　与定价结构相关的有利因素 ⋯⋯⋯⋯⋯⋯⋯ 196

一、价格提升 ⋯⋯⋯⋯⋯⋯⋯⋯⋯⋯⋯⋯⋯⋯⋯⋯ 196

二、产量限制 ⋯⋯⋯⋯⋯⋯⋯⋯⋯⋯⋯⋯⋯⋯⋯⋯ 201

三、抑制买方对抗的措施 ⋯⋯⋯⋯⋯⋯⋯⋯⋯⋯⋯ 201

四、内部激励转移 ⋯⋯⋯⋯⋯⋯⋯⋯⋯⋯⋯⋯⋯⋯ 206

五、一组经济学证据（Economic Evidence in Combination） ⋯ 206

第三节　与分配机制相关的有利因素 ⋯⋯⋯⋯⋯⋯⋯ 207

一、共谋收益的分配 ⋯⋯⋯⋯⋯⋯⋯⋯⋯⋯⋯⋯⋯ 208

二、利益再分配 ⋯⋯⋯⋯⋯⋯⋯⋯⋯⋯⋯⋯⋯⋯⋯ 209

第四节　与强制机制相关的有利因素 ⋯⋯⋯⋯⋯⋯⋯ 210

一、串通信息与监管 ⋯⋯⋯⋯⋯⋯⋯⋯⋯⋯⋯⋯⋯ 210

二、执行与惩罚 ⋯⋯⋯⋯⋯⋯⋯⋯⋯⋯⋯⋯⋯⋯⋯ 212

第五节　与居支配地位厂商行为相关的有利因素 ·············· 212

第六节　有利因素的差异 ······································ 213

第七节　卡特尔的强有利因素 ·································· 215

第八节　对根据强有利因素进行共谋推定的反应 ·············· 216

案例：其他价格公告数据 ································ 217

一、饲料级Caplan（B5）SD产品价格公告 ·············· 217

二、Caplan（B5）USP产品价格公告 ·················· 217

三、维生素E醋酸油USP产品的价格和价格公告 ·········· 219

第十二章　恶意串谋者集团中的有利因素 ···················· 220

第一节　两点注意 ·· 220

第二节　两种拍卖形式中的普遍问题 ·························· 222

第三节　升价式拍卖中，串谋集团的有利因素 ················ 223

第四节　密封报价拍卖中，串谋集团的有利因素 ·············· 225

第五节　从升价式拍卖转为密封报价拍卖 ···················· 226

案例：俄罗斯石油和天然气拍卖中的雇佣出价者 ·········· 227

第十三章　横向合并的影响 ································ 235

第一节　横向合并指南 ······································ 235

第二节　单边效应和协同效应的分析 ·························· 236

第三节　Hospital Corporation案的协同效应分析 ·········· 238

欧共体决定清单索引 ·· 241

参考文献 ·· 243

第一章　关于共谋的概述

第一节　鼓舞人心的案例

图1.1展示了醋酸酯650饲料级维生素A的价格变化，该维生素产品是一种牲畜补养性饲料。[1]

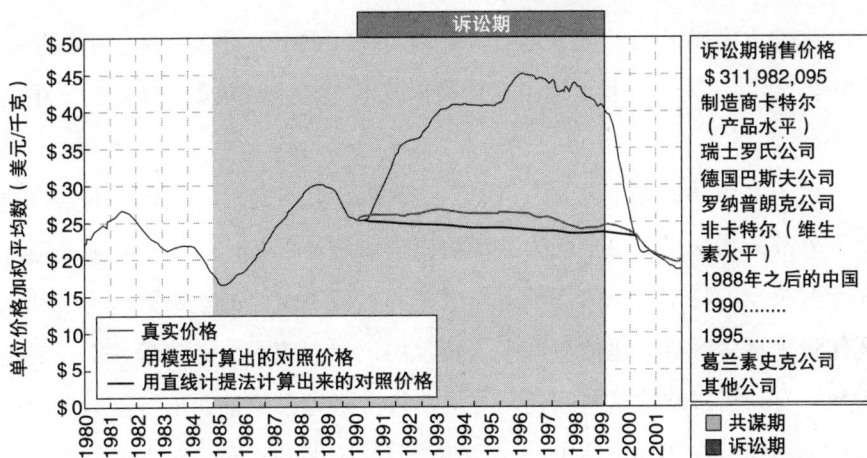

图1.1　关于醋酸酯650饲料级维生素A 的价格数据。美国为期7个月的变动平均数，当前价格来自Roche ROVIS提供的数据。

图1.1中，产品价格变化的最显著特征是1990年–1994年间的迅猛增长。许多原因可使产品的价格随时间而变化，但造成图中产品价格显著变化的因素是什么呢？

1　该数据来自于B.Douglas Bernheim专家报告中的1285号模型，关于维生素反垄断法诉讼案，第99-0197号案例，2002年5月24日。哥伦比亚特区的地方法院收录了维生素反垄断诉讼案例，案例号：99-0197。该案例作为报告进行提交时，报告号为243。我们从首席大法官Thomas F. Hogan的助理那里获得该文件。根据哥伦比亚特区的地方法案79.2和哥伦比亚特区美国联邦地方法院的相关政策，民事案件审判时获准的证据可公开，我们得以使用该文件。

维生素的主要生产商对参与20世纪90年代的全球性价格共谋供认不讳。这场阴谋不仅涉及维生素A，还包括维生素B1、B2、B5、B6、C、D、E、β-胡萝卜素、生物素、类胡萝卜素、氯化胆碱等产品的生产厂商。在20世纪90年代，瑞士罗氏公司（Hoffman la Roche）是世界领先的维生素生产商[1]，在美国因价格操纵被处以5亿美金的罚金。德国巴斯夫公司（BASF）是同时代另一家世界领先的维生素生产商，在美国因同样原因被处以2.25亿美金的罚金。在20世纪90年代，通过民事诉讼，由于价格操纵而被迫支付高价的维生素采购商也从主要生产商处得到数以亿计的损失补偿[2]。另外，几家主要生产商的高管因在共谋中犯下的罪行遭受牢狱之灾[3]。

这种价格操纵型卡特尔有很多案例。在20世纪，许多卡特尔组织被执法机构[4]起诉，我们有充足理由相信被揭发的只是当时众多卡特尔组织中的一小部分。

由于共谋协议是非法的[5]，所以卡特尔组织不能制定出合法的共谋协议，外部的司法机关也不会为共谋协议提供法律保护。协议是否能被遵守完全取决于卡特尔组织内部的运作效率和各成员自己的意愿，这为卡特尔运作带来诸多困难，也使得许多卡特尔协议胎死腹中。经济学家们一般认为谈判有时可以解决这些问题，并提出许多理论模型证明卡特尔运作的可行性。然而，在实际生活中，反复的谈判是不够的，至少对许多行业中的

1　正如图中的说明，此处的价格是罗氏公司美国"直接"（tel quel）售价在7个月内的中位数的移动平均值。"直接"修饰词指这些价格是维生素作为直接产品而非加工原料的价格。

2　图1.1展示了"'对照'价格"，这个价格在没有共谋的情况下非常适用。我们将在11章中讨论如何利用计量经济学构建模型计算"对照价格"。

3　见Conner（2008，第466页）。也可见美国司法部2000年6月的新闻发布会，题为"欧洲维生素制造行业的领先厂商有四位高管承认参与国际维生素卡特尔：高管承认有罪，将支付巨额罚金，且在监狱里服刑"，可见于http://www.justice.gov/opa/pr/2000/april/179at.htm （于2011年4月7日访问该网站）。

4　例如，见本书中引用的斯托金和沃特金（Stocking and Watkins，1991）以及欧盟判决的参考材料。执法机构主要从宽恕政策、发现、传唤和调查中获取信息。根据Hamond（2005，slide2），"自1993年美国司法部修改的反垄断机构的公司宽恕政策后，他就成为该机构最有效的调查工具。"有关宽恕以及揭发政策对卡特尔的影响，见Aubert，Kovacic和Rey（2006）。关于宽恕政策，见Motta and Polo（2003），Spagnolo（2004）和Miller（2009）。

5　特纳Turner（1962），详见参考文献第240条。

厂商来说是如此。即使是双头垄断，例如甲葡糖胺、维生素A500（USP）和β–胡萝卜素行业的制造商[1]，也需要通过明示共谋才能大幅度增加价格和利润。

第二节　波特五力模型中的共谋

一、市场结构

理论上，由于风险的存在，厂商都期望将预期收益贴现值最大化。就上市公司而言，就是普通股股票价格的最大化。

按照定义，任何行业的厂商所生产的产品或提供的服务必定存在相近的替代品，对此有两种极端情况。一种极端情况是垄断，市场上只有一家厂商。另一种极端情况是完全竞争，即一个行业存在大量的厂商，产品可以完全替代，且产品的价格信息公开透明。在后面这种情况下，厂商是市场价格的接受者，任何厂商都不能凭一己之力影响市场价格。

在第一种极端情况下，垄断厂商在决定价格时仅受需求曲线的约束。在第二种极端情况下，即完全竞争行业，任何一家厂商都无法影响市场价格，只能接受既定的市场价格。

在垄断和完全竞争这两个极端之间，有这样一种情况：行业中有两家或两家以上的厂商，每个厂商都有不同程度的市场力量，这样的行业称为寡头。在寡头行业中，大量的产品由少数几家厂商生产。这些厂商知道，自己的决策将会影响其他厂商的行动。一旦自己采取某种行动，其他厂商就会采取一定的应对措施。例如，如果一家大汽车制造商提高汽车质量，其他制造商也会提高汽车质量。在寡头行业，厂商清楚地知道彼此之间存在相互依存关系。

寡头厂商没有共同的特征。在一些寡头行业中，厂商都是好斗的竞争

1　见欧盟委员会对甲葡糖胺和维生素卡特尔的判决。见附录中对欧盟判决的全部索引。

者；而在一些寡头行业中，竞争却相对平和。

二、影响利润的因素

很多因素都可以影响寡头行业的利润率。正如前面所言，市场竞争的激烈程度是其中之一，还有许多其他因素。例如，如果某行业存在较高进入壁垒，这会增加该行业的利润。如果某厂商在面对众多的原材料供应商时具有谈判优势，他也能增加利润。如果某行业的厂商所生产的产品几乎没有相近的替代品，该行业的厂商利润也会增长。如果某行业的厂商比买方更具有议价能力，厂商的利润也会增加。此外，政府规制也会提高厂商的利润率。

迈克·波特（Michael Porter）在他的《竞争战略》（Competitive Strategy）一书中列举了影响厂商利润的几种力量，即图1.2所示的"五力模型"（Five Forces）。

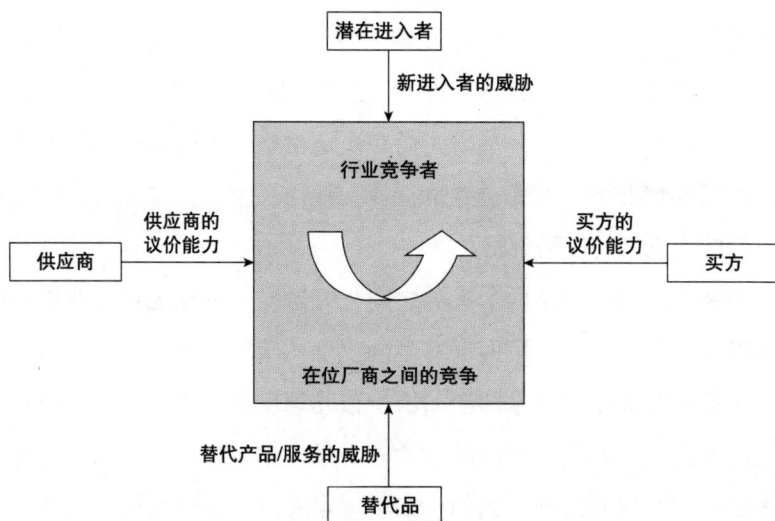

图1.2　五力模型

（资料来源：Porter（1980，图1.1）。经Simon and Schuster公司的分支机构自由出版社允许，改编自Porterde《竞争战略：分析产业和竞争者的技术》。自由出版社版权1980,1988。保留一切权利。）

在"五力模型"中，共谋是比市场竞争更重要的影响力量。限制竞争

的共谋行为既可以增加全行业利润，也可以增加单个厂商的利润。该模型
没有提到单个厂商的行为——如降低生产成本或成功引进新产品——也可
以提高自己的利润。单个厂商可以利用稀缺资源从事能带来最大产出的生
产活动。与许多单个厂商增加自己利润的投资相比，成功地阻止市场竞争
的共谋行为可以更快地提高行业利润。

如果限制竞争可以大大提高厂商利润，那么行业中的所有厂商为什么不
能联合成为一个有效的整体，最大限度地限制竞争，从而像一家垄断厂商那
样赚取垄断利润呢[1]？原因多种多样：首先，在大多数情况下，共谋是非法
的；其次，多家厂商参与共谋往往非常困难，因为参与共谋的每家厂商都必
须满足股东对利润最大化的要求，所以不能结成真正有效的单一厂商实体。

通过合并，几家厂商可以结成一个有效的实体；然而，由于合并而产
生的法律和管理方面的问题会增加公司的运营成本[2]。我们不对合并进行详
细分析，但理解为什么公司宁愿选择共谋而不是合并非常重要。我们将会
在下文详细说明。

第三节　共谋的困难

我们现在分析"共谋的困难"这一问题，暂且不考虑法律问题。

一、沟通和转移

正如我们在前言中所提到的，我们将"明示共谋"定义为竞争性厂商
之间通过沟通和转移，达到限制竞争目的的一种协议[3]。因此，沟通和转移
是卡特尔组织的关键特征，也是本书讨论的重点。

沟通有助于共谋协议或共谋机制（collusive structure）（见第6章"共

1　在产业组织理论这个经济学领域，这是一个很基础且很有意思的问题。

2　例如，见科思（Coase）（1937）和威廉姆森（Williamson）（1985）。

3　关于从法律的视角来讨论明示共谋和协议，见科瓦契奇（Kovacic）et al.（2011），详见参考文献
第138条。

谋机制”）的达成，沟通可能是一种单向的信息传递，也可能是双向或多方向的信息交流[1]。另外，由于沟通过程中传递的信息可能会、也可能不会被那些没有直接参与沟通的人察觉，所以沟通既可以采取秘密的方式，也可以采取公开的方式。

信息交流能够促进厂商间共谋的形成。如果这种信息交流发生在实施共谋行为或执行卡特尔协议之前，那么他可能有助于实现共谋，也可能推动厂商间的竞争。例如，关于专利许可、产品互换安排或组织游说活动的沟通，通常具有双重目的：在促进共谋的同时，也能在一定程度上增加买方的福利[2]。

转移指公司间直接的现金支付，或者是引起资源流转的交易。例如，公司之间按照非市场价格进行的产品交易，就是一种公司间的转移行为。

二、暗中违约

垄断厂商和完全竞争行业的厂商之间存在一个重要差异，即垄断厂商生产的产品数量远远低于完全竞争厂商生产的产品数量。通过限制产出，垄断厂商可以提高利润。类似地，如果寡头行业中的厂商达成共谋，他们同样可以限制产出，进而获得更高的利润。假设其他所有条件不变，限制产出可以抬高价格。

垄断厂商可以将限制产出增加的利润全部收入囊中，但共谋行为就不一样了。当共谋开始实施，产品价格上涨，每一家参与共谋的厂商都会受到利润的刺激，企图扩大产量，因为每家厂商都希望在更高的价格下出售更多的产品。如果其中一个共谋者背弃了限制产出的协议，并且没有被其他共谋者发现，则这家厂商的违约行为就成功了。当然，这样的违约可能是暂时的，或者销量仅有少量的增加。

同样地，即使所有的共谋厂商最初都遵守协议限制产出，但也会出现

---

1 在经济学文献中，沟通在共谋中所起的作用相当重要，见Kandori和Matsushima（1998），阿塞（Athey）和巴格威尔（Bagwell）（2011）；哈林顿Harrington和Skrzypacz（2010）也提到，持续的沟通是维持卡特尔均衡的重要因素；格林（Green）和波特（Porter）（1984）认为沟通在建立协议时是非常重要的，只有达成协议，才能实现均衡。（见Green and Porter 1984，第89页，第5段）。
2 Priest（1977），详见参考文献第203条。

这样一种情况：一家厂商接到了一笔大订单，对方却要求降低产品价格。为获得这样一笔诱人的订单，厂商必然会接受低价格。其他共谋厂商很难发现哪家厂商获得了这笔大订单，即便他们发现了，也无法了解该订单具体的细节。

共谋最大的难点就是，对厂商而言，暗中违背共谋协议通常是有利可图的。卡特尔组织意识到这个问题，并从设立机制来阻止这种情况的发生。通常，寡头行业中成功的共谋协议包含三个机制：（1）价格机制，保证厂商能够提高产品价格；（2）分配机制，保证厂商能够合理地分配共谋所得，当市场中的竞争被卡特尔协议所抑制时，资源能够在共谋厂商中进行再分配；（3）实施机制，帮助监督共谋厂商是否守约，及对违约厂商实行有效的惩罚[1]。

在某些情况下，成功实施共谋可以不通过沟通或支付转移就能完成，但在大多数情况下，沟通和支付转移是必要的。我们将在1.4中研究两者的不同。

三、共谋，而不是合并

在当今社会，与共谋和合并有关的法律、行政管理和司法环境都会显著影响厂商在共谋与合并之间的选择。然而历史上，当社会中没有法律约束时，厂商就会选择共谋而不是合并[2]。换言之，虽然共谋非常困难，且虽然存在合并这个看似不错的替代选择，厂商还是会选择共谋。

1895年之前，厂商可以自由选择合并还是共谋[3]，但大多数厂商的选择都是共谋[4]。就拿最近的案例来说，欧洲的预应力钢材生产商——

1　"典型"的惩罚是放弃共谋。

2　提高效率往往成为厂商并购行为的理由。姑且不谈这个，我们关注并购对厂商间竞争的抑制作用。

3　从1890年到1910年，联邦反垄断法还处于萌芽阶段，他们的意义也只局限于反垄断司法系统里的案例说明，对并购没有任何实质的限制。

4　美国经济的历史从此发生变化，从1895年到1904年美国进入"第一波并购热潮"。在那个时期，美国半数以上的行业通过并购实现了整合。（比特林迈尔Bittlingmayer 1895）许多厂商选择在这个时期进行并购的事实说明，并购对这些公司而言是切实可行的共谋替代方案。这些行业主要包括火药、圆钉、锡罐、镀锡铁皮、新闻用纸、硬纸板、炼油、农业器械、棉籽油和绳索等制造业。

包括两家大厂商阿赛洛（Arcelor）和米塔尔（Mittal）——被发现至少在1984年—2002年间参与了卡特尔组织。2006年，这两家大厂商合并为一家厂商[1]。这个案例说明，至少在长达18年的时间里，两大厂商为达到限制竞争的目的，选择的策略是卡特尔而不是合并。

虽然合并后的厂商与卡特尔组织的功能似乎差不多，但卡特尔拥有许多优于合并厂商的地方，其中一个核心优势是合并对市场的所有参与者而言是一种公开的行为，而卡特尔却是秘密的。供应商和买方都知道，合并厂商的各个分支机构之间不会存在真正的竞争，即便有竞争，也不会为买方带来实质性好处。与此相反，由于卡特尔组织的私密性质，供应商和买方仍然认为厂商间没有共谋，竞争对市场交易具有积极意义。如此，卡特尔组织具有明显优于合并厂商的特点[2]。

第四节　需要明示共谋的情况

与明示共谋相对应，经济学家们将不需要公司直接互动（如沟通和支付转移）而达成的共谋均衡称为默示共谋（tacit collusion）[3]。

在经济学中，有一个非常著名的原理——"大众定理"（Folk Theorem），意思是通过可识别的相互依存关系，厂商能够实现共同收益最大化目标[4]。这一原理也可以阐述为：如果厂商能够观察对方的行为，并且频繁有效地采取相应措施，那么厂商可以在没有沟通和支付转移的情况

1　就2006年的并购判决，参见案例号为COMP/M.4137的米塔尔/阿赛洛判决（2006年6月2日）。关于卡特尔判断的概述，见欧盟委员会于2010年10月6日的新闻发布会的"修订版反垄断法：委员会就预应力钢材制造商长达二十年的固定价格和划分市场的卡特尔行为罚款4.58亿欧元"。

2　有关正式的处理，见Kumar et al.（2011），详见参考文献第142条。

3　获得准确的价格信息可能不需要共谋厂商之间进行直接的沟通，通过行业协会或者统计服务机构就可以了，但在后一种情况下，价格信息就会公之于众。（Kaysen 1951，第266段）Kaysen(1951)引用枫木地板厂商协会的讨论内容证明了这一点。（1925）

4　见Friedman(1971)和Fudenberg and Maskin(1986)。讨论共谋均衡的经济学著作里有关于重复博弈中非合作均衡的内容。

下，最大化他们的共同收益（如，达到垄断的效果）[1]。

如果放宽潜在的假设条件，这个原理就更清楚了。读者可能对这样一个关键问题心存疑虑：就提高利润率而言，沟通和（或）支付转移相比其他的行为有什么优势呢？翻开卡特尔的发展史，人们更容易联想到相反的问题——如果厂商间的互动行为缺少了沟通和支付转移，厂商会变得更有竞争力吗？利润会下降吗？

一、看得见的标价

假设有一个小镇，在街道的两端，有两个卖相同产品的商贩[2]。这两个商贩是这个小镇上仅有的卖这种产品的人。其他卖相同产品的商贩距这个小镇至少150英里。

两个小贩可以在他们的摊位前摆一个能让每个人都看到的价牌。每个商贩都可以在每天早晨开始做生意时（比如早上6点）标一个价，一旦标好价，商贩就只能到次日才能改变价格。倘若没有其他因素影响买方的购买决策，买方会从价格更低的商贩那里购买商品。但如果两个商贩的标价相同，那么他们每个人能够得到一半的市场份额。

情景1：加油站，静态环境

现在假设前文中提到的商贩是加油站，分别为A和B。假设这两个加油站以2美元/加仑的价格买进汽油，并且他们双方都知道在3美元/加仑的价格下，可以将他们的利润总和最大化。

首先，我们考虑在一个静态的环境中每个加油站如何定价，假定每个加油站只关注当天的利润。每个加油站的所有者都在开门前决定当天的油价，标价的最小单位为1美分。加油站A将会考虑加油站B可能选择的价格。如果加油站B将价格标为3美元，那么加油站A也会标价3美元，平分

1　采用更正式的说法就是，标准的大众定理描述了寡头市场重复博弈的一系列均衡，也说明对于有足够耐心的厂商（或重复博弈的间隔时间足够短时），这一系列均衡包括了能够产生垄断结果的战略。大众定理本身并没有说明厂商是否会选择能够产生垄断结果的战略，也没有阐述厂商会如何应对这些战略。

2　这个事例源自卡尔顿Carlton，高德纳Gertner和罗斯菲尔德Rosenfield（1977）。

垄断利润，很明显，这不是加油站A的最优策略。如果加油站A标价2.99美元，那么相较于3美元的价格，加油站A可以得到更多的利润，因为2.99美元可以吸引所有的买方前来加油，而3美元只能获得一半的市场份额。所以，如果每家厂商都标价3美元的话，市场不会达到均衡。显然，一家厂商标价2.99美元，而另一家厂商标价3美元，也不会达到均衡，因为3美元不是应对2.99美元的最好办法——2.98美元更好些。

我们预期观察到的均衡价格是2.01美元/加仑。在这一价格下，加油站A和加油站B都没有动力再去改变价格。两个加油站任何单方面的提价都会使销量降为零，而降价会使利润降为零或者引起负利润[1]。最终，价格会高于边际成本1美分。这就是静态的竞争结果。

情景2：加油站，动态环境

现在改变一下静态环境，允许更多的动态信息交流。假设对每个加油站的所有者而言，未来收益与当日收益同样重要。每个加油站不仅要考虑今天的定价如何影响今天的利润，还要考虑今天的定价如何影响未来一段时期的利润。特别地，如果加油站B今天的标价为3美元，加油站A的标价为2.99美元，那么明天会如何变化呢？在此之后，两个加油站的标价又会如何变化呢？加油站B会发现他今天的利润额之所以为零，是因为加油站A将标价降低了1美分。加油站A预期自己的定价策略会带来什么影响呢？也许加油站A会认为加油站B明天还是会将价格标为3美元，加油站B确实也可能这么做。但是，如果加油站B继续维持高标价，就会继续收获零利润，加油站B会放弃维持高价的念头。但他的降价行为会在某个价位停止，这个不会继续下降的价位是2.01美元。

一旦价格降到2.01美元，加油站A可能会想提高价格，但如果加油站B真正放弃了维持高价格的意愿，那么加油站A所做的努力也是徒劳的。经过一番思想斗争，每个加油站定价3美元、平分市场份额时，才是最合

1　如果加油站可以把价格变动幅度定为厘或毫，那么汽油的价格就会更接近每加仑2美元，即汽油的边际成本。

意的结果；任何一个加油站降价都会导致另一个加油站不再将价格维持在2.01美元价格以上。

在这个环境下，两个加油站都将价格定为3美元是默示共谋的结果。如果两个加油站进行明示共谋，通过私下沟通和价格协商会得到同样的结果。但这里，两个加油站在没有私下沟通的条件下，达到了同样的结果。因此，该结果是通过默契达成的。由于双方之间存在相互依赖，双方对对方彼此的定价行为有准确判断，买方是价格的接受者，买方只在标价最低的加油站按照标价购买汽油，以及加油站所有者看重预期利润，在这些条件下，默示共谋产生了[1]。

二、看不见的投标价格

我们现在继续改变条件。假设这两个商贩不是加油站，而是用瓦楞纸或硬纸板生产纸箱的厂商。

硬纸板箱是平常的包装物。该纸箱共有六面，每一面有三层：外层和内层使用光滑的材料，中间那一层使用波浪形材料，粘附在内外两层上。纸箱的外边那一层可以印有文字或图案。任何需要包装和运输产品的公司，或者专门负责物品运输的公司，都需要购买这种纸箱。有些纸箱为标准规格，由标准材料制成，最外边的那一层没有印刷任何东西。例如，尺寸为18×12×12的硬纸板盒，由42磅的挂面纸（外层和内层的平滑材料）和23磅的中间层（夹在两个平滑层中间的波浪形材料）制成。然而，这种标准的盒子在纸箱厂销售额中往往占很小一部分。工厂制造的纸箱大多销售给制造商或者运输公司。这些制造商或运输公司会对纸箱的具体型号、原材料、粘贴方式以及需要印刷在纸箱上的内容提出具体要求。

所有这些纸箱的购买都会采取采购招标的方式完成。例如，买家会要求纸箱厂提交投标书，说明纸箱的型号、材料以及印刷的内容等。纸箱厂可能会给上文提到的18×12×12型号的标准纸箱规定一个价格，也可将这些明确

1　有关汽油零售商默示共谋的实证分析，参见Borenstein和Shepard（1966）。也可见Slade（1992），详见参考文献第225条。

标价的纸箱展示出来。但每家纸箱厂如欲大批量出售纸箱，则需通过采购招标。标准纸箱的价格与纸箱厂在标书中的报价无关，买家也知道这一点。

每个纸箱厂都了解对手的成本。在加油站的例子中，买方不会到150英里之外的地方购买更便宜的汽油，不管这些汽油由谁提供。与加油站不同的是，本例中买家去150英里之外的厂家购买纸箱是可行的，虽然这样做会有更高的运输成本。在招标过程中，买家不会将各个竞标者的价格透露给第三方——即纸箱厂只知道自己在该次招标中的胜负。在这个例子中，我们假设每个纸箱厂都非常看重未来的收益。

情景3：有许多买家的纸箱厂

在这个场景中，假设这个小镇的附近有大量生产各种产品的制造商，他们会频繁地通过采购招标满足自己对纸箱的需求，有些需要每月采购纸箱，有些则是每个季度采购一次。假设每个季度，每家纸箱厂希望接到500个纸箱的订单，每个季度这个数目基本保持不变。假设当地每个纸箱厂制造一个纸箱的成本是2美元，若买家距离纸箱制造商150英里之外，则每个纸箱厂知道自己定价的上限为3美元。每个纸箱厂可以计算自己在每个季度能接到的订单总量。

纸箱厂怎样确定采购招标中的报价？他们不会把报价定在边际成本附近，而是定在能够使行业利润最大化的价格附近（因为存在外部选择）。每个工厂都期望在每个季度签下500个纸箱的订单。达到均衡的过程同上面加油站案例类似。

如果每个纸箱厂的竞标价格均接近行业利润最大化的价格，那么其中的一个纸箱厂就会考虑降低报价。然而，每个纸箱厂也清楚地知道，即使对手对自己的降价没有立即做出反应，最终也会做出相同的降价行为。竞标价格开始下降，每个厂商均会放弃高报价。一旦出现这样的集体降价，就很难恢复较高定价的状态，特别是在这种环境下，每个工厂只知道自己是否中标，而不知道其他工厂的竞标价格。为了避免出现这种恶性的价格竞争，在这种环境下，最有效率的行为是共谋定价。而且在以上条件下，工厂之间无需沟通就能达到完全共谋的结果。默示共谋形成了。

这样，没有经过真正的协商，厂商之间就实现了联合利润最大化的结果。我们不禁会产生疑问：为什么还需要明示共谋呢？

情景4：有少数几个大买家的纸箱厂

为了回答"为什么除默示共谋之外，还需要明示共谋"这个问题，我们改变情景3中提出的假设条件。我们假设买家不再是规模小而数量众多，而是数量少而规模庞大。我们还假设每年从两个纸箱厂购买的总量与上一个场景中的条件一样，并且假设大买主的采购频次较少，且采购对象随机。每个工厂期望在每个季度得到一笔订单（如之前提到的每个季度500个纸箱）。一旦确定合作厂商，这些大买主可以将以前签署的订单延长至一年或者更长的时间，而不是每次采购都要经过竞标环节。

与之前提到的情景不同，在这个情景中，对纸箱厂而言，失去一笔订单对利润有着较大的影响。每年可能接到的订单本来就不多，大约4个。如果纸箱厂只接到一个，甚至没有接到任何订单，那么他就会处境艰难。

假定在一次采购招标中，一个纸箱厂的投标价格接近联合垄断价格，但在竞标过程中却失败了。失败的原因可能是因为运气不好，也可能是因为对手报价更低。如果在第二个季度的竞标中，这个纸箱厂又失败了。现在这个纸箱厂已经六个月没有接到订单了，他们感受到巨大的压力。在之前的情景中，某个工厂在一个季度之内的运气不好，连续失去了至少5笔订单，这家工厂也不会觉得特别担心。在这个情景中，在至少5次采购招标中连续失败，这对厂商简直就是灭顶之灾。由于可能面对这种残酷的现实，每个工厂都会认真思索怎样去竞标，自然地，他们会将投标价格定在边际成本附近而不是垄断价格附近。

这种随机性很强且数量较少的订单，使得每个工厂更难维持较高的竞标价格。默示共谋也无法使得纸箱厂达到联合垄断的结果。

情景5：纸箱厂面对众多需求不确定的买家

现在考虑另一个情景，有许多小型制造商需要购买纸箱。假设这些买家都属于相同行业，如制做泡菜。他们需要纸箱来包装和运输产品。但由于买方对泡菜的需求不稳定，所以泡菜厂对纸箱的需求也是不稳定的。纸箱厂无法观察到泡菜的需求情况，而且每个纸箱厂也不知道竞争对手的工厂有多大的产量。在正常情况下，每个纸箱厂期望每个季度获得500个纸箱的订单。但如果在某个季度中，泡菜需求情况不佳，泡菜制造商可能根本不会购买纸箱。

假设在某个季度中，纸箱厂的竞标价格定在联合利润最大化价格附近。如果该工厂发现自己已经获得了250个纸箱的订单，该工厂会继续保持该价位。但是，如果该工厂意识到自己只拿到了125个纸箱的订单，那么该工厂就面临一个严峻的问题：是泡菜厂的市场需求不足，抑或其他纸箱厂为了获得更多的订单而降低了纸箱的投标价格，还是两者皆而有之？

假设这个纸箱厂无法确定是何种原因导致了自己的订单减少。最终，纸箱厂会将投标价格定在联合利润最大化的价格之下、边际成本价格附近。注意，如果纸箱厂认为自身订单减少的原因是需求减少，而不是对手的降价行为，那么该工厂降低价格，就会使对手因为降价行为而获利。

情景6：纸箱厂面对的是策略性的买家

在最后一个情景中，我们不再像情景3中那样，假设买家购买行为是被动的。买家现在开始采取各种战略性措施，尽量降低他们购买纸箱必须支付的价格，特别是降低那些看起来比较高的纸箱报价。当一个战略性买家接到纸箱厂比较高的报价时，他会有几种选择。例如，他可以告诉其中一家纸箱厂，只要这家纸箱厂愿意将报价降低10%，他将会得到这笔订单，否则就会失去这笔生意。同时，买家可以跟其他纸箱厂说相同的话。买家也可以告知其中一家工厂，他们的报价高于其对手的价格（即暗示纸箱厂有降价空间），并且希望这家工厂在下次参与竞标时降低价格。买家也可以告诉每家纸箱厂，哪家纸箱厂愿意将报价下降20%，就能与买家签订长期供货协议。买家有许多方法向纸箱厂传递希望他们降价的信号，也可以提出诱人的条件破坏纸箱厂之间的默契。

在情景3中，大量被动的买家创造了一个有利于形成默示共谋的环境。然而，在本情景中，当买家具有战略头脑时，纸箱厂之间很难达成默示共谋。当大量的买家采取战略性购买决策时，每个买家对纸箱厂的重要性都有所提高，那么为了获得订单，默示共谋将会被打破。

当存在三家或三家以上的纸箱厂时，买家利用战略性措施挫败默示共谋的做法将更加有效。因为买家能够制造出一种默契已被打破的假象，让每个纸箱厂怀疑对手会背叛之前那种心照不宣的做法。

三、明示共谋的作用

情景4、5、6向我们说明了这样一个道理，当购买量足够大但次数很少、需求不确定或者买家具有战略性眼光时，厂商依靠默示共谋很难达成并维持较高的价位。这些情景也说明，即便厂商之间可以对市场行情进行充分的交流和互动，他们也可能无法实现完全共谋的结果。由于存在随机性以及无法对买家的行为做出精确的判断，正如情景4、5、6的情况，厂商无法有效地约束竞争对手。在缺乏沟通和支付转移的情况下，卖家很难维持高价格和高利润。由于每个卖家都希望自身利润最大化，他们将会背离共谋协定，使联合利润低于垄断水平的利润。（见本章有关这些结论的附录[1]。）

为实施明示共谋，厂商可以使用更多的交流手段，也可以实行更多的支付转移。如果在情景4、5、6中，纸箱厂有机会进行沟通和公司间转移支付，那么他们就能将价格维持在联合利润最大化的价格水平。

在面对大买家的情景4中，两家纸箱厂可以就竞标价格达成一致意见，也可以让其中一家纸箱厂先拿下订单，然后再将部分订单转包给另一

---

1 附录中泰勒的绿色博览会案例（1988，第6.7.1章节，第262段至第265段）和波特的明示共谋行为模型（1984）展示了当买方的购买次数少，或者需求不确定时，成功地维持明示共谋所遇到的困难。

家纸箱厂[1]。大多数的纸箱买家并不介意是谁最终生产了这些纸箱，只要接受订单的这一方承担合同中规定的全部责任，因此合同分包基本上不是一个大问题。即便合同禁止分包，两家工厂也可以用其他公平的方式分享订单。例如，如果一家纸箱厂赢得了这次的大订单，那么另一家工厂可以去争取下一笔大订单。这两家工厂可以通过对竞标价格进行密谋，就可以实现上述结果。如果某个大订单造成两家纸箱厂之间利益暂时分配不均，他们也可以通过现金或其他利益转让的方式来补偿。如果厂商间对事后补偿没有信心，那补偿可以安排在竞标之前。

在需求不确定的情景5中，纸箱厂之间的沟通会导致竞标价格等于联合利润最大化下的价格水平。在该情景中，纸箱厂之间的互动包括对对方的监督。通过监督对方的产量，每个纸箱厂可以确定本纸箱厂订单的减少是由于泡菜需求量的减少，而非对手的降价所致[2]。在每个季度的订单确定的情况下，即使需求不足，厂商之间也无需进行利益补偿。

在买家具有战略性眼光的情景6中，沟通可以使纸箱厂监督对方的竞标价格、产量以及销售量[3]。通过转让，他们可以解决共谋收益的分配问题。

1　2002年欧盟委员会对食品增香剂卡特尔的判决论述了食品增香剂的生产商如何应对买家少、购买量大的情形。在这个市场中，只有三个买家，但他们的购买量占了整个欧盟市场的一半以上。为了避免因采购订单过大而导致的一系列问题，食品增香剂的大生产商会在大买家下订单之前，先跟小生产商洽谈，达成明示共谋协议，大生产商会以一定的价格收购小生产商的商品，而小生产商则会在采购招标中提交一个毫无竞争力的价格。在欧盟委员会的判决中，这种事前的共谋协定被称为"互购协议"。

2　在许多卡特尔案例中，共谋厂商都会遇到一些干扰，这些干扰是卡特尔集团的关注焦点。通过引入监控来分析这些干扰的成因，可以识别出订单的减少在多大程度上归因于其他卡特尔成员的降价。监控机制一旦实施，就可以大大减少降价的动机。行业协会往往会参与组织卡特尔，同时强化监控或引入外部监控机构也是必不可少的。见第6章附录中，有关第三方协助机构的内容。

3　"跨国制造商卡特尔面临一个危险，那就是买方可能因不同国家的不同价格而受益。用摩根的话来说就是：'卡特尔成员担心，大型设备制造商统一进行原材料的采购，他们在欧洲各国寻价，并最终向一家最便宜的原料供应商采购。为了应对这种情况，卡特尔采用了特殊的规则，协调向大型设备制造商销售产品的价格。最终，卡特尔同意出售给每家大型设备制造商的产品价格，不会因国别而存在差异。'"（欧盟委员会关于电碳、机械、以及石墨产品卡特尔的判决，第125段）

"考虑到柠檬酸是全球性的市场，使用动力效应模型并以美元作为基准货币，两地之间的汇率对制定一个可持续的并且有竞争力的价格非常重要，特别是能够避免两地之间的商品转运。卡特尔成员基于这一考虑制定价格策略。"（欧盟委员会有关柠檬酸卡特尔的判决，第93段）

第五节 明示共谋的长期价格效应

我们以维生素卡特尔为例来说明，仅仅依靠相互依存关系无法提高利润的卡特尔组织如何通过明示共谋实现价格上涨的目标。根据共谋之前、共谋期间以及共谋结束后的价格数据，我们发现维生素卡特尔组织的产品价格比非共谋时有大幅上涨。我们还发现，在卡特尔的明示共谋行为结束之后，共谋行为引致的价格上涨效应还会持续很长一段时期。回顾图1.1，我们看到，在20世纪90年代末期，美国司法部裁定几大维生素生产商违法之后的两年内，饲料级维生素A醋酸酯650的价格大约降至卡特尔成立之前的水平。正如科瓦契奇等人（Kovacic et al., 2007）指出的那样，在包含2个成员以上的维生素卡特尔组织中，普遍存在这样的价格变化趋势。通过观察30种维生素产品的价格变化，科瓦契奇等人还指出，这些维生素产品在司法调查之前的价格比调查期的最高价格水平平均低25%—30%[1]。对于包含3、4个成员的卡特尔组织来说，在司法调查结束后的两年内，价格通常才能回落至卡特尔成立之前的水平。然而，对于只有2家维生素生产商组建的卡特尔来说，在司法调查结束后的许多年，价格仍保持在共谋期间的最高水平。

所有维生素产品的共谋行为都存在长期效应。但是，即使厂商的明示共谋已经存在很长一段时期，且厂商对如何实施集体涨价行为了如指掌，不进行沟通和转移支付，厂商也很难长期维持高价格，除非只有两家生产商[2]。

---

1 Kovacic,et al(2007)使用的价格是七个月的移动平均数，因此"最大时期价格"就是七个月移动平均数中的最高价格。

2 明示共谋结束后的长期效应，见Bernheim(2002)，Harrington(2004b)，以及Kovacic et al.（2007），详见参考文献34、107、134条。

第六节　价格形成过程

我们在前文讨论过，在特定环境中，明示共谋可以提高价格，而默示共谋则不会。在本小节，我们将通过观察采购招标的详细过程，进一步讨论价格形成过程。许多卡特尔必须通过操纵投标来实现提高产品价格的目标[1]。

假设一位买者需要购买某种投入品，要求4家潜在供应商进行报价。这四个供应商A、B、C和D的生产成本分别为2、6、7、10。假设每个供应商不仅知道自己的成本，而且知道其他所有供应商的成本[2]。采购招标通过密封投标方式进行，即投标者提交密封的标书，标书中报价最低的投标者获胜，并将标的物按照自己的报价出售给买方。

当厂商独立行动而不进行共谋时，供应商A将投标价格确定为6，供应商B、C、D分别以略高于各自成本的价格投标[3]。标价6将是供应商A可以提交的最高投标价，并且不会受到其他供应商降价的影响。供应商A将会获胜并以价格6向买方提供物品。

假设部分投标人进行共谋。这些串谋投标人在开标前在一个房间里秘密会面，约定除了某一投标人之外，其他所有人都留在房间里，不参加竞标。一种极端的情况是，如果所有的共谋投标人都不遵守协定，均离开房间去参与投标，我们称之为共谋失败。另外一种极端的情况是，如果除了一个卡特尔成员以外，其他所有成员都留在房间里，我们称这种情况为共谋成功。

1　在维生素卡特尔操纵市场时期，当买方招标时，卡特尔成员会在内部先进行讨论，交流各自的投标报价，决定安排谁中标，以及中标者应该提交的报价。

2　这种简化回避了让投标者如实报告自己如何获取信息这个问题。

3　如果供应商的投标报价等于成本，那么即使中标，利润也为零。如果定价稍高于成本，那么竞标者中标的话，就可以得到一部分利润。

一、缺少监控情况下，共谋难于维持

如果A与B进行共谋，但把C排除在外，那么这将会增加1个单位的共谋收益，这是因为卡特尔在采购招标中会以价格7而非6获胜。然后，共谋厂商A与B之间分享该笔收益。例如，他们可能会考虑将该共谋收益平均分配，即每个厂商获得0.5，这个收益高于没有合谋时每个厂商能够获得的收益。但若共谋失效，并且供应商B能够参与竞标——例如，即使A与B达成的协议要求B留在房间里，供应商B还是离开了房间——那么供应商B的报价若低于7，就会获胜并获得略低于1的收益。这比0.5的收益更好些。如果供应商A不能监控供应商B的报价，B便有违背协议的动机，因为协议要求他不能参加竞标，或即使参加竞标，报价也必须高于7。

若供应商A不能监控供应商B的报价行为，供应商A有可能通过改变共谋收益分配比例的方式，防止供应商B采取欺骗行为，但是要这样做的话，供应商A必须将几乎全部的共谋收益都分配给供应商B。如果投标报价的测量单位可小到0.01，那么供应商A必须支付共谋收益的0.99给B，而仅给自己留下0.01。供应商A也许并不愿意为如此少的收益参与共谋，但在无法监控B的报价行为的情况下，任何对B更小的支付都不能够防止B的欺骗行为。

假设A、B和C组成卡特尔，但把D排除在外，再假设卡特尔协议约定，B和C将抬高各自的报价，让A以价格10获胜。那么根据以上逻辑，B需要得到3.99的收益，才会支持10的报价（因为通过作弊并报价9.99，B将获得9.99-6=3.99的收益）。而A将获得0.01的收益。那么C会怎么样呢？C有作弊的动机，且A将没有多余的收益支付给C来防止其背叛共谋。因此，A没有足够的共谋收益来阻止B和C背叛共谋。A和B之间的卡特尔也许能够勉强维持，但是A、B和C之间的卡特尔将无法维持，这是因为在无法监控B和C的报价行为的情况下，没有足够的共谋收益令B和C放弃背离共谋协议的动机。

二、监控情况下的有效共谋

在卡特尔组织能够对成员实施有效监控的情况下，除了被安排在投标中获胜的某一成员，其他所有卡特尔成员都不得参与报价。在A和B组成卡特尔的例子中，如果供应商A要求B要么接受要么放弃，不容讨价还价，以确保A能够参加采购招标并中标，那么B将会乐意接受任何正收益，这是因为对B而言，除非参与共谋，否则他将得不到任何收益。如果二者的议价能力相当，我们自然就会想到，A支付0.5给B，让B留在房间里，而A参与竞标并报价7。那么相对于不合谋，供应商A和B各自的状况都会更好。

如果供应商C加入A与B的卡特尔，那么按照上述的分析，A将会向B支付1.5，向C支付1，从而让B和C留在房间里，而A以报价10在竞标中获胜[1]。供应商A以价格10获胜（相对于非共谋时的报价6），一共支付2.5给合谋者，而相比于非共谋的情况，A多获得1.5的共谋收益。因此，在无法对卡特尔成员实施监控的情况下，A与B组成的卡特尔，或者A、B和C组成的卡特尔均无法维持，但是如果能够对卡特尔成员进行有效监控，不管卡特尔成员有2个还是3个，都能成功。

这个例子不仅说明了在共谋情况下，对买方的报价具体是如何提高的，还阐述了影响卡特尔规模和有效性的因素。我们将在本书后面部分详细讨论这些问题，具体而言，第Ⅱ部分讨论卡特尔，第Ⅲ部分讨论串通出价。

1　C加入卡特尔，将中标价格从7提高到10，同时共谋收益从1增加到4。在3个共谋厂商成员间分享额外的共谋收益3，那么每个厂商可以分到1。如果只有A和B组成卡特尔，共谋收益为1。在A和B之间分享共谋收益，每个厂商可以得到0.5。将这些加起来，B得到了1.5的收益，C得到了1的收益。这些收益被称为竞标者的"沙普利"值。事实上，串谋竞标通常采用的方法是内部淘汰制，对拍卖中买到的产品进行再分配，然后对共谋收益进行分配。每个竞价者分到的共谋收益就是"沙普利值"。见Graham,Marshall以及Richard（1990），详见参考文献第99条。

第七节 明示共谋违法性的经济学理论

一般来说，经济学家提倡自由市场。政府干预通常会对经济产生不利影响。但是也有例外，其中之一就是反垄断政策。

正如我们在前文谈到，由生产商组成的卡特尔会为了提高价格和利润而降低产量[1]。产出的下降和价格的提高将会导致买方剩余减少（买方剩余指的是买方对某商品愿意支付的价格和其实际支付的价格之间的差额）。共谋厂商利润的增量不足以抵消买方剩余的下降。因此，总的来说，共谋会对经济产生不利影响。反垄断政策是为了保护经济，保护买方不受共谋行为的损害。

换句话说，当卡特尔提高价格，消费量将会下降，相对于厂商自由竞争的情况，交易的益处也会减少，这是因为卡特尔提高价格会给社会带来损失。

共谋行为非法的另一个原因是，共谋破坏自由市场对竞争过程的依赖，尤其是在买方相对于卖方处于信息不利地位的环境中。买方希望市场存在竞争，并把竞争当成是市场中的一种监管力量[2]。当销售商在采购招标过程中独立地报价，买方相信自己能够获得最低价格。但是如果买方知道销售商达成了共谋协定，那么买方不再认为市场交易能够产生最低价格，并且他们还会相信自己在交易中将要付出更高的成本和更长的时间。当买方的资源并非用于生产活动，而是消耗在采购活动之中，这将对社会造成损失。除此之外，采购成本的提高可能会导致买方不再购买共谋供应商的

1　我们关注共谋者为提高价格和降低产量的种种努力。卡特尔可能采取行动提高共谋厂商的价格歧视能力，这会使厂商比共谋前销售更多的产品，并通过减少买方剩余，增加自身的利润。在本书中，许多地方我们都默认卡特尔厂商增加价格并降低产量，对此将不再另作说明。

2　监管力量是对厂商行为的约束。如果没有竞争的压力，生产商会竭尽所能地增加自己的收益，并从买者手中获取其他利益。生产商之间的竞争对彼此的行为施加约束，降低了买方剩余的损失。从这个意义而言，竞争就是监管力量。

产品，或者是取消某些业务，这对社会来说也是一种损失。市场经济的运行有赖于真实竞争的存在和竞争过程的完整性，而卡特尔削弱了市场经济的基础。

第八节　卡特尔侦查

图1.2的五力模型可以用来识别哪些产品、市场、行业更容易达成共谋。具体来说，若将五力都考虑在内，当厂商之间限制竞争的行为会使预期利润显著增加时，相关产品、市场、行业就更容易出现共谋。卡特尔的历史与五力模型的结论一致。在进入门槛很高的行业，产品很少有替代品，对该行业的厂商来说，下游买方和上游供应商的讨价还价能力都比较低，或者说下游顾客和上游供应商的讨价还价能力被行业厂商的共谋行为给削弱了。若厂商间竞争激烈，那么该行业的厂商就会预期，抑制竞争的行为能够带来更高的利润。

回到维生素行业的例子，在20世纪90年代，维生素A主要由三家厂商生产。没有其他产品可以替代维生素A。不同厂商生产的维生素A产品具有相同的化学性质，而在买方采购维生素A的过程中，价格是主要决定因素。在具有这些特征的行业中，经理们会发现共谋带来丰厚的利润。此外，当厂商对管理人员的激励直接与利润挂钩时，这些管理人员易于参与默示共谋。

司法机构和市场参与者希望能够观测到卡特尔的行为。当然，卡特尔成员不仅了解秘密行动的价值，还了解秘密外泄的成本。因此卡特尔试图让他们的行为看起来像非共谋行为一样。然而，总会有某些迹象证明共谋的存在。在相关法律和经济学文献中，这些迹象被称为"附加因素（plus factors）"[1]。许多常见的与共谋行为相关的附加因素（plus factors）与非

---

[1]　Posner（2001,第79—93页）归纳出了各类"附加因素"。也可见Gellhorn和Kovacic（1994），详见参考文献第95条。

共谋行为并无区别。但是，部分附加因素（plus factors）与非共谋条件下市场参与者的行为不一致。这样的附加因素（plus factors）则被称为"强附加因素"（super-plus factors）[1]。我们首先在第4章引入"附加因素"（plus factors）的概念，并在第四部分深入讨论。

第九节　影响默示共谋持续性的因素

泰勒尔（Tirole）阐述了格林和波特的默示共谋行为模型并认为该模型之所以称为默示共谋是因为，理论上，默示共谋达到均衡不需要沟通和转移支付。然而，格林和波特却认为，他们的模型需要明示共谋才能实现，理由如下：

"自发的达成默示共谋的协议，在逻辑上是可行的。然而，鉴于达到这种特殊均衡所需的行为与参与者之间进行紧密协调存在相对复杂性，我们假设均衡由明示共谋达成，这也是非常自然的。"

格林和波特的模型研究数量竞争，泰勒尔则建立了价格竞争条件下的模型。后者的模型假定，两个厂商以相同的边际成本生产同质的产品，在每个时期，厂商需要确定产品的价格。所有的买方都会从价格较低的厂商购买产品。如果两家厂商的价格相同，那么每个厂商都只能获得一半的顾客。

在每个时期，厂商面临零需求的概率为α，相应地，面临非零需求的概率为$1-\alpha$。满足市场需求的过程是独立的，并且每个时期的需求也是随机的。每个厂商的贴现因子都是δ。

如果一个厂商在某一个时期没有出售任何产品，这个厂商也无法识别是因为市场中没有需求，还是因为对手的价格较低而抢走了顾客。

与格林和波特一样，对这个既存在默示共谋又存在惩罚措施的重复博弈，泰勒尔求解出了均衡。（虽然泰勒尔将"默示共谋阶段"直接表述为

1　见Kovacic et al.（2011），详见参考文献第138条。

"共谋阶段"，但我们仍将他表述为"默示共谋"，因为这个阶段不涉及沟通和支付转移。）在默示共谋阶段，两家厂商可以将价格定为垄断水平，但一旦有一家厂商背叛默示共谋，将价格降低到垄断价格之下，则另一家厂商的利润为零。两个厂商都能观察到这一点。之后，惩罚阶段开始了，厂商将会把价格定在边际成本附近，这将会持续T时期——这个时期可能无限长。在惩罚阶段之后，厂商会把价格重新设在默示共谋的价格水平。

正如泰勒尔在他的叙述中所言（6.16），没有厂商愿意在默示共谋阶段降低价格，当且仅当

$$1 \leq 2(1-\alpha)\delta + (2\alpha-1)\delta^{T+1} \tag{1.1}$$

因此，达到默示共谋均衡需要贴现因子 δ 足够大、惩罚阶段T足够长，以及需求为零的概率 α 足够小。每个厂商必须非常重视未来收益，而且惩罚阶段T的时间足够长，可以保证厂商因背叛行为导致的未来损失远远大于因背叛所能获得的即期收益。如果 α 足够大，厂商将会把惩罚阶段视为没有需求，不管对手是否选择背叛，自己会选择背叛。

如果我们修正泰勒尔的条件，买方要隔一段时间L才会有购买行为，则不等式1.1变为

$$1 \leq \delta^{L-1}[2(1-\alpha)\delta + (2\alpha-1)\delta^{T+1}] \tag{1.2}$$

因此，当买方购买产品的次数减少时，要成功实现默示共谋需要足够大的 δ、足够大的T，以及足够小的 α。如果买方的购买量非常大，但次数很少，那么维持默示共谋将非常困难。

我们可以将上述结论与1.4中的几个情景联系起来。当买方购买产品的间隔时间L=1时，刚好符合情景3的情况；当L增大时，厂商为维持默示共谋需要面对巨大的困难，这与情景4相仿；当 α 增大时，则与情景5中的情况对应。而情景6则是买方在L时期非常谨慎，α 能够影响默示共谋的写照。

第一部分 现实中的共谋

经济学文献阐述了卡特尔和串谋行为的各种特征。此外，案例研究和司法判决通常使我们能够仔细地观察各类卡特尔和串谋行为。然而，普通人并不了解何为清晰完整的卡特尔组织，何为串谋竞标团伙？在第1部分中，我们运用叙述的方法，详细描述卡特尔和共谋集团是如何运作的。该部分的故事虽为虚构，但植根于现实生活中的卡特尔和共谋集团。在这部分的叙述中，我们用脚注标明了相对应的真实卡特尔组织和共谋集团。此外，我们仍旧用叙述的方法，介绍如何根据厂商的行为和结果判断其是否参与了卡特尔组织。

第二章 卡特尔概述

第一节 故事的开始

假设在某个行业有4家厂商，其中两家厂商是生产多种产品的大型母公司的分支机构。分支机构的管理人员基本上是独立的，具有自主决策权[1]。由于该行业属于资本密集型行业，且生产过程具有边做边学（即干中学，learning-by-doing）特征，因此不存在进入威胁。这些厂商所生产的商品没有适当的替代产品。上游供应商对行业内所有厂商都没有讨价还价能力。虽然在欧洲有一些大型消费机构，但在一般情况下，该行业的买方在市场上也处于弱势地位。这4家厂商所生产的商品可在全球范围内销售，相对来说运输成本也不是很高——即商品具有较高的价值重量比。这4家厂商所生产的商品在物理和化学性能方面完全相同。每家厂商都有销售部门和配送网络，能将产品卖到全世界每个角落。其中一家厂商在东亚拥有巨大的产能，第二家厂商在西欧，第三家厂商在东欧进行生产，而第四家厂商仅在美国生产[2]。其中几家厂商可能会开始沟通，以期在价格和市场方面达成某项"协议"。虽然这些沟通确实会产生一定的影响，但是每家厂商的销售部门仍试图与竞争对手展开价格竞争，企图扩大市场份额[3]。

1　第四章论述的厂商主要采用这种组织结构。

2　这符合维生素行业在卡特尔时期的典型特征。这种有四家厂商的行业有很多例子，例如，在1990年，饲料级维生素E行业有4大制造商：Hoffmann-La Roche，BASF，Rhone-Poulenc和Eisai，这四家厂商都参与了卡特尔。关于维生素行业及其卡特尔的介绍，参见Marshall，Marx和Raiff（2008，特别是app. A）。

3　欧盟Soda-ash-Solvay 案诉讼期为1987—1989年间。但在此之前，正如第40段判决中所言，"在1986年，Solvay 意识到，CFK 正通过降低价格来维持或赢得市场份额。"

随着世界经济增长速度的放缓，每家厂商都发现和以往相比，产能过剩的现象越来越严重，销售部门的竞争越来越激烈。由于每家厂商都在争夺其他三家厂商的市场份额，产品价格开始暴跌。此外，这四家厂商也在开发新业务。在一个相对较短的时期内，没有一家厂商能够获得让人满意的利润。[1]

第二节　卡特尔的动议

四家厂商中最大的一家要求召开会议来讨论当前的市场状态。[2]另外三家厂商并不愿意参加，因为他们意识到反垄断法不允许他们召开此类会议。[3]这样的会议可以安排在帮助实现共谋的会计事务所或咨询公司召开，[4]

1　类似于维生素H的案例："截止到20世纪90年代初期，维生素H 的价格一直在下降。Roche 的代表在定期访问日本期间，一再地告诉日本厂商与Roche 合作，停止不必要的竞争。Roche公司的高级经理就技术问题对Tanabe进行私人访问时，谨慎地提到维生素H的目标定价问题。Tanabe也提到，在1991年3月和5月与Roche的会见中，Roche 力主实施目标价格。在欧洲，Roche直接表达了自己的要求：根据Merck 的描述，Roche 坚持要Merck参加维生素H 的会议。根据共同生产协定，BASF已经接管Merck几乎全部的生产活动，所以Merck 是代表BASF参加的会议。由于BASF并不生产维生素H，所以他没有获得参会邀请。应Roche的倡议，5家生产商首次著名的多边会议于1991年10月14日在瑞士的卢加诺召开，Roche 主持会议。参会代表分别来自：Roche， Merck, Lonza, Sumitomo和Tanabe（欧盟关于维生素行业卡特尔的判决，第484—487段）。

2　见本页第1条脚注描述，Roche 坚持要Merck参加维生素H 的会议（欧盟关于维生素行业卡特尔的判决，第484—487段）。

3　见本页第1条脚注描述，卡特尔组织喜欢在瑞士召集会议。

4　欧盟对"有机过氧化物"卡特尔判决的第92段介绍了一家总部设在苏黎世、名为AC-Treuhang的厂商。关于第三方的推动作用，详见第6章。

也可以在某次行业协会会议结束后召开[1]。谈话很快聚焦行业竞争对厂商发展的毁灭性打击，以及采取措施遏制价格竞争的必要性[2]。

规模最大的厂商提出，如果价格在接下来的几年内持续上升，每家厂商的境况都会好转。最小的厂商对此表示怀疑，但他同意目前的利润并不令人满意。假如他能获得可观的利润，那么他可能不会对大厂商的话题感兴趣。遗憾的是，目前市场需求疲软，厂商之间展开了激烈的竞争，利润已经降低为零[3]。

接着，大厂商开始详细生动地介绍如何成功地提高价格。对于这种话题，另外三家厂商非常乐意聆听，[4]部分原因是他们知道，这家大厂商曾经

---

1 关于氨基酸："ADM进一步提议，生产商每季度参加一次由行业协会组织的会议，调整产品价格和各家生产商的销售量。ADM认为成立行业协会的好处是为定期召集会议提供一个冠冕堂皇的理由，从而掩盖共谋行为。AMD还解释了如何举办'正式的'会议和'非正式的'会议。当参加正式的行业协会会议时，成员企业可以预定一个房间，悄悄地通知其他同伙，然后离开正式会议现场，参加秘密会议讨论价格和销售量。参会人员同意按此方法进行。"（见欧盟关于氨基酸行业卡特尔的判决，）此外，如第112和第113段的描述，氨基酸生产商协会就是赤裸裸地为卡特尔服务。

关于柠檬酸："卡特尔组织通常会将会议时间安排在行业协会ECAMA的成员大会期间，因为所有的卡特尔成员都是该行业协会的成员。卡特尔厂商通常会在ECAMA正式会议召开前的晚上聚会。"（欧盟关于柠檬酸行业卡特尔的判决，第87段）。

关于碳刷："SGL也指出了20世纪90年代初期，AEGEP的几次会议。这些会议实为替卡特尔成员集会提供方便。"（欧盟关于电力和机械行业碳和石墨制品卡特尔的判决，第174段）而且，"根据现有证据可以推断出，ECGA石墨专业电力机械委员会的许多会议都与该卡特尔组织的技术委员会的会议在时间上重合……ECGA成员大会或理事委员会会议与卡特尔会议之间也存在类似的相关性。例如，ECGA在1997年10月23—24日，1998年4月20日，1999年5月17—18日召开会议，所有这些会议期间，卡特尔组织均召集了会议。因此，卡特尔组织利用ECGA召开正式会议的时机，在ECGA正式会议的前后时间召集成员开会，协调各种限制竞争的行为。事实上，至少对ECGA的部分成员来说，ECGA存在的意义，或者说至少石墨专业委员会存在的意义，就是为卡特尔成员厂商的代表参与合谋提供合法的外衣。在1999年，Carbone Lorraine退出卡特尔之后，卡特尔组织在1999年10月4日的技术委员会会议上讨论这个问题：'是否仍然需要ECGA提供保护伞？'"（欧盟关于电力和机械行业碳和石墨制品卡特尔的判决，第177段）。

2 "关于（高层管理人员）之间的信息交流问题……，BPB说道，在那次会议上，BPB和Knauf的代表'达成共识，结束毁灭性的价格战，让生产商在可持续性更强的价格水平开展竞争，总体上是符合BPB、Knauf和行业的利益的（从最后结果来看，也是符合买方利益的）'"（见欧盟关于石膏板卡特尔的判决）

3 根据欧盟对维生素行业卡特尔的判决与维生素B5相关的部分，第293—295段，"Daiichi提出，成立卡特尔的背景是20世纪80年代期间复合维生素B的价格持续下降，1989—1990年间美元走势疲软，导致Roche公司在这些产品上的利润为零。"

4 根据欧盟关于维生素行业卡特尔的判决，第567段，"各种维生素产品的共谋协议并不是自发或偶然形成的，而是由Roche公司和其他厂商的部分最高领导有意识地计划、设计和引导的。"

牵手他的竞争对手，通过共谋在其他一些产品领域成功地抬高了价格[1]。

大厂商指出，除非大家愿意为实现更高的价格采取团结一致的行动，否则这项计划将不会成功。这样的团结合作需要厂商之间定期沟通[2]，分享市场信息。如果每个厂商单独行动而不开展合作，那么某些信息就会被个别厂商小心翼翼地隐藏起来。他们必须讨论如何在世界范围内划分特定的客户，以及如何瓜分世界市场[3]。他们还必须讨论如何实现更高的价格，以及为抬高价格必须采取什么样的具体行动[4]。他们还需要处理彼此间的分歧

1　根据欧盟关于维生素行业卡特尔的判决第2段，Roche参与了该次判决涉及的12种维生素卡特尔组织。维生素行业从1989年9月至1993年5月陆续形成卡特尔，最早的是维生素A卡特尔和维生素E卡特尔，最后出现的是类胡萝卜素卡特尔。

根据欧盟的判决，Ajinomoto公司是食品增香剂行业卡特尔组织的发起人，该卡特尔组织从1988年11月一直持续到1998年6月。根据欧盟的判决，Ajinomoto公司后来还是氨基酸卡特尔的重要成员，该卡特尔组织从1990年9月一直持续到1995年6月。

SGL Carbon AG公司至少从1988年10月开始就参与电力和机械行业碳和石墨制品的卡特尔组织，至少从1992年5月开始参与石墨电极产品的卡特尔组织，然后从1995年7月开始参与专业石墨产品的卡特尔组织。根据欧盟的判决，前述三个卡特尔组织的终止时间分别为1999年12月、1998年3月和1998年2月。

2　我们在本小节考察的这些案例介绍了卡特尔成员的定期会议。例如，"定期、频繁地在成员之间召开会议是卡特尔组织的一大标志。1991年3月至1995年5月之间，许多厂商就与卡特尔直接相关的问题召开了大约20次多边会议。"（根据欧盟关于柠檬酸行业卡特尔的判决，第86段）再如，在欧盟关于氧化物行业卡特尔的判决，第353段中，卡特尔协议的一个重要内容就是"定期召开会议并加强联系，促成对上述限制达成一致意见，实施上述限制和/或根据需要修改上述限制。"完全一样的表述也出现在欧盟关于石墨电极产品卡特尔的判决，第110段中。

3　欧盟的下列判决说明卡特尔划分客户、地区市场和/或市场份额：氨基酸案例第57、68、211段；无碳复写纸案例第81段；氯化胆碱案例第64段；柠檬酸案例第158段；铜管管道系统案例第449段；电力和机械行业碳和石墨制品案例第219段；食品增香剂案例第65、68和172段；石墨电极案例第71段；工业和医用气体案例第101段；工业试管案例第195段；Interbrew和Alken-Maes案例第243段；甲葡糖胺案例第43段；氧化物案例第353段；石膏板案例第72、126和229段；山梨酸案例第107段；专业石墨案例第130段；维生素案例第2和590段；磷酸锌案例第214段。

4　欧盟的下列判决说明卡特尔实施了涨价行为：氨基酸案例第53段；无碳复写纸案例第135和223段；氯化胆碱案例第64段；柠檬酸案例第158段；铜管管道系统案例第449段；电力和机械行业碳和石墨制品案例第219段；食品增香剂案例第66和172段；石墨电极案例第50段；工业和医用气体案例第101段；工业试管案例第195段；Interbrew和Alken-Maes案例第243段；蛋氨酸案例第74段；甲葡糖胺案例第43段；氧化物案例第353段；石膏板案例第2段；橡胶化工产品案例第187段；山梨酸案例第281段；专业石墨案例第130段；维生素案例第2和590段；磷酸锌案例第214段。

和不满[1]。

第三节　划分市场份额

大厂商主张在全球范围内划分市场份额[2]。由于有了世界各国政府机构、行业协会和专门收集贸易数据的私人厂商发布或提供的贸易数据，大厂商可对其他厂商的市场行为进行密切的监控[3]。大厂商断定，在过去的一年里，这四家厂商的市场份额分别为50%、25%、15%和10%[4]。随后大厂商提议，今后每家厂商的市场份额就继续按照这一比例进行分配[5]。

但是其他三家厂商并不同意这样的分配，因为他们认为大厂商的份额太大。大厂商会请帮助共谋的会计事务所或咨询公司也参加会议[6]。会计事务所或咨询公司对其他三家厂商的数据进行审查，经过一番讨价还价，达

1　在氧化物卡特尔的判决案例第92段中，欧盟把AC-Treuhand公司的作用描述为"在卡特尔成员之间出现冲突时进行调解，并鼓励成员厂商积极寻求达成妥协的方案。AC还会尽力教促成员厂商加强合作，达成协议。'AC-Treuhand 传递的信息就是，如果成员厂商中止谈判，他们的境况将会变得更糟。'"另见第6章附录。

在柠檬酸一案中，"1993年后，卡特尔决定召开技术导向性更强的会议，这类会议被称为'夏尔巴'会议，旨在解决成员之间的某些不满情绪和市场'困难'。"（欧盟关于柠檬酸卡特尔的判决，第86段）

正如Stocking 和Watkins的描述（1991年，第333页），白炽电灯泡卡特尔组织有两个极其重要的管理机构，其中一个机构是仲裁委员会。"仲裁委员会由一位瑞士的法学教授、一位瑞士的联邦法官和一位擅长国际卡特尔组织的技术专家组成，仲裁委员会负责解决卡特尔成员之间的争议，特别是专利申请范围、专利权费等问题。"

2　BASF详细地描述了1989年9月在苏黎世召开的会议。该次会议的主要目的是建立维生素A和维生素E行业的卡特尔组织。会议第一天，各家公司负责营销的高级经理和部分产品经理坐在一起，确定维生素A和维生素E的市场规模，然后根据1988年各家厂商在市场上取得的销售额，确定世界市场和地区市场在四家生产商之间的分配。"（欧盟关于维生素产品卡特尔的判决，第162—163段）

3　在氧化物卡特尔组织的判决书第91段中，欧盟把AC-Treuhang厂商描述为"一家总部设在苏黎世的实体，提供为厂商收集数据等服务。"见第6章附录。

4　关于维生素D3卡特尔，"第一次会议大约于1994年1月11日在巴塞尔召开，参加会议的厂商有Roche、BASF 和Solvay。在这次卡特尔启动会议上，三家厂商关注的重点是确定维生素D3的世界需求和各自的市场份额。他们达成的一致意见是：Roche占世界市场份额的38%，BASF 占21%和Solvay占41%"。（欧盟关于维生素产品卡特尔的判决，第462段）

5　见本章脚注。此外，欧盟在维生素产品卡特尔判决书的第167段写道，在1988年，就维生素E来说，Roche实现的销售额占世界市场的46.5%，BASF占28.1%，Rhone-Poulenc占15.2%，Eisai占10.2%。

6　见第6章案例。

成了新的市场份额分配方案：48.5%、25.5%、15.3%和10.7%[1]。三家小厂商声称，分配市场份额时还需考虑地域划分问题。例如，生产基地设在亚洲的厂商说，他想在亚洲市场获得一个比在全球市场更高的份额。其他两家在欧洲进行生产的厂商也提出了类似的要求。大厂商指出，各家厂商提出的划分区域性市场份额的要求值得尊重，但是全面遵守全球市场份额分配协议更加重要[2]。

大厂商解释说，各家厂商必须向卡特尔组织定期汇报生产数据和销售数据，以方便卡特尔追踪市场份额分配协议的执行情况[3]。随着全世界和不同地区经济增长的变化，市场出现剧烈波动，各家厂商的销售数据也会起伏不定[4]。每家厂商至少每月汇报一次生产和销售数据，否则很难保证到年底时各家厂商实现了他们所分配的市场销售额[5]。当一家厂商稍稍超过其分配的市场份额，而另一家厂商的市场份额略有不足时，卡特

1　欧盟在维生素产品卡特尔判决的第168段写道，1988年世界市场的销售额"可能有微调，然后作为各成员厂商分配市场份额的依据。"我们常常在欧盟的判决书中看到卡特尔调整厂商市场份额的案例，调整幅度的最小单位是0.1个百分点。例如，在欧盟关于无碳复写纸卡特尔判决书的第99段，我们注意到卡特尔协议这样规定："市场份额和增长数据精确到小数点后一位。"

2　根据欧盟关于维生素产品卡特尔的判决，第521段，"只要不超过整体的配额，地区与地区之间市场份额的些微差异是允许的。但是，一旦某家厂商的销售额超过配额，则必须通过补偿性购买弥补受损厂商的损失。"

3　"参加欧洲地区会议的经理们每周保持电话联系，目的是监控价格和销售额协议的实施情况，以及讨论单个的市场客户。他们每个月就各国市场上维生素A和维生素E的销售额交换信息。Roche 公司向其他厂商提供Eisai公司在整个欧洲市场的每月销售数据，而不是在欧洲各个国家的销售数据。"（欧盟关于维生素产品卡特尔的判决，第188段）

4　"'销售额和市场份额平行增长'的情况也会出现，也就是说，在维持每年为各个地区设置的市场份额和目标的同时，卡特尔将会根据市场需求的增长情况，调整销售量。卡特尔组织将会监控销售情况，并按季度进行必要的调整。"（欧盟关于维生素卡特尔的判决，第188段）

"'如果通过交换销售数据后发现，某家厂商在任何国家的销售额超过为其设定的配额，则这家厂商就必须在接下来的几个月里，调整自己的销售政策，确保最后从全年范围来看他的销售额没有超过为其设定的配额。'"（欧盟关于氧化物卡特尔的判决，第85段）

5　"SDM把Ajinomoto称为收集各家赖氨酸厂商每月销售数据的办事处。Ajinomoto的职责是跟踪各家厂商的销售数据，因此生产商可以及时对销售额进行调整，控制全年的总销售额，确保其不超过规定的最大限额。"（欧盟关于氨基酸卡特尔的判决，第122段）

尔组织就会把实施采购招标的客户从前者重新分配给后者[1]。几家厂商通过协商，确定对客户的报价，这样就能实现重新分配市场份额的目标[2]。大厂商解释说，如果卡特尔想要抬高价格，那么必须调整对所有客户的报价[3]。他同时强调，所有关于报价的协调工作必须在正式提交标书之前

1　"Sewon和ADM之间就英国市场的供给问题进行过一次谈判。"（欧盟关于氨基酸卡特尔的判决，第158段）

"在1994年，买方对维生素E的需求出现快速增长，致使卡特尔组织必须修改分配给Rhone-Poulenc厂商的额度。根据卡特尔协定，Rhone-Poulenc在全球市场的份额为16%，为履行卡特尔协定，Rhone-Poulenc必须增加牲畜饲料市场的销售。1994年8月，各位生产商达成一致意见，Rhone-Poulenc在饲料市场的份额可增加到21%。但是，如果Rhone-Poulenc在饲料市场增加的配额最终还是不能使他在全球市场的份额达到16%，其他两大欧洲生产将从Rhone-Poulenc处购买产品，以弥补Rhone-Poulenc遭受的损失。Roche在1996年进行了补偿性购买，随后在1996年和1997年Roche和BASF又进行了补偿性购买。"（欧盟关于维生素卡特尔的判决，第225段）

2　"卡特尔成员厂商达成协定：不同国家的客户被分配给不同的成员，未被分配客户的卡特尔成员，如果也要出售产品，其价格就必须高于获得客户分配的厂商。"（欧盟关于氯化胆碱卡特尔的判决，第99段）

3　"在这个最后的环节，卡特尔成员达成协定：定期分配不同国家的客户，未被分配客户的卡特尔成员，如果也要在该市场出售产品，其价格就必须高于获得客户分配的厂商。这个协定不仅能够保证维持或提高该国市场上单个客户的价格，而且提高该国市场的整体价格，还可以实现协议所规定的客户分配，从而最终实现协议所规定的市场份额。"（欧盟关于氯化胆碱卡特尔的判决，第99段）

"每个客户的最大供应商（根据销售额）都会将其价格设置为略低于竞争对手的水平，确保目标客户与自己达成交易，而这一价格是经竞争对手同意的。这样做的目标是保证市场份额协议的实施，避免损害在位厂商的利益。如果在谈判磋商期间，有客户指出某个供应商报出了更低的价格，在位厂商将会立即联系该供应商，要求他解释缘由。如果竞争者实际上已经赢得订单，并抢占了在位厂商的市场份额，则在位厂商就会向另一位客户提供低于竞争者的价格，来抵消自己的损失。为了贯彻价格上涨协议，在位厂商会通知竞争者，只有在他的利益受到损害时，才会采取低于协议水平的价格，从其他客户处夺回损失的市场份额。"（欧盟关于橡胶化学产品卡特尔的判决，第67段）

进行[1]。他承认，共谋十分复杂，由于涉及法律问题，协调工作也不容易达成一致意见[2]。

第四节 价格上涨和公告

接下来，大厂商开始讨论定价、新价格的实施等问题。几家厂商首先审查客户的性质。这些厂商的绝大部分客户——特别是大客户——都通过公开招标来购买产品。每年，客户邀请三四家厂商投标，并根据各家厂商的报价和这些厂商过去为他们提供服务的优劣情况来挑选一个优胜者。但是因为供应商所提供的服务基本上是相同的，所以评标时主要看重的是价格。

这四家厂商都知道，自己的客户通常都有专门从事采购的部门。采购是一项成本昂贵的行政管理活动，每家公司的采购部门都有预算限制。采购部门必须决定如何分配其有限的资源。当遇到某家供应商价格过高时，

1　"Carbone Lorraine的记录表明，Carbone Lorraine 曾作为行业领导者，与摩根（Morgan）和Schunk合谋，安排厂商轮流中标，赢得法国厂商RATP采购一种特殊的集流装置的合同。这三家厂商从1983—1992年间一直在交换报价信息。Carbone Lorraine还用表格的方式记载了1989年4月至1991年11月间，哪家公司赢得了哪次招标采购，以及在接下来的三年时间里，哪家厂商应该赢得哪些招标，才能在1994年底使三家厂商的中标次数相同。另一个表格则表明，作为补偿，原本设定由Carbone Lorraine赢得的采购招标不得不让给Schunk。"（欧盟关于电力与机械行业碳产品与石墨产品卡特尔的判决，第141段）

"Morgan提供的例子表明，在1997年，Morgan与Carbone Lorraine 通过对大客户GEC Alsthom的采购招标进行报价合谋，拿下了客户的订单。Carbone Lorraine还提供了一个串谋报价的例子。串谋始于1998年10月27日RTM发布的招标公告。RTM向供应商征集多种型号的碳刷和集流器的报价。根据与竞争对手交换的信息，Carbone Lorraine编制了一个表格，汇总了在过去的几年里，哪些公司赢得了哪些招标采购，价格是多少，销售量是多少，以及在未来的招标活动中，应该安排哪家厂商中标等。各家厂商轮流中标。Carbone Lorraine还准备了一个表格，表明每家厂商在招标产品上的销售额，其目的可能在于让卡特尔成员相信他们达成的销售额分配协议是'公平的'。在与竞争者就报价问题达成一致意见后，Carbone Lorraine在1998年11月18日通知他的销售代表，向RTM报出与竞争对手协商后的价格。这些报价是Carbone Lorraine制定的，随后赢得了RTM公司的订单。这些例子表明，卡特尔在招标采购中通常都能有效地实现串谋，特别是在公共运输行业。"（欧盟关于电力与机械行业碳与石墨产品卡特尔的判决，第151段）

2　石墨电极卡特尔的一个"基本原则"就是，"每家厂商的报价必须由董事会主席或总经理决定，而不能由销售经理来决定。"（欧盟关于石墨电极产品卡特尔的判决，第50段）

采购部门很可能会投入大量的资源来迫使供应商降价[1]。

采购部门可以采取多种方式抵制生产商涨价。例如，正常情况下采购部门仅邀请两家或三家厂商参与投标，但如果这些厂商的报价太高，采购部门就可能会向该行业的全部厂商（即4家厂商）进行公开招标。他们可能尝试通过第三方机构——例如中间商或交易商——购买产品，虽然能否这么做完全取决于这四家生产商对第三方的销售政策。当采购部门对四家生产商的报价进行评估时，他们可以尝试一对多的博弈。例如，某一个参与投标的生产商告知，他的报价并不是所有报价中最低的，如果他将每千克产品价格降低0.5美元，那么他就很有可能成为胜出者。采购方也可能会向其他投标者抛出类似的诱饵。假如参与投标的几家生产商没有进行沟通与合作，他们就会怀疑能否凭价格的小幅下降来保证丰厚的利润。在经济不景气的时候，这种提议可能是非常诱人的。还有，如果生产商把销售人员的薪酬与销售数量捆绑在一起，价格也会下跌[2]。

大厂商指出，每家厂商都必须向整个市场发布价格上涨的公告[3]。涨价

1　"1996年4月30日the London Underground Ltd.（LUL）发给摩根公司一份传真，这份传真证明并非所有的客户都会平静地接受卡特尔的涨价行为。传真上写着：'很不幸，你方价格的涨幅远远超过了当前的通胀水平（2.7%），你方必须对此提供充分的理由。我还从我们的文件中注意到，9月21日在这里召开的一次会议上（当时LUL对你们的定价和持股政策再次表示不满），你方同意在未来3个星期全面削减成本。但这一切并没有如期实现。因此，我认为我们没法继续采购你们的产品。如果你方能说明今年涨价的原因，也就是说，如果你方能提供关于原材料成本上涨或工资上涨方面的信息，我们将会感到很高兴。当然，你们所提供的信息必须有供应商的相关数据作为证据。'"（欧盟委员会关于电碳和机械行业碳和石墨制品卡特尔的判决，第109段）

在这次会议中，ADM强调了公司为维持高价而控制销售部门的重要性，解释说他的销售人员通常都有与竞争对手进行削价竞争的倾向，除非公司对其销售人员有绝对的控制，否则就会出现销售部门降价的问题。（关于氨基酸的欧盟判决，第98段）。

2　在这次会议中，ADM强调了公司为维持高价而控制销售部门的重要性，解释说他的销售人员通常都有与竞争对手进行削价竞争的倾向，除非公司对其销售人员有绝对的控制，否则就会出现销售部门降价的问题。（关于氨基酸的欧盟判决，第98段）

3　参见欧盟委员会关于氨基酸卡特尔的判决，第53段和第265段，以及欧盟委员会关于无碳复写纸卡特尔的判决，第135段和第233段。参见Marshall,Marx和Raiff(2008)对维生素卡特尔价格公告行为的分析，以及关于共谋价格公告行为的理论模型。

信息应该刊登在本行业主要的刊物上，以便大家都能看到[1]。更重要的是让客户的采购人员看到这些公告。大厂商告诉自己的同伙，他们可在公告上宣称，由于近期市场行情的变化，本行业的产品不得不涨价。大厂商认为这并不是个问题，因为在世界市场中，每天都在发生着变化。他们可以为价格上涨提供以下"理由"：要素投入价格上涨、某一特定地区的需求出现增长、通货膨胀超过预期、汇率波动对生产商产生了不利影响、新的规制措施增加厂商的运营成本，进而迫使产品价格上升、汽油价格上涨导致运输成本增加，等等。大厂商认为，不管怎么样总能从上述一大堆理由中找出一个合适的"理由"，各家厂商只需在公布涨价前，就价格上涨的理由统一口径[2]。

大厂商继续指出，几家厂商的涨价公告应该先后发布[3]。此外，公告不能总是由同一家厂商最先发出，各家厂商应该轮流成为公告的第一发布者，其他厂商则在一周或两周内跟进，公告的间隔时间需由卡特尔会议决

---

1 "卡特尔通常让一家生产商先'宣布'涨价，要么通过专业杂志，要么直接通知主要的客户，然后让其他成员效仿。由于寡头市场存在价格领导，即便受到客户的反对，以这种方式协调好的涨价往往得以顺利实施。"（欧盟委员会关于维生素卡特尔的判决，第203—204段）

"在实践中，通过专门的新闻报道，新的目标价格可以有效地传达给客户。"（欧盟委员会关于蛋氨酸卡特尔的判决，第278段）

2 "对于涨价的理由，1995年12月19日于荷兰召开的一次会议以这样的统一口径来解释涨价的'合理性'：'价格上涨4%的理由：1.环保方面需要额外的支出。2.原材料价格上涨。3.工资上涨了3%。'"（欧盟委员会关于电碳和机械碳及石墨制品卡特尔的判决，第108段）

"在这之后，他们就欧洲市场的价格进行了详细的讨论。他们决定DME4在欧洲市场的最低价格为25/kg，并用每种货币设定价格。这些价格适用于从4月27日到6月下旬装运的产品。在这之后，DME4的价格上涨为50。与会者就DEM4涨价的理由达成了一致。"（欧盟委员会关于氨基酸卡特尔的判决，第164段）

"纸箱板的生产商通常以原材料、能源、交通等成本增加为由，向他们的客户证明涨价的合理性。"（欧盟委员会关于纸箱板卡特尔的判决，第19段）

3 欧盟委员会关于橡胶化工产品卡特尔的判决，第187段，描述了卡特尔如何就涨价及其具体做法进行协商，即首先就涨价公告的时机、顺序和形式在成员之间达成协议，然后按照协议向客户和/或者公众发布涨价信息。

1999年12月14日在德国召开的一次会议是说明涨价次序的很好例子，协议如下："时间：S[Schunk]：10.03.2000；S.G.L.：31.03.2000；Mor[Morgan]：10.04.2000."（欧盟委员会关于电碳和机械碳及石墨制品卡特尔的判决，第107段）

1995年2月2日的卡特尔会议上，与会者就价格上涨达成了协议。根据该协议，AWA将领导价格上涨，其他厂商将跟从。正如在会议记录中所述的："此后，AWA会在每个市场发起涨价。跟着是Koehler AG,Zanders,Stora,Sappi和Torras。"（欧盟委员会关于无碳复写纸卡特尔的判决，第233段）

定[1]。在涨价公告和新价格生效之间会存在一段间隔时间，比如一个月或更长时间[2]。

大厂商还要求禁止任何的变相降价。年终返利、对有缺陷的产品实施折扣价、免收运费、免费样品等都对卡特尔具有破坏性，所以是不允许的，除非在事前得到了所有成员的同意。卡特尔组织必须对各成员厂商进行适当的监管，以确保各成员遵守卡特尔协议[3]。然而，大厂商注意到，大客户与小客户支付的产品价格不一样[4]。基于购买数量实行歧视性定价是很自然的，而他们将在讨论投标报价问题的时候，协调给予不同客户的折扣。总之，大厂商的主张就是，任何未经卡特尔组织同意的调价行为都是违背卡特尔协议的[5]。

卡特尔为涨价公告进行大量细致的协调工作，其目的是为让客户接受，而不是强烈反对。大厂商希望客户的采购部门努力降低其他商品的价格，而不是卡特尔组织的商品价格。如果采购部门凭借所有生产商刊登在行业出版物上的涨价公告，向本公司财务总监证明价格上涨是不可避免

---

1 欧盟委员会关于柠檬酸卡特尔的判决，第158段，把卡特尔描述为"指定一家生产商在每个国家的市场'领导'价格上涨。"

　欧盟委员会关于有机过氧化物卡特尔的判决，第353段描述的卡特尔协议"指定一家生产商在每个国家市场'领导'价格上涨。"

　欧盟委员会关于橡胶化工产品卡特尔的判决，第235段这样解释道："通常率先涨价的厂商会失去一部分市场份额，存在一定的风险，但这是卡特尔共谋厂商自愿承担的。在这个例子中，通过在2000年和2001年轮流率先涨价，Bayer,Crompton/Uniroyal和Flexsys可以分摊这种损失和风险。"

2 参见Marshall,Marx和Raiff(2008)。文章提供了关于维生素产品卡特尔组织价格上涨公告时间和有效期的数据。

3 欧盟委员会关于特种石墨卡特尔的判决，第352段，将卡特尔描述为交易条件的固定者（溢价，折价，结算货币，汇率）。"

　参见欧盟委员会关于工业气体和医疗厂商卡特尔的判决，从第240段开始的关于实施最低运费的描述。

4 "Merck说道，'此外，对次年的涨价幅度会进行谈判。对MG（重新设定年度）价格上涨幅度，至少对欧洲的小客户是这样，针对大客户（重点账户）将采取个别协商价格的做法。'"（欧盟委员会关于甲葡糖胺卡特尔的判决，第84段）

　欧盟委员会关于电机和机械行业碳及石墨制品卡特尔的判决，第219段写道，卡特尔"会就对客户的附加收费，供货折扣和付款条件达成协议。"

5 厂商不会向任何新客户提供低于约定最低水平的价格，或者没有事先征得其他两方同意情况下就向现有客户降低价格。"（欧盟委员会关于有机过氧化物卡特尔的判决，第85段）

的，那么客户就很难抗拒卡特尔的涨价行为。[1]尽管如此，大厂商仍旧指出，如何决定价格上涨的幅度、频率，且不致引起买方不满，这是一个很微妙的问题，需要四家厂商进行持续的讨论和协调。[2]

第五节　销售部门的影响

大厂商重申，让客户产生抗拒的情绪对四家厂商都是不利的。如果买方对生产商的价格上涨行为非常反感，四家厂商中很可能有一家厂商难于应付客户的抵制，从而做出违背卡特尔协议的行为。大厂商解释说，这一问题主要源于销售部门的特质[3]。

大厂商随后指出，如果生产厂商采取单方面的竞争行为，每家厂商的销售部门都会存在降低产品价格、扩大市场份额的动机。通常情况下，每家厂商的销售部门都倾向于增加销售,提高公司的利润。然而，销售部门并不相信管理层对销售成本的解释，所以销售人员的薪酬一般与销售收入挂钩。在单方面行动的条件下，如果厂商禁止或限制销售人员以相对较低的价格完成交易，那么他们就很有可能会失去优秀的销售人员。如果该厂商的竞争对手能够为这些销售人员提供更宽松的工作环境，例如允许他们以更优惠的价格完成交易，那么这些销售人员就会去厂商的竞争对手那儿工作。为避免出现这样的情况，销售人员的大部分薪酬都是与销售数量（受

1　"当BASF的客户拒绝接受涨价的时候，罗氏公司通过宣布DEM的价格为46/kg来支持价格上涨，公告发布在1998年6月13日的《Ern hrungsdienst》上。根据Daiichi,由于客户的反对，并由于D-calpan和DL-calpan并未同步涨价，价格上涨并不成功。"（欧盟委员会关于维生素卡特尔的判决，第325段）

2　"在卡特尔大会上，与会者讨论了每个欧盟成员国价格上涨的时机和幅度（以百分比的形式），就若干次的涨价和涨价时间达成了协议。"（欧盟委员会关于无碳复写纸卡特尔的判决，第84段）

"卡特尔计划价格将阶梯状上涨，即从USD0.81/lb到USD0.95/lb，到USD1.10/lb，如果可能最后到USD1.20/lb。"（欧盟委员会关于氨基酸卡特尔的判决，第107段）

"安内特公司说道，'随后就会讨论价格，特别是是否有成员有意提高价格、提高到什么程度。没有成员会支持价格大幅度上涨，因为他们明白自1956年起，大规模制造的产品只能支持逐步和小幅度的上涨。'"（欧盟委员会关于甲葡萄氨卡特尔的判决，第85段）

3　参见本章脚注。

价格折扣上限的约束）挂钩的。总的来说，这意味着每家厂商的销售人员都是以获得的市场份额来计算薪酬。

大厂商半开玩笑地说，他们决不能把四家厂商的卡特尔协议下发给各厂商的销售部门。相反，大厂商指出，每家厂商必须立即改变销售部门的激励机制，向销售部门阐明并要求他们执行"重价不重量"（price before tonnage）的激励方案[1]。销售人员将不再因扩大市场份额而受到奖励。相反，他们的报酬将取决于是否能够按照预定的价格把产品出售给客户。当然，在销售部门适应新激励机制的过程中，可能会出现某些偏差，如果需要的话，这四家厂商能够在卡特尔协议实施过程中和年终时解决这些偏差问题[2]。

第六节　利益再分配

接着，大厂商解释四家厂商进行利益再分配的原则。如果到年底，他们没有实现全球市场份额分配目标，则四家厂商之间必须对收益实行"调

1　"1989年9月在苏黎世举行的高层会议上，罗氏公司、巴斯夫和Rhone-Poulenc同意'重价不重量'的政策。"（欧盟委员会关于维生素卡特尔的判决，第200段）

1991年3月，罗氏公司向客户提供的维生素A和E的"定价单"清楚地说明了目标价格问题。对维生素A的目标是：1991年把以瑞士法郎为货币单位的价格增加5%到10%，消除美元对荷兰盾的汇兑差异，以防止利用汇率套利。虽然销售经理被告知要占有世界市场的48%，但公司要求他们要将目标价格放在比数量/市场份额目标更重要的地位：不达到目标价格，绝不增加销量"，即"重价不重量"原则。（欧盟委员会关于维生素卡特尔的判决，第206—207段）

从1988年起，（生产商认为）成功涨价的关键就是维持生产和消费间的平衡。[总裁工作组（PWG）]的所有成员关心的是新一轮涨价应该优先于销量的增加。这就是Stora所指的"重价不重量"原则（Stora，1992年2月14日的复信）。这意味着主要生产商同意PWG涨价，并且在一定程度上确信他们会成功。1987年，PWG达成的协议计划将主要成员在西欧的市场份额"冻结"在现有水平，禁止用价格战来赢得新客户或者扩张市场份额。（欧盟委员会关于纸箱板卡特尔的判决，第51—52段）

2　欧盟委员会关于工业气体和医疗气体卡特尔的判决，第161段中指出一个卡特尔成员AGA向其销售部门发出内部指示，"力争对现有客户涨价5%，并解释说竞争对手也会有同样的做法。如果由于受到竞争对手的攻击而不得不对客户做出价格让步，这应该报告给管理层。"

整"（true-up）[1]。大厂商举了一个例子，假设四家厂商一致同意市场份额分配方案为48.5%、25.5%、15.3%和10.7%。再假设到年底各厂商实际的市场份额分别为48.5%、26.5%、14.3%和10、7%。也就是说，第二家厂商的销售额超过其分配份额一个百分点，第三家厂商的销售额低于其分配份额一个百分点。那么"调整"方案就会要求第二家厂商以当前市场价格从第三家厂商买入相当于世界市场销售额1%的产品。大厂商介绍了"调整协议"的益处，这也是市场份额分配协议的益处之一。第三家厂商完全遵守了协议——他将以卡特尔组织约定的价格卖出占世界市场份额15.3%的产品；对他而言，"调整"是公平公正的，因而没有理由采取破坏卡特尔稳定的行为——比如通过降价争夺第二家厂商的客户。但是，第二家厂商并不高兴，因为他以市场价格买入了大量的商品，而这些商品本可以通过自身的生产设备以低得多的成本生产出来。"调整协议"的激励作用是非常明显的——任何厂商不得超过分配给他的市场份额，否则他就会发现，在接下来的"调整"过程中，自己将以超出自身生产成本的价格从其他厂商处买入大量的产品。大厂商指出，"调整"协议促使每家厂商不断地检查其他厂商是否存在蚕食市场份额的行为。到年底的时候，"调整"方案的实施使任何侵占其他三家公司市场份额的商业行为都会得不偿失，因此，这种侵占行为不能带来长期的利润增长。

　　大厂商指出，在其他某些时候，他们也需要进行相互补偿。例如，大厂商想推出一个广告，旨在宣传他们的产品为孕妇带来的好处[2]。大厂商同时意识到四家厂商都将从这个广告宣传中获益，如果没有一个合适的协

1　"年度信息公布了按月的统计数据，以确保各方遵守约定的市场份额；如果一方被发现卖出了超过其分配额度的产品，那么他需要'放慢'销售来确保遵守协议。如果在年末，某个生产商的销量远远超过了其配额，他必须从其他生产商处购买产品，以补偿对方在配额上的损失。"（欧盟委员会关于维生素卡特尔的判决，第196段）

　　欧盟委员会关于有机过氧化物卡特尔的判决，第85段中介绍："补偿可以根据销量不足者的意愿来决定，补偿购买的价格以能弥补销售不足者的损失为准。"

2　"当罗氏公司的叶酸生产设备投产时，广告使叶酸的世界需求翻了一番。与此同时，武田还在努力寻求新的销售渠道。"（欧盟委员会关于维生素卡特尔的判决，第371段)

议，大厂商不愿意在不能扩大市场份额的前提下，承担广告的所有成本。但通过共谋，他们可以共同分担广告的开支。

大厂商解释说，简单地在四家厂商之间进行现金转移支付并不是很好的办法，但是，他们可以采取其他方法，比如按照非市场价格在厂商间进行交易，从而实现转移支付。[1]例如，假设四家厂商生产的产品需要某种投入品，该投入品目前的销售价格是10美元/千克。如果其他三家厂商都以30美元/千克的价格从大厂商处买入这种投入品，那么他们就将资源转移给了大厂商。

大厂商说，除了这种方式外，还有一种方法可以更好地达到转移资源的目的，这就是貌似公正的司法途径。例如，四家厂商之间首先签订"标准"（standard）的业务合同，然后以破坏合同规定为由相互起诉，再利用法院的判决结果来转移资源。通常情况下，没有人会反对通过财产转让解决厂商之间的商业纠纷。尽管通过这样的办法转移资源的成本极其高昂，但从法律上来说，原被告双方都同意对判决进行保密，从而是一种秘密转移资源的绝佳方法。大厂商说道，在卡特尔组织中，还可引入专利的交叉许可这一办法在厂商间转移资源，[2]但这是一个更高层次的问题，目前还不需要涉及。大厂商要求会计事务所/咨询公司提醒自己在成立卡特尔之后的第二年再开展交叉许可活动。

最后就厂商间转移支付问题，大厂商指出，欧洲有一个大客户，该客户几乎占据了整个欧洲市场的5%。对该客户进行投标前，卡特尔成员需要进行充分的沟通[3]。这个客户的采购部门好斗且精明。大厂商指出在竞标之前，四家厂商可能需要签署他提出的"逆向采购协议"（counter-

---

1 在1993年，合作方意识到美国生厂商Coors的维生素B2产品比他们在1991年估计的生产能力还要大。为了防止Coors通过出口多余产品破坏协议，罗氏公司和巴斯夫约定前者将在1993年购买115吨维生素B2（相当于Coors生产能力的一半）。巴斯夫之后会从罗氏公司那里购买43吨，这些交易保证他们的市场份额达到62：38的比例。（欧盟委员会关于维生素卡特尔的判决，第287段）

2 见参考文献第203条。

3 在第65自然段处，欧盟对"食物增香剂"的判决中认为卡特尔的目标是"分配欧洲的大客户"。

purchasing agreement）[1]。即，在竞标之前，大厂商可能需要从其他三家厂商中的一家或多家购买大量的产品，以确保投标报价不会偏离协定价格。

第七节　相关问答

晚饭后，大厂商回顾了卡特尔协议的主要内容：就实施价格上涨进行持续沟通、减少客户对价格上涨带来的抵触、修改厂商内部激励机制，通过市场份额分配共谋收益并以再分配形式来解决偏离协议规定的问题、通过定期交换信息监控协议的执行情况。大厂商同时指出他自身就有能力生产出全球所需的所有产品，他还可以向其他三家厂商发起竞争攻势，抢夺他们目前拥有的客户，或者向市场倾销产品使世界市场价格猛跌[2]。但是，大厂商随后马上强调这并非他所希望看到的结果，因为这对自身不利，同样也不利于其他三家厂商。正如之前他所讲的，通过合作，他们都将从中获利。

这三家较小的厂商有许多问题。

·问题1：为什么我们要进行这么多的沟通和会晤？为什么我们不能简单地在年初的时候就为每家厂商设定生产配额，并在一年中严格遵守协议，不生产超过配额的产品？

·回答1：因为这不会起作用。首先，我们不能等到年底的时候才回过头来核对数据，看看是不是所有的厂商都遵守了协议。从年初到年底这么长的时间里，很可能有违反协议的情况出现，我们中的某些厂商会变得

1　见第64、69、112和122自然段，欧盟对"食物增香剂一案"的判决。例如，第69段写着："为保住欧洲核苷酸市场，Takeda 和Ajinomoto和主要的竞争对手达成协定，从竞争对手处购买产品，换来的好处是竞争对手不向欧洲大客户销售核苷酸。正如Cheil所言，'日本厂商（Takeda 和Ajinomoto）将分别从Cheil 和Miwon公司购买核苷酸。作为交换，韩国的生产商不得出售核苷酸给欧洲的三大用户，并将自动限制对日本的销售。'"

2　"AWA的财力和生产能力使其能够放言，如果涨价政策没有得到共谋伙伴的支持，那么AWA会不遗余力地使用价格战，令大部分公司陷入困境，使整个市场萎缩。通过在意大利对Binda公司的挤压，AWA清楚地展示了其实力。（欧盟委员会关于无碳复写纸卡特尔的判决，第104段）

焦躁不安，年底的"调整"措施可能会因为数量巨大而使相关厂商难以执行或不愿意执行。同时，在漫长的一年里，市场可能出现波动，固定不变的产量可能并不合适。如果需求突然下降，没有厂商会愿意扩大产量。如果需求突然上升，那么分配的产量将过少，我们需要将其向上调整。如果没有时时协商，没有就市场份额达成新的一致，而仅仅是设置一个固定不变的产出水平，我们怎能适应市场的波动？如果我们生产的是农产品，那么在年初的时候为每家厂商制定一个总的耕种面积，随后就听从市场的自发调整，这样尚可。[1]但我们面对的并不是拥有统一价格且买方对价格波动已经习以为常的农产品市场。我们的客户希望价格具有某种规律性，并且他们会抵制价格的突然上涨。

· 问题2：我们如何才能相信其他厂商报告的信息呢？我并不是说他们会说谎，但是，我们都发现，公布错误的生产和销售数据，欺骗其他厂商的动机是存在的。

· 回答2：数据造假可能会导致卡特尔的瓦解，在一定程度上，只有每家厂商对这个问题达成共识，这个问题才能解决。同时，我们的会计事务所或者咨询公司将会尽最大的努力来核实你们所报告的数据。你将面对共谋伙伴提供的进口/出口数据，以及由会计事务所或者咨询公司提供的各种各样的数据，会计事务所或咨询公司会监控你们每家厂商生产部门的发货量。我们每家厂商都可能会提供少许的虚假数据，但是如果你的数据比我们的会计或者顾问所调查的数据要低很多，或者长期低于他们的数据，这就需要做出合理的解释了。如果有必要，我们可以安排审计机构来审核相关厂商的信息。[2]

1　例如参见Stocking和Watkins(1991)对橡胶行业的描述。

2　"事实上，在1994年12月6日举行的法国市场会议上，卡特尔成员就会议上交换的价格上涨和销量信息的准确性存在不同意见。在AWA的一个审计员对Sarrio(Torraspapel)所提供的数据表示怀疑后，为了证实Sarrio所提交的数据的准确性，卡特尔组织准许他审核Sarrio的销售数据。"（欧盟委员会关于无碳复写纸卡特尔的判决，第106段）（注意：AWA是欧洲最大的无碳复写纸生产商）

每家生产商的审计员核实产品的年度销售总量，卡特尔成员随后就此交换信息。"（欧盟委员会关于预隔热管道卡特尔的判决，第33段）

·问题3：有些卡特尔规定运用罚金而不是使用调整的办法。[1]我们也需要这样做吗？

·回答3：如果我们的产品存在巨大差异，使得一家厂商不能用其他厂商的产品来顶替自己的产品，或者运输成本相当高，那么罚金可能会优于调整措施。但是就本行业来说，我们可以采用调整措施和其他交易手段来矫正与一致同意的市场份额分配方案间的任何偏差。

·问题4：我们都意识到了反垄断法的存在。我们怎么才能避免被起诉？我们也知道有赦免政策。我们怎样才能相信其他厂商不会"出卖"卡特尔？

·回答4：对这一问题的回答包括以下几层意思。首先，我们的会计/顾问会保留所有的记录。当我们聚在一起讨论卡特尔事务的时候，会计事务所或咨询公司会报销我们所有人的差旅费用。[2]不要将参加卡特尔会议的发票拿给你的厂商报销，而应该由会计事务所或者咨询公司报销。他们还会向我们提供专用手机。我们会经常在瑞士召开会议，但那没关系，因为在接下来的几天里，我们将在离会计事务所或咨询公司不远的地方，设立一个隶属于我们行业协会的技术分会。如果被问起前往瑞士的目的，我们就说是去解决成立技术分会时遇到的重大问题。当我们开会的时候，所有人都不许记笔记。会计事务所或者咨询公司将会记录所有的决定。

同时我还需要指出，有许多卡特尔已经运行了多年而没有被发觉，一直享受着高利润。一旦有卡特尔被起诉，我们也跟着感到紧张，这是非常自然的。当局还会对每宗官司大肆宣扬。但实际上我们不必太担忧，因为

---

1 参见Stocking和Watkins(1991,pp.183,190)关于钢铁制品卡特尔对"共同基金"的内容。参见Stocking和Watkins(1991,pp.232,253,264)关于铝制品联盟对"担保存款"的内容，成员的存款数量与其销售配额成比例。参见Stocking和Watkins(1991,p.337)关于白炽电灯卡特尔的惩罚性条款，罚款由一家瑞士公司的"赔偿基金"提供担保。最后，参见U.S.诉American Linseed Oil Co.案件。

2 正如欧盟委员会关于有机过氧化物卡特尔的判决在第92段中所描述的，"为了避免在公司账户上追踪到这些会议的信息，AC-Treuhand支付了与会者的旅行费用。"关于第三方协助机构更多的信息，参见第6章的附录。

被起诉的卡特尔毕竟是少数[1]。

但是，假设在未来的某一天我们真的被当局起诉，我们就有可能面对很多麻烦和讯问，我们也将经常和律师会谈。不过，只要我们在接下来的几年时间里，按照协定采取"正确的"行动，我们就会发现，在付清所有罚款之后，我们的收益将比没有组织卡特尔多得多。你可能听到过三倍损害赔偿，但事实上从来没有人支付过。充其量，这只是一个威慑，但是从来没有兑现过。最后，你可能会担心去坐牢。这种可能性就更遥远了，但是，我想在座的各位都能够忍受在一个很小的安全设施里面待一段时间的困境。说实话，我们每个人都可能会在经营过程中面临来自环境保护、产品责任、内幕交易、欺诈消费者等方面的诉讼。为实现股东利益最大化，我们必须谨慎地穿梭于合法与违法之间的灰色地带。

我们可以考虑设立一个出口协会来掩盖我们的共谋活动。在美国，如果生产某特定产品的厂商可以证明他们的出口活动对美国商业没有影响，那么他们就可以打着出口的幌子组织合法的卡特尔。出口协会中的会员厂商可就一系列问题进行讨论并达成协议，而这些交流和协议针对的是美国国内市场，就可能是违反《反垄断法》的。根据美国政府关于出口协会的规定，只要出口协会的讨论和协议针对外国厂商和外国客户，就是合法的。有哪些问题需要特别讨论呢？答案包括共同制定出口价格；与国内供应商和（或者）外国代表达成独家协议；国内竞争对手之间达成联合出口营销/销售协议；出口市场、地区、客户分配；拒绝交易；商业信息交流；

1　正如纽约时报所报道的："Kuno Sommerzai 是罗氏公司（柠檬酸卡特尔会议重要参与者）维生素产品和精细化工产品分部的营销首脑。他在1997年3月被联邦特工问讯的时候，曾否认在维生素产品的营销过程中存在任何的价格固定行为。联邦特工后来发现，根据政府的判决书，在1997年接受调查前，Sommer先生至少分别和两个罗氏公司的高层执行人员进行会面，统一了面对问讯时的口径。因此在这些会后，人们发现Sommer被问及关于罗氏公司参与维生素卡特尔的事情时，Sommer 会撒谎，否认存在这样的卡特尔组织。从那时起，私人反垄断律师就开始了独立的调查，以期赢得一笔庞大的支付。在他们的发现中有一个Sommer先生在1993年9月所写的备忘录，该备忘录提到了持续的价格固定策略。'在柠檬酸市场上有了很好的经验，' Sommer先生在与Archer执行官会面前写道。'下一个机会是B2.我认为探究所有合作的可能性是值得的。我们可以一个产品一个产品地来进行合作。'"（"《撕开'维生素公司'的温情面纱》"，《纽约时报》，1999年10月10日）

技术联合许可[1]。出口协会一旦成立，其成员可以就任何一个国外市场的这些问题进行讨论。挑选一个国家并把他设想成"美国"，这对于我们来说是一件相当繁琐的事情。在很大程度上，我们不得不通过出口协会这一做法来规避反垄断法。执法部门可能会历尽千辛万苦才能了解到，我们所说的"哥斯达黎加"实际指的是美国。

·问题5：我们每家厂商在世界上不同的国家和地区拥有生产设施，我们为什么不规定这些地区就是在该地进行生产的卡特尔成员的独家市场，然后就其余的市场进行分配呢？

·回答5：对某些卡特尔来说，这种方案行得通。但是，就一家为本国市场服务的厂商来说，我们很难监控它的生产活动。因为没有进口/出口数据。如果我们所生产的产品的价值重量比很低，运输成本就是个很大的问题，这种情况下我们可能会将当地市场分配给当地的生产商[2]。同样，如果你认为某家厂商有可能背叛卡特尔，那么对该厂商所在国的市场份额进行分配就是威慑该厂商的好办法[3]。许多厂商在他们自己的国家都有很好的营销

1　关于出口贸易证书的复审的信息，参见美国商务部国际贸易管理局的网站："出口贸易证书的复审提供了实质性的联邦反垄断保护，并且在程序上为具有出口合作意向的美国厂商提供了便利。通过该项条款，与其他厂商协调一致，美国厂商可以减少其运输成本，提高他们的谈判能力，获得大额出口订单并开发长期出口业务。"(http://trade.gov/mas/ian/etca/index.asp,accessed 10.7,2011)

2　氯化胆碱的价值重量比较低（参见欧盟委员会关于氯化胆碱卡特尔的判决，第39段），卡特尔成员同意在共谋厂商间划分世界市场。除此以外，卡特尔成员还达成协议，北美的生产商从欧洲市场撤离。"(参见欧盟委员会关于氯化胆碱卡特尔的判决，第64段)。

"而且，至少在1991年，Ajinomoto，Kyowa和Sewon同意了国内市场分配给国内生产商的原则，也就是说，当地的生产商应尽可能多的在当地进行销售。"（欧盟委员会关于氨基酸卡特尔的判决，第211段）

欧盟委员会关于食品增香剂卡特尔的判决，第65段，说明了把"尊重彼此的市场"作为卡特尔的目标之一。

3　"其他参与者说，如果Sewon坚持增加销售，那么他们也会增加销售。更近一步，ADM威胁说，如果Sewon坚持要将其全球销量增加到50000吨，那么ADM就要将其在韩国市场的销量从每年1000吨增加到每年5000吨。ADM还为了迫使Sewon重回谈判桌，他会迫使赖氨酸的价格降低到USD1.3/kg。（欧盟委员会关于氨基酸卡特尔的判决，第148段）

"工业气体集团的多国特征也很重要，因为正如在第一部分第A.5（c）中对市场结构分析所展示的，委员会文件中有充分的信息表明，对通过降价来"偷取"客户的竞争对手进行报复在工业气体行业是一种很正常的做法。也有证据显示报复不仅仅局限于受到侵害的成员国或地区。相反，许多厂商认为在更宽泛的基础上进行报复会更加有效，特别是对'侵略者'的本土市场进行报复。因此，荷兰一家侵略共谋成员市场份额并且不遵守共谋协议条款的工业气体部门的厂商，不仅会面临来自荷兰，也会面临来自其他成员国的报复。（欧盟委员会关于工业和医疗气体卡特尔的判决，第372段）

和配送渠道，但是这些对厂商至关重要的渠道在国外却发展得不如国内好。对厂商的本土市场进行攻击，肯定会引起他的关注。在我们所属的行业，产品的价值重量比较高，且我们在世界范围内也有相对成熟的营销和配送渠道。因此，本地市场分配给本地的生产商看起来并不是必然的选择。虽然我们将尽力尊重本地生产商服务本地市场的意愿，但是我们不能忽略这样一个事实，全球市场份额的分配才是更重要的。

·问题6：市场份额的分配让我感到不安。我们难道不能把重心放在涨价上，而不去管份额分配问题吗？这样我们不需要交换这么多的信息，也无需如此频繁地召开会议。

·回答6：这不行。让我们回顾一些基本的事实。我们的产品面临一条相对缺乏弹性，但仍旧向下倾斜的需求曲线。随着时间变化，需求曲线并不会静止不动。他会不断移动，并且移动方式很难预测。在任意时间点上，我们可以规定一个价格，或者我们可以规定一个总产量，但是我们没有办法同时规定价格和产量。然而，我们可以调整价格，现在和接下来的几年里，无论市场需求量究竟是多少，我们都可以贯彻市场份额协议。请注意，我们不能在设定价格的同时再分配给各家厂商一个固定的产量，除非某人有水晶球，可以预测接下来一年里的市场需求情况。

假设我们仅就价格达成了一致。我希望以该价格卖出尽可能多的产品，你们每家厂商也是这么想的。这就注定会导致价格下跌。我们现在不得不讨论价格以外的问题。我们有必要引入某种我们大家都觉得公平的办法，抑制各位违背协议的天然动机。这便是市场份额分配。由于有严密的监督，任何厂商希望销售超过其分配份额的产品，进而谋取更高的利润，都得掂量掂量这样做的成本。因为这种背叛卡特尔协议的行为在不久的将来会面临惩罚，即根据"调整"方案，他们必须以卡特尔价格从其他厂商处买入产品。我们必须共同承诺以下四件事情：实施我们共同制定的价格、履行市场份额分配协议、如实披露各自的相关信息，以及遇到问题时就收益和损失进行再分配。这四项措施是强有力的。如果没有市场份额协议，我们都应该回家，像往常一样经营，进行彼此间毁灭性的非共谋竞争。

· **问题7**：我们需要使用会计事务所/咨询公司吗？我不想别的人也参与进来。难道我们不能自己来做这些事吗？

· **回答7**：没有会计事务所或者咨询公司的服务，我们也能达到目的。但这将是一个糟糕的选择。如果我们坚持那样做，必须牢记几件事情。第一，当我们开会讨论卡特尔事务的时候，我们就有可能留下一些文件。每个人都应该尽其所能减少此类文件[1]。原则上，我们必须尽快销毁文件，把记录减到最少。第二，我们中必须有一个人承担起信息收集和保管的任务。他所属的厂商将承担一些额外的费用，因此我们需要考虑对该厂商进行补偿，数额与支付给会计事务所或咨询公司的相当。

· **问题8**：那关于竞争边缘（Competitive fringe）[2]问题呢？当我们提高价格的时候，我们可能会发现其他厂商正试图进入我们的行业。

· **回答8**：我们的市场份额协议也适用于卡特尔成员间的相对份额分配。如果处于竞争边缘的厂商数量较少，我们可以活得很好，也让那些小竞争者活下去吧。但如果处于竞争边缘的厂商数量较多，我们很快就会意识到他们带给我们的威胁。我们有一种应对措施，就是采取威慑手段组织潜在的竞争者[3]。如果我们预测到有许多厂商准备进入市场，我们就会采取措施阻止他们进入[4]。

当我们考虑价格上涨的时候，我们需要考虑潜在的进入者。我们可能同意一定程度的价格上涨，比如说20%，但是如果这种幅度的价格上涨吸引了大量的厂商进入我们的行业，我们就会意识到价格上涨幅度过猛。我

1　"在这一时期，价格、折扣和产量协议通常都是采取口头形式缔结，要么在会议上要么通过电话。在指示传递下去之后，手写记录会被销毁。如果有人把记录给了其中一个与会者，也会通过电话提醒这个人将其销毁。"（欧盟关于铜管道卡特尔的判决，第129段）

2　根据1993年OECD授权编著的《产业组织经济学与竞争法》，竞争边缘的概念起源于主导厂商定价理论，主要指根据主导厂商的定价，能够与主导厂商共存的小型竞争者或潜在进入者——译者注。

3　欧盟关于有机过氧化物卡特尔的判决，第353段描述了卡特尔十分重要的一项约定，即"协调收购对没有参与协议的竞争对手。"

4　欧盟关于石墨电极卡特尔的判决，第110段描述了卡特尔的一个约定，即"限制技术在卡特尔外的转移。"

们将会定期审议这个问题。

· **问题9**：我们的价格公告策略，要求各家厂商公开宣告相同的价格上涨信息，难道不会引起执法部门的注意？

· **回答9**：如果我们中的某家厂商承认加入了卡特尔，并向执法机关提供了对这种行为进行谴责的文件，那么公共执法部门就有可能发现卡特尔。咱们的行业不存在如纽约证券交易所股票监控程序这样的机制，来侦察内幕交易和其他不法交易。司法部、联邦贸易委员会、欧盟委员会都未设置机构来监控诸多行业的价格公告、产能利用情况、市场份额或其他的经营行为。

此外，我们在召开卡特尔会议时，需要讨论如何应对执法部门随时的问讯和调查。通过援引寡头相互依存的防御手段，以及引用涨价的"正当理由"（justification），我们可以挫败竞争当局就我们的定价行为开展的任何调查。关于涨价的"正当理由"，我们已经在最近一次的卡特尔会议上详细讨论并获得一致通过。为了应对可能发生的询问，我们必须统一我们的说辞，避免出现漏洞[1]。

· **问题10**：我们是否需要为不同地区和不同国家设置市场领导者？

· **回答10**：看情况而定。如果是大客户，为他们安排一个卡特尔领导厂商是有意义的。我们会在未来考虑这一问题。

· **问题11**：在回顾了美国司法部和欧盟委员会对卡特尔做出的某些判决后，我们发现运行卡特尔似乎没有一套固定的模式。纸箱板和食品增香剂行业的卡特尔运行机制就与我们所提出的机制具有明显不同的组成部分。为什么会这样呢？

· **回答11**：我们将利用所有卡特尔的经验。会计事务所咨询公司在这个方面具有丰富的经验。他们帮助过许多行业里的卡特尔组织。他们关于什么机制将起作用，什么机制将不起作用等方面的知识，远远超过了美国司法部门和欧盟委员会中的相关从业人员。后者在做出司法判决时，往往

1　欧盟关于纸箱板卡特尔的判决，第73段，描述了卡特尔成员是如何相信他们可以使用寡头相互依存来为其定价行为的辩护。这一段的内容，参见第4章第3节。

Marshal,Marx和Raiff最近的研究识别了非合作和串谋情况下的价格领导的差异。

依据的是经过高度审查但不完整的信息。

你提到了纸箱板。这个行业的生产设备每天可运行24小时，每周可运行7天（24/7 production process），因此厂商或者满负荷开工；或者停工。这样的生产过程对共谋协议的实施具有很大的影响。只有通过关闭部分生产设备，才能实施供给限制。这是为了限制供给所采取的一个非常明显且简单粗暴的办法。在纸箱板行业，一旦存在供给限制，厂商按照"每天运行24小时，每周运行7天"的模式进行生产，无需对生产进行太多的监控。但是，我们的生产模式并非一定是"每天运行24小时，每周运行7天"。在每周的产能利用率方面，我们有更大的灵活性，因此，彼此间的监督对我们更加重要。

你也提到了食品增香剂行业。该卡特尔面对的是少量的大买主。卡特尔的核心问题是如何建立可靠且稳定的机制来避免卡特尔成员违背协议。在那种情况下，背离卡特尔协定，从一家采购量达到总产量25%的厂商处拿到订单，这样的行为很难得到有力的惩处。但在我们的行业，由于我们最大的客户也相对较小，并且他们经常从事购买活动，所以我们即便担心有厂商禁不住背离卡特尔的诱惑，也不必太过，因为在我们的行业，背离卡特尔协议的厂商只能获得较少的报酬，不像食品增香剂行业的厂商，背离卡特尔协议可以获得丰厚的报酬。因此，可能除了对我们最大的客户，我们大概不会采用食品增香剂行业卡特尔组织使用的反采购协议，虽然会计事务所或咨询公司知道在何时以及如何使用这样的协议。他们也会建议我们在未来某一天考虑使用该协议。

·问题12：如果我们被追究刑事责任，就确定民事损害赔偿金额，专家们需要寻找一些什么样的信息？

·回答12：他们可能会寻找一个基准期，在该基准期内他们可以相当肯定我们没有进行勾结。他们将使用该基准期来预测在我们的价格合谋期内的"市场价格"。在这种情况下，我们有两个办法来增加我们的优势。

首先，执法机构想要高额的刑事罚款。但是，为了让我们同意支付这笔高额的刑事罚款，他们需要确定一些事情，如共谋期的长短、受影响的客户、我们协议的产品范围或者还有卡特尔运营的市场范围等。因为公共当局想要获得高额的刑事罚款，所以他们很可能会顺从我们在辩诉协议中就其他问题提出的要求。我们的这些要求对民事诉讼的原告来说是极为不利的，因此这种妥协可以大大降低我们合起来需要支付的刑事和民事罚款[1]。

其次，我们需要把我们的记录中，所有可能会以基准期为根据做出合理价格预测的信息全部清除掉。所有的历史交易数据都需要丢弃，或者转移给我们的会计师或咨询师进行存档，以便我们在将来为某个目的再次使用。任何人如果不去我们位于瑞士的关联机构工作，就完全拿不到这样的数据。

---

1 关于市场领导者或项目领导者的任务，参见欧盟关于工业管道卡特尔的判决，第195段；欧盟关于铜管道卡特尔的判决，第449段；欧盟关于电碳和机械碳及石墨制品卡特尔的判决，第219段。

第三章　关于串谋竞标的概述

本章讨论串谋竞标(bidding ring)的厂商在拍卖时的共谋问题。串谋竞标行为违反《谢尔曼法》关于拍卖和招标采购的规定。美国的拍卖大多采取竞争价报价形式，尤其是升价式拍卖[1]。例如，烟草、木材、艺术品、古董、许多破产厂商的资产，以及其他多种商品等，都通过升价式拍卖来进行销售[2]。

在本章中，我们虚构了一个在升价式拍卖中进行串谋的竞买团伙。本章的脚注表明，我们虚构的故事和大家熟知的串谋竞标团伙，例如邮票[3]、古董[4]、机械[5]以及房地产[6]行业的竞标团伙之间存在大量的相似性。

我们在前一章重点论述卡特尔组织的共谋行为。某行业的卡特尔，如维生素行业的卡特尔，为成功实施共谋计划，必须在招标采购过程中协调成员厂商的报价。即便如此，还是没有人会将维生素行业的卡特尔归为串谋竞标团伙，因为竞标团伙的核心是在拍卖或者招标采购过程中限制竞争。通常，竞标团伙会通过补偿性支付(side payments)或分包合同，或共同所有权等形式来迅速"结清"（square up）每次拍卖或招标采购产生的共谋收益。通过签署市场份额分配协议，串谋竞标厂商达成在招标采购中轮流中标的共识。按

1　第一价格密封竞价拍卖和招标采购占据了经济活动相当大的部分。竞买者/竞标者合谋在这方面也很常见。在第一章，我们提供了一个关于第一价格密封竞价拍卖的一个例子。相比于第一价格密封竞价的串谋机制，竞买者在升价竞买拍卖的串谋机制为解释竞买者如何限制竞争提供了一个更好的工具。

2　升价竞买拍卖的结论也适用于以"减价拍卖"这种方式进行的招标采购，在这种情况下竞买价格逐渐降低，直到只有一个采购商买下商品。

3　NY et al. 诉Feldman et al. 210F. Supp.2d 294(S.D.N.Y.2002)(hereafter, NY v. Feldman)。

4　U.S.诉Ronald Pook, No..87-274,1988 U.S.Dist. LEXIS 3398(E.D.Pa.April 18,1988)(hereafter U.S.v. Ronald Pook)。

5　U.S.诉Seville工业机械公司,696 F. Supp.986(D.N.J.1988)(hereafter U.S.诉Seville 工业机械公司)。

6　哥伦比亚特区, ex rel. John Payton, Corporation Counsel 诉George Basiliko, et al.,No.91-2518,1992 U.S. Dist. LEXIS 1260(哥伦比亚特区，1992年2月10日)(哥伦比亚特区诉 George Basiliko)。

照这种模式进行运作，竞标团伙和卡特尔之间的界线就变得非常模糊。[1]

总而言之，共谋厂商为增加利润，一方面尽量减少共谋环节，另一方面又力求做好一切必须的准备。对维生素生产商来说，仅操纵投标并不足以防止卡特尔成员的"违约"行为，因为每家厂商都有悄悄销售额外产品的动机。在招标采购过程中，串谋竞标团伙制定了相关的监控措施和再分配规则，从而可以消除成员厂商违约的动机。在其他一些情况下，操纵投标就足以消除成员厂商违约的动机。例如，如果一家供应商已经毫无保留地在拍卖会上确定即将销售的产品品种和数量，那他就不可能再偷偷地销售额外的产品。

第一节　学习串谋竞标的基本规则

我们虚构了一个竞买团伙，他们经常通过拍卖来购买商品。这些商品可能是邮票、二手工业金属加工机械、古董，或者是许多其他的产品。为本文论述的需要，我们将注意力集中在古董上。[2]我们使用古董这一例子仅仅是出于论述方便，其中的绝大部分内容足以说明串谋竞买（竞标）的基本规则。

在我们虚构的故事中，竞买团伙的成员经常参加某个地区的古董拍卖会，目的是寻找并买下稀缺的古董。竞买团伙中有一个经验丰富的成员—— 一位老道的古董交易商，他想花大力气培养一位能干的员工，代表竞买团伙参与拍卖。这个老道的古董交易商为他的员工提供了丰富的学习材料，帮助他掌握竞买团伙的基本规则。这个经验丰富的家伙提供的学习材料如下：

1　一个例子就是电器承包商的共谋，这有时也被称为"月相"阴谋。参见Richard A. Smith，"难以置信的电器共谋。"《财富》，1961年4月。

2　古董交易商的竞买团伙在U.S. 诉Ronald Pook 案中被起诉。

第二节　团伙的两个动机

今天我不想要你做任何笔记。我们将要讨论关于拍卖的许多知识，以及我们的厂商如何在拍卖会上购买古董。你只需要听，我让你提问的时候你再提问。首先，我将概括地说明为什么串谋对我们的厂商来说至关重要，其次我将详细介绍如何进行串谋。

你可能没有注意到，在你曾经光顾的某些拍卖会上，有一批古董交易商，他们不代表单个厂商，而代表一个集团。也就是说，这些古董交易商形成一个竞买团伙。我们也是竞买团伙的成员，我们会抑制团伙内部的竞争，压低拍卖价格。我们的串谋行为存在两个核心的动机，我将在情景1和情景2中进行详细介绍。

一、情景1：关于质量的信息对称

假设某次拍卖会在出售一个齐本德尔式高脚橱[1]。这是一个很好的复制品，并且具有一定的价值。不过，请记住这毕竟只是一个复制品。我认为，这件商品需要进行一些翻新才能呈现出他全部的价值。很明显，其他交易商也知道这件商品是一个赝品。某些手中已有相似赝品的交易商将对这件商品做出较低的价值判断，而那些认为该物品值得收藏的交易商将会做出各种不同但更高的估价，他们不同的价值判断来自于他们对复制品翻新成本的不同认识。

与拍卖会上的交易商相比，收藏家在古董翻新，尤其是像高橱这样的大件商品翻新方面并不具有成本优势。因此，收藏家在对翻新商品的价值判断方面比交易商更有经验，但对翻新商品的成本判断却不如后者。

通过安排部分厂商参与竞买，我们可以保证我们在翻新能力和零售能力方面的投资（如陈列室、客户联系，等等）回报。此外，由于一次大型

1　"高脚橱"就是很高的大衣柜，曾经在U.S.诉Ronald Pook案中是法庭争论的焦点。

的拍卖通常会聚集许多商品，所以收藏家的需求通常比交易商的需求更加随机。某一套起居室家具可能不会引起竞买群里任何收藏家的兴趣，但一些交易商却总是愿意把这些商品收藏起来。通过串谋，我们抑制彼此之间对拍卖商品的竞争，实质是使我们成为商品拍卖商会的唯一竞买者。

二、情景2：关于质量的信息不对称

假设正在出售的商品是一件货真价实的齐本德尔式高橱，其制作年代是1780年左右，制作者是一位著名的波士顿工匠。如果大家都很清楚这是一件真正的古式家具，那么我们基本上又回到了第1种情景，即交易商和收藏家具有共同的信息，仅仅是因为对翻新成本的不同判断，他们对商品的估价会有相对较小的差异。

但是，假设大家并不清楚这是一件真正的古式家具。假设该高橱被错误地以复制品的身份列在拍卖公告上。此外，该商品的做工看起来还有些粗糙。根据我的调查，这件商品曾在过去做过一些不良修复，使其价值有所降低。这些修复也迷惑了绝大多数人的眼睛，使他们认为这是一件复制品。当然，这些修复绝对蒙骗不了那些训练有素且经验丰富的古董商。根据我的经验，我知道应该采取哪些行动从拍卖活动中获得最大价值。我们团伙中有三个古董交易商，他们就像我一样，对这类产品具有丰富的鉴别经验，他们也几乎肯定这是一件真品。[1]然而，除我们之外，没有其他人能够认出这是一件真品了。

在这种情形下，如果我们在拍卖的时候相互竞价，我们四个专业的古董商将会失去我们拥有的专业知识所带来的好处。此外，我们的竞价会把我们对该商品真实价值的判断信息传递给那些不那么专业的交易商和收藏家，他们也会参与到我们的竞争中来。当然，在正常的竞争过程中，我不会主动透露有关某件商品是否为真品的信息，因为这样的信息不会给我带来任何价值，但当与专业的古董商进行竞争的时候，我们就必须交换对商品判断的真实信息。

1　Cassady(1967,p.180)："也许做出最早判断的专家能够从他所知道的古董交易商中猜出知识渊博的人的身份。"

如果该高橱并不是一件真正的古式家具，则其价值可能达到2000美元。但是，如果有两个专业的古董商相互竞争，他们的出价上涨到25000美元时，就等于告诉拍卖人、拍卖现场所有的收藏家，以及拍卖现场的所有其他人，这是一件真正的高质量的古式家具。通过相互竞价，我们减少了自己的收益，并且为市场上的所有参与者提供了一次免费的鉴定。因为我们消除了其他人对该商品是否真实的担忧，所以其他人也开始参与竞价。

我们遇到的绝大部分情景与情景1相似。但是，虽然情景2不太常见，但却可以为我们带来丰厚的收益。总的来说，通过安排部分成员参与竞买，我们可以保护我们的专业知识和投资所带来的收益，这在情景1中涉及到翻新成本的判断，在情景2中涉及到商品真实性和质量的判断。

第三节　串谋团伙的组织工作

现在我们将整理一下串谋团伙需要开展的组织工作。这个团伙已经存在了许多年，他的成员具有很大的流动性[1]。基本上，这个国家该地区的每个古董交易商都是这个团伙中的一员。

一、串谋竞买

我们参与的拍卖会绝大部分都采取口头升价式拍卖的形式。在这些拍卖中，你将观察到许多不同的交易商会报出他们的价格，但是当任何一个团伙成员进行报价的时候，团伙中的其他成员就不会报出更高的价格。如果一个团伙成员退出竞价，其他一些团伙成员可能会参与进来，但是两个团伙成员不会彼此竞争。这种简单的竞争规则抑制了团伙成员之间的竞争，并使我们能够买下每一件本团伙成员具有较高价值判断的商品。如果在拍卖现场，某个团伙成员对某件商品的价值判断最高，则他所属的团伙必将拍到该商品。

---

[1]　这是许多升价式拍卖中竞买团伙的一个特点。这不同于串谋团伙，也不同于第一价格拍卖中的竞买团伙。

　　一旦团伙中的某一成员拍到该商品，团伙就会决定他的最终所有权。在主要拍卖会（main auction）上买到该商品的团伙成员不一定是该商品的最终所有者。在拍卖中拍到商品的团伙成员必须向拍卖人(auctioneer)支付自己承诺的价格，因为拍卖人会将该团伙成员视为商品的所有者。但是，拍到该商品的团伙成员必须在拍卖活动结束后拿着该物品参加团伙内部的"淘汰赛"（knockout），使其他团伙成员有机会获得该商品的最终所有权。因此，最终所有权在淘汰赛中决定[1]。（美国诉Ronald Pook,美国诉Seville工业机械公司[2]，哥伦比亚特区诉George Basiliko[3]和纽约诉 Feldman[4]等

　　1　正如在美国诉Ronald Pook中的描述："当经销商集团在代售古董的公开拍卖中进行串谋运作的时候，那些希望参与到竞买团伙的经销商将不愿意同团伙中的其他成员竞争。如果一个成员在公开拍卖中成功地拍到了一件商品，团伙中其他成员对该件商品感兴趣，那么就可以在接下来的秘密拍卖（"淘汰赛"）中以不记名投票的方式对他进行竞买……报价最高的团伙成员通过支付给集团中其他每位成员公开拍卖价格和秘密淘汰赛竞买价格的部分差额，获得该商品。根据每位成员在淘汰赛中支付的溢价来计算支付给集团中每位成员的数额（"集团内部分配"）。"（美国诉Ronald Pook,p.1）

　　2　在1970后的一段时期里，美国诉Seville 工业机械公司案例中工业机械竞标团伙所使用的机制类似于在美国诉Ronald Pook中Ronald Pook使用的机制。一些来自纽约、新泽西、宾夕法尼亚、康涅狄格州的工业金属加工机械经销商通常会形成一个团伙在破产/清算拍卖中压低竞买价格。拍卖通常采用升价式拍卖的形式。如果一个团伙成员在主拍卖中拍到了商品，该成员有义务将该商品拿到另一场拍卖进行出售，而该拍卖在主拍卖结束之后且只有团伙成员参加。后来的这个拍卖（淘汰赛）的结果决定了商品的最终所有权，以及串谋收益的分配。（1970年之前，团伙成员通常有机会在拍卖之前做出对某件商品感兴趣的模糊指示，然后，团伙的组织者会根据团伙成员对某件商品可能的最高估价做出富有经验的预测，然后在拍卖中提交相应的报价。）（美国诉Seville 工业机械公司）也可参见Marshall和Meurer(2004)。

　　3　哥伦比亚特区诉George Basiliko案件中关于房地产竞买团伙的判决曾写道："被告和串谋者讨论并同意不会在竞买过程中进行竞争；选择一个指定的竞买人来为串谋集团参与竞买；讨论并就团伙成员因为不参与竞价而获得的补偿性支付达成一致，或者在指定的竞买人赢得公开的房地产拍卖之后在其内部举行一场私人的、秘密的拍卖……；在许多情况下，举行一场秘密的、只有团伙成员参与的拍卖，以高于指定竞买者在公开房地产拍卖中所支付的价格获得房地产的最终所有权，并同意将公开房地产拍卖价格和秘密拍卖价格之间的差额在团伙成员间进行分配；以合约或者其他方式就秘密拍卖的获胜者对财产的所有权做出安排；并且按照达成一致的支付方式进行付款。"（District of Columbia v.George Basiliko，p.6）

　　4　在纽约诉Feldman收购邮票的竞买团伙案件中写道，"团伙使用一种内部拍卖或者'淘汰赛'来拍卖邮票。团伙成员会发送传真或者提供书面报价给一个代理人（被团伙雇佣的纽约出租车司机或者豪华轿车司机），表明他们感兴趣的东西，以及在淘汰赛中他们想要买下的东西。然后出租车司机会校对所有的报价，决定每件商品由谁优先拍下来，通知团伙淘汰赛中的胜出者，并且将所有报价送去另一个团伙成员，该成员会在拍卖结束后协调补偿性支付。根据淘汰赛中实际竞买者的指示，出租车司机或以其指示报价作为上限，或安排另一个竞买代理人按同样原则参与报价。用拍卖理论的行话来说，淘汰赛采用密封报价的形式，胜出的竞买者获得了在淘汰赛拍卖中由团伙赢得的商品的所有权。在淘汰赛中获胜的报价为团伙在淘汰赛拍卖中的报价设置了涨停点。既然在淘汰赛拍卖中的竞买是由团伙的代理人执行的，那么对于协议遵守情况的监控就不是问题。当团伙成功地赢得了某件物品，补偿性支付被团伙用来补偿没有参加竞争的团伙成员。"(Asker2008,p.4)

案件中被起诉公司皆使用过淘汰赛。）

二、团伙淘汰赛

我现在解释一下淘汰赛如何运作。假设在拍卖过程中，串谋团伙买到五十件商品：高橱、低橱、单人沙发、双人沙发、起居室配套家具、镜子、灯、桌子和椅子等。在拍卖结束后，所有商品都将通过团伙淘汰赛，来确定哪个团伙成员拥有他的最终所有权。这个淘汰赛是在主拍卖结束后进行的一个独立拍卖，参与者仅仅限于团伙成员。

通常，我会在淘汰赛中担任拍卖人的角色。作为一个团伙成员，我也将参加竞买活动。淘汰赛的拍卖人会抛出主拍卖中团伙成员买下的第一件商品。假设这件商品是一套在主拍卖中以38000美元拍到的联邦式风格（Federal-style）的餐厅配套家具。淘汰赛的拍卖人会向团伙成员征集所谓的"溢价"（bonus bids），即询问是否有团伙成员愿意支付超过38000美元的价格获得该商品的最终所有权。

假设我报出的溢价为1000美元。如果没有人报出更高的溢价，那么我必须支付团伙成员在主拍卖中买下该商品所支付的38000美元，此外我还必须支付我报出的1000美元的"溢价"。一会儿我将解释我们如何处理溢价，即高出主拍卖价格以上的那笔钱。

相反，假设我报出的溢价并不是1000美元，而是20000美元，且没有人报出比20000美元更高的溢价，那么我需要向在主拍卖中拍到该商品的团伙成员支付38000美元，此外我还要支付20000美元的溢价。如果没有成员愿意支付溢价，那么在主拍卖中拍到该商品的团伙成员将获得该商品的最终所有权，并且不会获得任何超过主拍卖价格的溢价收入。

当我们对余下的商品也完成这个竞买过程后，我们积累了大量的溢价基金（hat money）。在淘汰赛结束当天，这笔溢价基金将会在串谋团伙的所有成员中间进行分配。

在我们最近参加的一次拍卖中，有十位团伙成员，溢价基金大概达到

500000美元。这笔钱被平均分配，所以我们每个人都获得了50000美元的溢价收入。如果没有串谋竞买，这笔钱的大部分将被支付给拍卖人，但通过串谋，这笔钱留在了串谋团伙的成员手中。

该过程的一个巧妙之处就在于，我们无需提前讨论安排谁去参加竞买，或买下何种商品，也不会讨论我们愿意支付的最大价格或之类的事情。主拍卖中的竞买规则是极其简单的——如果团伙中的任一成员正在对某商品进行竞买，团伙中的其他成员都不会与他或她竞争。

嵌套淘汰赛（nested knockout）

我们不得不提到淘汰赛的一些微妙之处。世界上没有两个完全相同的古董交易商，例如，我是一个比较强大、比较富有且经验丰富的交易商，但是有一些交易商的经验相对欠缺一些，经济状况略差一些，且学识和阅历也逊色一些。通过抑制主拍卖的竞争，每个交易商都对串谋团伙做出了贡献。但是每个交易商的贡献程度是不一样的，我的贡献比经验不那么丰富的交易商就要大得多。为了计算串谋团伙中每个成员应该得到的报酬，我们会安排一个"嵌套淘汰赛"[1]。

嵌套淘汰赛可以用一个简单的例子来进行说明。假设有三个非常强大、非常富有且非常有经验的交易商，同时有七个经验欠缺且经济状况稍差一些的比较弱小的交易商。我们在主拍卖中拍到的商品将拿到淘汰赛中来确定最终所有者。在淘汰赛中，三个经验更加丰富且更加富有的交易商将形成一个新的团伙，并就商品拍卖使用与主拍卖一样的规则——如果这

1　Cassady(1967,p.182)："……不仅存在这样一个团伙，他们的目的是在公开拍卖中消除竞争，而且团伙中还存在团伙，他们的目的是以适度提高的价格为基础补偿支付不那么重要的成员，从而把大部分的利益留给重要的成员。"

在美国诉Seville工业机械公司案的法庭判决中，法庭对串谋团伙成员间缺乏合作表示惊讶。法院注意到，在串谋团伙组织中存在二级串谋团伙，并且在淘汰赛中，二级串谋团伙通常会通过串谋与不属于二级串谋团伙集团的成员进行竞争。二级串谋团伙通常是嵌套的，即一个小型的二级串谋团伙存在于一个更大的二级串谋团伙中，而后者又存在于另一个串谋团伙中，以此类推，有多少个嵌套层次就有多少轮淘汰赛。法院把二级串谋团伙视为串谋组织的一种自相残杀："如果这个例子中所展现的证据表明了商业社会的道德沦丧或其他任何特征，那么我们应该为其存在感到悲哀，同时也应该为其未来感到担忧。"（U.S.v.Seville Industrial Machinery, p.993）

三人组成的小团伙中任何一个成员正在淘汰赛中竞买，其他两个人就会退出竞争。如果不属于该小团伙的其他七个交易商中的任一人在淘汰赛中赢得了该商品，我们将像以前一样运用同样的"溢价"规则——把"溢价"加总后进行平均分配。如果这三人组成的小团伙中的任何一人赢得了该商品，溢价仍然会在团伙成员中进行平均分配，但是在该轮淘汰赛后还会有第二轮淘汰赛，仅有该小团伙中的三个交易商参与。第二轮淘汰赛中的商品是这三个交易商在第一轮淘汰赛上中拍到的商品。在第二轮淘汰赛中，这三个小团伙的成员将进行竞争。

举个例子来说，假设在主拍卖中团伙成员以38000美元的价格拍到该商品，再假设在第一轮淘汰赛中这三人组成的小团伙中有一人以5000美元的溢价赢得了该商品，在第二轮淘汰赛中以10000美元的溢价获得该商品的最终所有权。第二轮淘汰赛的溢价10000美元就只会在参与第二轮淘汰赛的三个人中进行分配。通过这种方式我们能够确定，参与串谋竞买得到的报酬与每个成员对团伙收益做出的贡献程度是一致的。

一些团伙喜欢采用密封式竞买淘汰赛（sealed-bid knockout）。采用这种模式，溢价最高的竞买者将胜出，但是每个团伙成员获得的报酬取决于溢价金额。在这种情况下，嵌套淘汰赛的利益分配效果可以直接体现[1]。

淘汰赛的"溢价"动机

我们必须提到，淘汰赛中的竞买还有另外一个微妙之处。你必须当心你在溢价竞买过程中透露的信息。如果你向其他竞买者传递出我们有一位客户对这套联邦式风格的餐厅配套家具感兴趣的信息（也许是因为表现得非常焦虑，也许是因为发表了该商品具有非常重大的价值之类的公开评

---

1 正如Graham,Marshall以及Richard(1990)所证明的那样，这些支付可以通过精心设计，使得每个团伙成员获得其估量的Shapley值（其对团伙贡献的一种度量）。

Asker（2010）所描述的邮票卡特尔所使用的淘汰赛方案,采用了Graham,Marshall和Richard(1990)设计的嵌套淘汰赛的一种变形。"当团伙成功地拍到某件物品,补偿性支付被团伙用来补偿那些放弃竞买的团伙成员……。因此假设团伙成员的报价高于主拍卖的目标价格,补偿性支付就必须涉及对二个价格差额的分配。淘汰赛的赢家保留差额的一半,而另一半就在报价等于或者高于主拍卖价格的竞买者中分享。补偿性支付会在每季度汇总和结算。" Asker（2010, pp.727-28）

论），那么你在淘汰赛中的溢价将被抬高，因为团伙成员会试图从我们身上榨取尽可能多的利润。因此，你不能传递出我们对某件商品感兴趣的任何信息。

由于存在抬高溢价的动机，在淘汰赛中可能会出现"过高溢价"（overbidding）[1]。即使我对某样商品不感兴趣，我也可能会在拍卖中哄抬价格，不为别的，只因为我有这么一件商品。如果我认为我实际赢得某件商品的可能性相当低，但是通过高报价可以使我的报酬增加几千美元，我肯定会这样做。由于每个人都存在这样的动机，所以会让你在淘汰赛中支付过高的价格。虽然每个人都会说这件商品很脏，要通过许许多多的工作才能使他恢复正常，但是你必须忽视这样的信息，因为别人这样做的目的是为了使溢价控制在较低的水平。

第四节　团伙成员的资格（ring membership）

几个月前你可能已经注意到了，在拍卖会上出现了一个人，他对某些商品的出价很积极。这是一个从该国其他地区来的交易商。他的出价很高，使我们感到很难受，一是因为我们不喜欢为该商品支付那么多的钱，二是因为这样的竞争会向拍卖活动的所有参与者传达下述信息：这天拍卖的一整套商品在很大程度上可能是真的古式家具。如果这种情况继续下去，我们在当天所有商品的拍卖过程中将会遭受损失，因为激烈的竞争会证明交与拍卖的这些商品的前所有者曾对这些真正的古式家具做了大量的投资。

在三四件商品以高价成交后，我们的团伙会安排几个成员去和外来交易商和谈。我们向他解释说，我们通过集团的形式参与竞买活动，我们想邀请他加入我们的集团。在经过一些简短的讨论之后，该交易商同意对所

1　Cassady(1967,p.182)："……在最后一轮淘汰赛中，某件商品的买家最终可能会支付他在公开拍卖竞争中购买该商品一样的价格，因为他可能会在淘汰赛中过高报价，抵消了他本来可以得到的红利。"

有未来将要进行拍卖的商品停止出价。如果他很清楚其他团伙成员对某件商品不感兴趣，情况又不一样了。通过迅速拉拢外来交易商，我们避免向拍卖会上的每个参与者提供免费的鉴定，同时也能保证我们的利润不会急剧地缩减[1]。

第五节 拍卖人的反应

你可能会关心主拍卖的拍卖人对串谋团伙的反应。我们面对的拍卖人通常都会意识到他们正在与一个团伙打交道[2]，他们也明白，参与竞买活动的交易商之间不会进行真正的竞争。尽管如此，在许多次的主拍卖结束后，他们还会将拍卖大厅提供给串谋团伙举行淘汰赛。有时候，拍卖人也会采取像"快速淘汰赛"（quick knockout）这样的形式，在报价结束前将商品奖励给非团伙竞买者(non-ring bidder)、或者雇佣一个"报价保护人"（protecting bidder），在串谋团伙开始大量蚕食他们的利润前，指定该人逐渐增加对商品的报价，与竞买团伙对抗。但是在大多数时候，拍卖人都会意识到在该地区，竞买团伙有很多机会参与众多不同的拍卖。如果串谋团伙对某个拍卖人十分不满，他们就会拒绝参与该拍卖人举办的拍卖活动。串谋团伙是一个非常强大的竞买者，该团伙拒绝参与拍卖活动对拍卖人来说是一个沉重的收入打击。

有时候，当拍卖人以代理方式销售商品，并获得销售收入的5%—10%作为佣金时，拍卖人很可能会被拉拢进我们的团伙[3]。这会带来极大的利润。下面就是现实生活中这种事例的说明。假设拍卖人给某件商品设置20000美元的保留价格，竞买团伙愿意支付高达25000美元的价格，该商品

---

1 参见Graham和Marshall（1987），特别是第1220—1211页的"事实4"。也可参见Cassady（1967，p.180）："……个人必须因其自动放弃竞买并且保守秘密而以某种方式获得补偿。"

2 参见Marshall和Meurer(2001,pp.358—59)对拍卖人对抗团伙所采取的战略行为的讨论。

3 类似的情况是：当聘请专家顾问充当城市的招标采购人时，顾问把订单交给了作为其商业伙伴的一家厂商。（K.Buddie Contracting Inc. v. Seawright,595F.Supp.422D.C.Ohio,1984）

拍卖人的佣金是2000美元。如果我们认为购买该商品的竞争将会很温和，我们愿意为拍卖人提供3500美元到5000美元的佣金，使其将商品的保留价格降低到5000美元。我们可以在拍卖前通过非书面形式对此做出安排。一些拍卖人对加入我们的团伙非常抵制（例如接受法院委托处理破产事宜或进行财产清算的拍卖人就不愿加入我们的团队），但是其他拍卖人却相当乐意。

第六节　补偿性支付的实施

让我们来讨论一下补偿性支付（side payments）的实际实施问题。竞买团伙通常会有关于彼此之间是否遵守协议的书面记录，或者是关于"串谋活动报酬"的备忘录，但我们不需要这样的文字材料。相反，你可能已经注意到了，串谋团伙的成员会不断进行诉讼。我们可以就任何一件事情起诉对方。违约是最常见的一个原因。这种诉讼几乎都是没有意义的[1]。我们要做的是通过我们的律师进行起诉，并在严格保密的情况下达成和解。通过这种方式，以诉讼和解为幌子，我就解决了在淘汰赛中亏欠某些团伙成员的补偿性支付问题。我们的律师同意以这种方式来处理我们的业务。他们还寻求别的解决办法，但是我们真的不在乎采用何种形式进行补偿性支付。如果这种模式的补偿性支付遇到阻碍，他们会说这是一项合法的诉讼，通过和解能够避免冗长的庭审时间和昂贵的法庭资源，将事情不了了之。这些都是选择和解而不是抗诉的标准论调。同样，和解可以，也必须以保密的方式进行。总的来说，这种机制为解决淘汰赛产生的补偿性支付问题提供了十足的掩护。

1　在竞争比较激烈的背景下，使用庭外和解可促使竞买/竞标者进行串谋，参见Marshall, Meurer和Richard（1994），详见参考文献第174条。

第七节 相关问答

·**问题1**：如果我们在拍卖中赢得了一件商品，但是不把他拿到淘汰赛怎么办？

·**回答1**：团伙成员确实有明显的动机，不把在主拍卖中赢得的商品拿到淘汰赛来决定他的最终所有权归属问题。然而，这在竞买团伙中可能是最恶劣的行为。这种行为将受到严厉的惩罚，实施这种行为的交易商将被踢出团伙。这种机制对绝大多数团伙成员具有威慑力，但对外来交易商就不一样了，因为他可能不会认为被踢出团伙是一种严厉的惩罚。所以，外来交易商才是我们面临的真正威胁。当我们邀请外来交易商加入我们的团伙时，我们坚持他们不能报价，除非他们确定其他团伙成员对拍卖商品不感兴趣。如果他们想要获得某件商品，我们宁愿他们通过淘汰赛来获得，在这种情况下就不存在他们会带着商品"跑路"的威胁。

问题2：作为加入竞买团伙的厂商代表，在串谋过程中可能犯哪些重大错误？

回答2：你必须认识所有的团伙成员。你不能使自己在主拍卖活动中陷于这样的境地：在报价进行中，你突然开始出价，然后才发现你在和另一个团伙成员竞争。这是一个很糟糕的局面。团伙的其他成员将会懊恼万分，然后他们会问谁为你的错误行为买单。我不想回答这个问题。在任何时候你都必须知道主拍卖会场的每一次报价是否来自竞买团伙的内部成员。

·**问题3**：你曾经提到过团伙成员的共同所有权问题。你能详细解释一下这种情况为什么会发生以及他是如何帮助竞买团伙运行的吗？

·**回答3**：有时候这是一个预算约束问题，有时候这是一个风险分担机制。但是，无论一个竞买团伙是否参与拍卖，这种情况都有可能发生。共同所有权也可以促进竞买团伙的运行。假设有两个交易商：我自己和另外一个交易商，我们俩都对某件商品的价值判断具有深厚的专业背景。我们两个人都认识一群别人不认识的收藏家，除此以外，我们还研究如何利用一组特定的商品，来试探这群收藏家对他们的价值判断。我们两个人在竞买活动中的竞争将把我们的价值判断信息泄露给其他竞买者。类似地，我们两个人在淘汰赛中开展的竞争将促使其他团伙成员增加溢价收入。我们可以通过共同所有权来解决这些问题，从而避免非嵌套共谋团伙相互竞争的尴尬局面。

·问题4：如若政府当局对我们展开调查，我们该怎么应对？根据我的了解，我们参与竞买团伙是违反《反垄断法》的。我们该怎么办，哪些话可以说，哪些话不能说？

·回答4：第一个原则是，在我们的律师不在场的情况下不要回答任何问题。第二，你们不能谈论参与拍卖之外的任何事情。我们都会参与拍卖，即使加入竞买团伙，拍卖中也会有许多人在报价和竞争。此外，我不知道你们是否已经注意到了这一点，在拍卖的早期，当商品的价值开始上升的时候，团伙中的许多成员彼此之间也会存在竞争[1]。但这个时期的报价在很大程度上都是较低的没有意义的报价。例如，一件价值为23000美元的齐本德尔式高橱，如果你只愿意支付3000美元的价格，那这样的报价就毫无意义。但是，拍卖现场的报价一旦达到我们认为拥有该件商品的合理水平，我们就会停止无谓的竞争，因为超过这个价格之后的报价会蚕食我们的利润。那种没有意义的竞价有几个用处，其中一个用处就是为我们在主拍卖中相互竞争提供可靠的证据。在这种背景下，低价购买不构成犯罪。低价买进或高价卖出是我们所有人在任何行业的运作过程中都会遇到的情况，无需对这种行为进行辩护。

关于竞买团伙的运作，有一个微妙的问题需要我们注意。我们假设：

1　Cassady(1967,p.181)："……一个组织良好的团伙能够在较低的价格水平做出竞争的假象。"

我将要去参加一场拍卖，并且为了某个客户的利益进行报价，该客户想要获得一件1820年的齐本德尔式高橱。他知道这件商品将在那场拍卖中出售。进一步假设我是主拍卖中出价最高的竞买者（我的出价是3000美元），并且我加入了一个竞买团伙。假设淘汰赛中的报价[1]不断上升，最高报价是20000美元。如果该团伙中有10个成员，我可以以20000美元的溢价买走这件商品，那么我最终为这件高橱支付了共21000美元的费用。拍卖价格将被公开，因此我代表的买家将会知道在主拍卖中我为这件商品支付了3000美元。看起来该说的已经说了，该做的也做了，但还是很难解释为什么我购买该商品实际支付的价格是21000美元。这是一个非常棘手的问题，需要下点功夫。记住，拍卖过程中存在竞买团伙并不是一个秘密。抛开对拍卖现场最没有经验的竞买者，这不应该是一件令人惊讶的事。

·**问题5**：我认为竞买团伙具有内在的不稳定性，因为总是存在对串谋协议做出欺诈的强烈动机。为什么我们的团伙运作得这么好？特别是，为什么这个实行开放式会员政策、按照看起来非常简单的竞买规则进行运作的团伙可以持续一代又一代？

·**回答5**：这是一个很好的问题。你需要记住的是，我们参与的大多数拍卖都是升价式拍卖。当竞买者报价的时候，我们可以观察他们的身份。不像你听说的许多串谋团伙不稳定的故事，这种拍卖形式特别有利于串谋行为。再次假设有一件真正的齐本德尔式高橱，他的真实性我已和其他交易商确认。我知道我愿意为这件商品支付高达82000美元的价格。我们在拍卖时使用的规则如下：在不串谋的情况下我愿意支付82000美元，在串谋情况下我也愿意支付82000美元。但由于串谋团伙的存在，我有很大机会不必支付那么高的价格。当人们想到串谋团伙的不稳定性时，人们就会想到标准的封闭式出价拍卖或者以公开标价进行交易的市场。因为在升价式拍卖中我愿意为这件商品支付我的最大价值，无论我是进行串谋竞买还是非串谋竞买，这一价格都是相同的，任何人都没有办法欺骗团伙成

---

1 此处的报价仅指超过主拍卖价格的溢价——译者注。

员，除非赢得商品且不把他拿到淘汰赛。可以肯定的是，这种欺骗行为他们只能做一次，因为该行为最终会导致他们被驱逐出团伙。

· **问题6**：我想要更好地了解哪些人可以加入团伙，哪些人不可以加入团伙。我明白当一个来自外地的交易商开始和团伙竞买时，我们应该邀请那个人加入团伙。但是对于那些并不收藏商品，来这里参加拍卖的目的仅仅是为收藏家和古董使用者参与竞买的经纪人来说又该怎么办？我们也要邀请他们加入团伙吗？

· **回答6**：那些从不收藏商品，仅仅是为特定客户购买商品的经纪人从来都不是团伙的目标成员[1]。如果邀请他们加入团伙时他们的答案是肯定的，则他们就不是竞买团伙的理想成员。如果邀请他们加入团伙时他们的答案是否定的，则竞买团伙会非常希望他们加入。我们无需询问这些经纪人是否愿意加入竞买团伙，因为他们从来就不属于团伙的一部分。我们需要对此进行一些解释。经纪人要么有客户需要拍卖现场出售的商品，要么没有客户。如果他们有客户，那么他们对商品的支付意愿比最强大的团伙成员都要高出很多。如果他们没有客户，那么他们的支付意愿为零。如果一个经纪人加入了竞买团伙，并且在淘汰赛中进行报价，那么其他所有的团伙成员都知道该经纪人有客户。因此，其他经纪人会在淘汰赛中人为地抬高溢价来榨取他的利益。由于该经纪人支付的溢价可能太高，使得努力为客户取得该商品的经纪人更喜欢非合作的行为，而不是加入竞买团伙。然而，如果一个经纪人没有客户，那么该经纪人就不会帮助团伙抑制主拍卖会场的竞争，也不会得到任何溢价收入。经纪人估值的极端情况——零或非常高的数目——导致他们不会参与竞买团伙。这方面并不存在任何敌意行为——人的自利动机使然。

· **问题7**：商品并不总是以升价式拍卖的方式出售。有时候通过密封报价拍卖，在这种情况下最高出价者按报价付钱。在这些拍卖中团伙起作用吗？就其操作而言是否存在任何变化？

1　参见Marshall和Meurer（2004，p.109），详见参考文献第173条。

· **回答7：**这是一个很好的问题。到目前为止我告诉你的所有事情都是就升价式拍卖而言的，在这种情况下，我们可以观察到竞买者的身份。到今天，即使拥有现代技术，这也是我们遇到的一种常见的拍卖形式。我们现在来讨论一下密封报价拍卖，最高报价者赢得商品并按报价付款[1]。就组织和运作竞买团伙而言，这种拍卖对我们有一定的障碍。我不知道某人的姐夫或者其他代理人是否将作为竞买者参加这样的拍卖，并试图削弱团伙的力量。他们为什么会这么做[2]？为了保护串谋收益，团伙成员在密封报价拍卖时会降低他们的报价，但团伙没有能力对更高的报价做出迅速的反应。这就是密封报价拍卖的本质。假设某个我不认识的人在拍卖中获胜，获胜者可能是团伙外的竞买者，也可能是团伙成员的代理人，这个违反约定的团伙成员正试图利用团伙对报价的控制来谋取好处。这使得团伙在密封报价拍卖中面临更多的困难。如果你让所有的竞买者都加入团伙，那么在密封报价拍卖中进行串谋将是一件相当简单的事情。如果有不属于团伙的其他人存在，那么事情会变得非常复杂。如果你知道团伙外所有令人担忧的竞买者的身份，如果你还知道团伙外的某个人的报价不同于令人担忧的非团伙竞买者，那么他/她一定是团伙中某个成员的代理人。那么事情就会再次变得很简单，因为监控团伙内是否存在欺骗很容易。当不了解所有令人担忧的外部竞买者的身份时，在拍卖中实施串谋协议，并且预防团伙成员的欺骗将会是一个艰难的过程。

1　参见Marshall和Marx(2007),特别是推论1以及随后的结论，说明了串谋集团在密封报价拍卖中的局限性，详见参考文献第168条。

2　参见Marshall和Marx(2007),特别是命题5及推论5，详见参考文献第168条。

第四章 卡特尔侦查

在本章中，我们论述如何从经济收益这个视角来判断共谋的存在。我们首先回顾第2章介绍过的四家共谋厂商，假设这四家厂商实质上已结成前面提过的卡特尔组织，并已成功运作了三年。和第2章的论述一样，我们的重点是工业卡特尔，即生产中间产品后出售给其他厂商的组织。

我们进一步假设，其中一家共谋厂商是一家母公司的一个分支机构，且母公司不知道这家分支机构的经理是一名卡特尔成员，虽然在最近几年的时间里，母公司有几个其他的独立分支机构被发现参与固定价格的共谋行为。[1]

母公司已经注意到，该分支机构的利润在最近几个季度出现大幅增长，并且该分支机构的产品价格也在以一个前所未有的速度上升。母公司采取了高效的激励计划，对分支机构的负责人进行奖励，但是母公司越来越担心，因为分支机构的负责人如果参与固定价格的共谋协议，母公司将会面临无休无止的责任风险。此外，母公司也越来越在意公众的看法。

母公司的总法律顾问办公室联系了一名经济顾问，帮助母公司侦查分支机构负责人的共谋行为，特别是作为第2章提到的那四家厂商之一的分支机构的行为。该顾问对许多卡特尔案件的来龙去脉、卡特尔组织的运行机制、关于共谋的经济理论，以及如何判断存在卡特尔共谋的计量经济工具都了如指掌。

---

1 在维生素卡特尔的例子中，主要共谋者在多种维生素产品中进行共谋。欧盟委员会的判决认为Akzo Nobel参与了氯化胆碱和有机过氧化物卡特尔，ADM参与了氨基酸和柠檬酸卡特尔，并在高果糖玉米糖浆行业实施价格固定，SGL Carbon AG参与石墨电极、电碳和机械碳及石墨制品、以及特种石墨（等静压石墨和挤压成型石墨）卡特尔。

该顾问将本书的第1章和第2章提供给母公司作为背景材料，该顾问还将为母公司召开为期一天的研讨会，与会者包括来自母公司的高级管理人员以及来自母公司的总法律顾问办公室的律师。

第一节 会议开始

谢谢你邀请我去你的公司，参加为期1天的卡特尔侦查研讨会。我是一名经济学家，不是一名律师。公司总法律顾问办公室的几名成员今天也会出席研讨会，他们可以解释我所提供的经济数据的法律含义。

我首先强调一下，就像本书第1章论述的那样，厂商存在共谋的强烈动机，并且正如第2章中讨论的那样，只要有效地组织和运作，卡特尔集团可以成功地销售许多产品。现在我将要回顾分支机构的负责人需要采取哪些措施才能实施和运作卡特尔，我的重点将放在肉眼可观察到的行为和结果，以此为证据来判断分支机构的负责人参与卡特尔的潜在可能性。

作为单个的消费者，我们拥有在商店里以公开标价购买商品的共同经历，但这种经历丝毫不能帮助我们理解机构型消费者的购买行为。当你购买牙膏、鸡肉、短袜时，你以标示价格进行结算。你不会在收银机前进行谈判，你也不会采取招标行为进行采购。

相比之下，贵公司产品的买方会利用竞争过程来积极追求价格折扣和价值提升。如果贵公司的一个竞争者提供了价格折扣，价格削减信息不会出现在竞争公司总部门口的招牌上，而是悄悄地提供给买方。买方可能会告诉你，你的竞争对手悄悄地为他提供了价格减让。即便竞争厂商没有这样做，买方也可能会编造这样的虚假信息，诱使你给他们提供价格优惠。对于你所销售的产品而言，如果单位成本是2美元，单位产品的利润最大化价格是3美元。你的竞争对手也具有同样的单位成本和利润最大化价格。 那么在竞争的作用下，买方支付的价格很有可能接近2美元，而不是3美元。在这样的背景下，共谋可以增加利润。如果贵公司直接与竞争对手沟通，达成统一定价协议，同时设定遵守协议的监控制度，且同意在协议出现问题时在厂商之间进行转移支付，那么该产品的市场价格将接近3美元。

贵公司作为一家母公司，提供了高效的激励机制促使分支机构的经理增加利润。考虑到你所处的行业和产品的性质，分支机构的经理通过合谋，能够有效地、迅速地增加利润。再没有比合谋更有效更迅速的方法了。如果妥善组织且顺利实施，共谋可在第一季度就产生一个确定的收益。与共谋相比，各种产品营销手段、各种改进服务的措施以及降低成本的投资只会产生一个不确定的收益，而且这个收益需要更长的时间才能实现。

根据经济收益来判断是否存在共谋可能会很困难，因为限制竞争的一些行为也有合法的理由，也可以采取非共谋的形式。我的观点是，贵公司作为母公司，在与各个分支机构的经理人员打交道时，需要谨慎地干预他们的行为。对于真心为厂商利润努力的经理人员，你不能采取任何可能伤害他们感情或削弱他们能力的举措。而对参与共谋的经理人员，你也无需对他们采取任何经济制裁，因为这样的措施只会产生非常微弱的效果。相反，你可能会考虑一个与判断刑事责任类似的标准。根据该标准，如果你有充分的证据证明存在共谋的可能性很高，你就会采取行动进行干预。即便如此，某些经济收益方面的数据还是可以为干预共谋提供强有力的证据和支持。

第二节　卡特尔行为的分类

为通过抑制厂商之间的竞争来有效地增加利润，卡特尔将采取某些行动。这些行动的确切性质依赖于相关产品、市场和行业。卡特尔厂商将把提升利润作为他们的首要目标，但是这立即就会迫使他们面对现实，即为提高价格，他们必须减少在市场上的销售量。对于贵公司生产的产品而言，卡特尔解决这个问题的措施可能包括两个方面，一是渐渐地和持续地涨价，二是使用市场份额协议来实施数量限制。由于厂商追求更高的价格，所以厂商必须限制供给，才能维持固定的市场份额[1]。如果卡特尔同意在这个季度把价格从每单位10美元增加到每单位11美元，那么一个拥有20%市场份额的厂商将会实施新的价格，并且不会销售超过市场份额的产品，否则他们将必须对其他卡特尔成员进行补偿性购买。销售部门具有超越固定市场份额的动机，因此必须调整对销售部门的激励措施，并强调遵守共同价格为首要原则，才能在一定程度上抑制销售部门追求市场份额的冲动[2]。

卡特尔厂商必须监控彼此之间的行为，以确保没有成员进行暗箱操作，销售超过其固定配额的产品。卡特尔组织可通过报告、监督（抽查报告），并使用政府机构和港口当局提供的统计数据，监控成员的销售行为[3]。由于买方会努力通过精明的采购行为或宣称供应商提供了秘密的交易来抵制价格上涨，卡特尔厂商需要进行持续的沟通才能确保所有成员都遵守协议[4]。如果出现了无心之错，那么可能需要对收益进行再分配。卡特尔成员早在卡特尔成立之初，就已经对成员之间的这种转移支付的性质和方法达成共识[5]。例如，为确保所有成员厂商能在年底实现他们的市场配额，需要安排一些特别的交易，让那些无意之间超过固定配额的厂商以市场价格从低于市场配额的厂商处购买产品。

经济学文献强调，必须以严厉的惩罚作为威胁才能确保卡特尔组织的顺利实施。卡特尔成员面临的主要威胁是回到非共谋状态。卡特尔成员可能不会认为这是一种清楚明确的惩罚措施，相反，他们会认为这是卡特尔

1　类似地，如果厂商限制供给，那么价格只有在实行客户分配或地域分配的情况下才能提高。

2　参见第2章第5节。

3　参见第2章第7节，问题1~3。

4　参见第2章第7节，问题1和问题2。

5　参见第2章第6节。

不能进行有效运作时主要成员主动放弃卡特尔的一种选择[1]。

一旦卡特尔控制了厂商之间的竞争，卡特尔厂商将把工作重心转移到其他的利润来源，例如行业中的主导厂商就会采取措施对付规模较小的厂商[2]。

总的来说，卡特尔组织可采取下述九大类行为[3]。

1. 提高价格，使其超过没有共谋时的水平。

2. 减少全行业的总产量，使其低于没有共谋时的水平。

3. 采取措施，减少买方对于价格上升的阻力。

4. 改变厂商内部的激励措施，抑制厂商之间的竞争并促使形成更高的价格。

5. 在成员之间分配共谋收益。

6. 在成员间进行收益和损失的再分配，维持卡特尔协议。

7. 监控协议的遵守情况，进行定期沟通，强调必须遵守的卡特尔规则。

8. 一旦有卡特尔成员一直大量地从事违约行为，就立即取缔卡特尔组织。

9. 一旦能够成功地抑制厂商之间的竞争，卡特尔成员就会通过其他行为来寻求额外的利润，例如主导厂商利用市场支配地位的行为。

从经济收益的视角来推测是否存在共谋，需要识别上述九类卡特尔行为。由于一些经济收益可能产生自共谋行为，也可能产生自非共谋行为，利用经济收益判断是否存在卡特尔这个问题就变得非常复杂。聪明的卡特尔组织清楚地意识到了这个问题。欧盟委员会在1994年关于白纸板合谋的判决中记录了这一现象。欧盟将卡特尔组织给成员厂商精心安排的价格公告描述如下：如果白纸板生产商受到指控，他们可以将由于精心设计的共

1　关于染料制造商卡特尔案件的国会证词明确提到，卡特尔将回到共谋前的竞争状态当作对偏离共谋的惩罚。证词包括一封来自染料制造商海外销售经理的信件，信中说："你和你的对手应该根据对染料颜色的精确判断来决定市场价格，如果达成一致的价格，就必须遵守他。但是，如果有任何信号表明你的对手没有遵守该价格，你就立即把价格恢复到没有达成协议之前的水平。"（S.Comm.on Patents, Hearings before the Committee on Patents on S. 2303 and S. 2491, Part 5,p.2424,77th Cong. 2nd Sess.,May 13&16,1942）。

2　对于这一点展开的讨论，参见第7章。

3　资料来源于Kovacic（2011），详见参考文献第138条。

谋计划而出现的一系列统一的、定期的和全行业的价格上涨行为归因于"寡头垄断行为"。他们可能会说，如果一个或几个市场领导者公开发起价格上涨，那么该行业的所有生产商都会跟进。像这样的非法共谋行为不一定能找到清晰的证据，即便客户有所怀疑甚或指控。鉴于生产商数量较多，经济理论将延伸至极限甚至超越其极限[1]。如果竞争监管机构未能提供生产商进行共谋的直接证据——生产商一定会不遗余力地保护这样的证据——生产商就有希望通过寡头相互依存的辩护论调，挫败竞争当局对其定价行为进行的任何调查。（欧盟关于白纸板卡特尔的判决，第73段）。

由此可见，一个聪明的卡特尔组织会采取行动来证明市场上依然存在竞争，此时的竞争已经成为卡特尔维护成员利益的工具。然而，正如我今天将要和你们讨论的，我们可以使用某些经济收益方面的数据来推断共谋的存在。

第三节　共谋的经济证据

为了今天的谈话，你让我对产品部门在最近几个季度的价格和利润增长进行深刻的分析。你的竞争对手也经历了同样的价格上涨。你所处的行业只有四家厂商在生产这种产品，进入该行业存在较高的壁垒，且该行业提供的产品找不到相近的替代品。自然而然地，这四家厂商认识到彼此之间的经营行为，包括价格在内，相互依存。在没有共谋的情况下，各竞争对手的价格通常会存在同向变化。

我们将讨论价格同向运动之外的共谋行为的间接经济证据。有些经济证据可能很有力，能够对共谋做出强有力的推断；然而，有些证据却可能会很苍白。一些经济证据单独存在的时候没有多少说服力，但当与其他证据结合在一起就很能说明问题。比如说，在面对低迷的市场需求时，卡特尔成员可能会采取与单独行动一致的某种行为，而在市场需求不断增加的

1　经济理论认为，在生产商数量较多的行业不容易形成共谋，只有在生产商数量较少的行业才容易形成共谋——译者注。

时候，又会采取与单独行动一致的另一种行为。这两种行为对单独行动的厂商来说具有互斥性，因此可帮助我们推断共谋的存在。

一般而言，为判断是否存在共谋提供强有力的证据，需要识别和收集包括相关产品、市场和行业在内的经济信息。例如，某种产品/某个市场/某个行业的交易可能会有很自然的非共谋解释，但是在另一种产品/市场/行业就不能。

一种可对共谋做出强有力判断的证据就是，交易价格上升到了这样一种水平，他超过了一个可靠的计量经济预测模型在考虑了所有重要的非共谋因素对价格的影响后做出的价格预测。

为计算价格水平是否比非共谋情况下更高，经济学家会推断在不存在卡特尔的情况下价格应该是多少——这个价格通常被称为对照价格（but-for price），也就是不存在卡特尔情况下的价格。

为了剔除共谋对价格的影响，一种办法是建立一个可靠的模型，推测在非共谋情景下，价格会如何变动。如果模型可以准确地推断非共谋情况下的价格运动，那么他也可以推断共谋时期的价格应该是多少。然而，这需要对特定行业不存在卡特尔的一段时期、地理位置，或者产品空间做出合理的假设。只有他们不受卡特尔的操控，才能把他们作为可靠的研究背景。

为做好分析工作，我们需要一个计量经济预测模型，该模型考虑了产品、市场和行业的特定需求，以及成本因素。所有该模型需要考虑的因素，都不能受到卡特尔的潜在控制。如果该模型推断的价格明显低于现实市场的价格，那么我们就会判断存在共谋。母公司对任何一个或所有产品部门都能采取这样的检验。

如图1.1所示，维生素A650的实际价格远远高于不存在卡特尔情况下的价格。假设巴斯夫公司（BASF）在1991年让我为维生素A650建立一个预测模型，来判断维生素部门是否偷偷地参与了共谋。如果巴斯夫公司（BASF）的维生素部门不承认参与卡特尔，我必须判断维生素部门何时开始卡特尔运作。根据我的经验，我认为维生素卡特尔要么出现在1989年，要么出现在1990年的某个时候。根据模型的预测结果，1990年末和1991年初，没有卡特尔情况下的价格与现实市场的价格存在很大偏差。这对于BASF母公司来说是一个危险信号，因为他意味着卡特尔很可能开始运作了。

对某个特定的产品/市场/行业来说，我们还需核查的经济证据包括：市场份额的相对稳定性，以及价格公告的性质和特征，例如价格公告的规律性、在很短的时间内宣布相同价格的厂商数量、价格上涨公告和生效日之间的时间长度等[1]。现在，让我们关注下述问题，把其他问题暂放一边。

第四节 相关问答

· 问题1：我不明白哪些经济证据可证明共谋的存在？如果没有观察到这样的证据，是否意味着相关产品部门没有参与卡特尔？

· 回答1：让我通过回顾逻辑学和条件概率的一些基本原则来解答这个问题。如果A成立则B成立不等于说如果B成立则A成立，同样不等于如果A不成立则B也不成立，但等于如果B不成立则A不成立。例如，如果某物是乌鸦，那么他就是黑色与如果某物是黑色，那他就是乌鸦这一说法不等价，但与如果某物不是黑色就一定不是乌鸦这一说法等价。明白这一点之后，我现在来回答你关于卡特尔和经济证据的关系问题。如果我们观察到的经济证据证明存在卡特尔的可能性很高，那么就很可能存在卡特尔，如果我们没有找到经济证据来证明卡特尔的存在，那就可能不存在卡特尔。

第2章第5节曾经提到，为遵守卡特尔关于固定价格的协议，需要调整销售队伍的激励措施，强调"维持固定价格"的重要性。假如我们没有观察到这种转变，我们也不能得出不存在卡特尔的结论。考虑到产品、市场和行业的性质，有许多原因都能说明这种转变是不必要的。一种可能的情

---

1 参见第2章第4节。

况是部门经理必须直接设置价格，或支持潜在客户提出的价格。如果部门经理能够直接控制定价，就没有必要转变对销售队伍的激励。就条件概率而言，支持对共谋做出强有力推断的经济证据的主要特征就是，在不存在卡特尔的情况下观察到该证据的概率相当低。该特征意味着假定有证据，卡特尔存在的概率相当高。

·问题2：你强调可以利用特定的计量经济模型来推断是否存在卡特尔，但我们怎么知道该模型应该考虑哪些因素，忽略哪些因素呢？部门经理声称该模型不能够追踪实际的价格波动，因为一些关键的变量没考虑在内。这个说法看起来非常合理。

·回答2：在确定模型的变量之前，必须与部门经理及他或者她的员工进行协调。让部门经理告诉你哪些因素对价格存在重要影响。所有那些不会被卡特尔组织操控的因素，都应该纳入计量模型，作为模型的变量。通过一个客观的标准，来选择在基准期需要考虑和排除哪些变量，才能建立起最优的预测模型。只有无形的和意外的冲击才不会作为模型的变量。但是，如果这些因素对于价格的影响很重要，那将是与部门经理进行讨论的一个很好话题。

·问题3：我们的很多产品经理已加入了同业协会。这些同业协会通常要求每季度提供一次部门报告，如产量、销售额、产能利用率、扩张计划、出口、存货、等等。与此同时，在同业协会会议上，我们的部门经理会与竞争对手面谈行业发展的相关问题。同业协会的律师会在场，但考虑到所有的竞争对手都聚在了一起，我们担心他们之间的互动。同时，部门经理经常报告说他们已经成立了特别小组委员会来研究具体的问题。作为母公司，所有这些情况都使我们感到紧张，但如果禁止部门经理参与此类会议的话，好像又会对他们的竞争力产生不利影响。你认为我们该怎么办呢？

·回答3：同业协会经常举办促进竞争的活动，例如进行行业协调，或为协会成员解决公共品供给问题，但是你的顾虑是非常必要的。除非对不正当竞争行为的法律规定进行了大量的预防性演练，否则聚集在同业协会会议上相互竞争的经理们就不会意识到他们正在从事违反正当竞争的行为，例如设计限制竞争的机制和流程。考虑到参与同业协会的非共谋行为会带来大量的收益，你不会想要禁止部门经理参与这些协会，但是你必须警告你的部门经理，要当心与竞争对手的某些互动带来的法律责任。

·问题4：我们的一个部门参与了出口协会。我们能否得出他们存在卡特尔的强有力推断？

·回答4：政府批准的出口协会是合法的，但是如果我想运行一个卡特尔，且能够设立一个出口协会的话，我就会通过设立出口协会来实施卡特尔[1]。美国商务部在其网站上描述了一个虚构的出口协会可以合法从事的活动范围[2]，无异于共谋。当然，这些行为必须是针对海外市场，但因此就断言，当他们在国内市场开展经营活动时，会自动放弃共谋行为，简直是个笑话。

1　参见第2章第7节问题4的回答。

2　请在美国商务部国际贸易局网站上查看出口贸易审查证书的范本（http://trade.gov/mas/ian/build/groups/public/@tg_ian/documents/webcontent/tg_ian_002211.pdf)(accessed October 7,2011),第7章附录中关于出口行业协会的讨论中再次提到这一点。

第二部分 卡特尔经济学

　　竞争对于厂商来说是代价高昂的行为。厂商之间的竞争会给行业利润带来负面影响——厂商竞争是波特"五力模型"的核心力量。虽然限制竞争可以增加整个行业的利润，但是也存在许多挑战。例如，限制竞争通常会使没有参与卡特尔的厂商获得好处[1]，因此厂商可能倾向于不参加卡特尔。为使卡特尔能够有效运行，成功地提高成员的利润，还需解决定价、收益分配、执行等方面的诸多问题。不解决这些问题，卡特尔会遇到很大的麻烦。

　　我们在序言中提到，本书的重点是工业卡特尔。我们在本章继续沿用这样的假定，重点研究生产并出售中间产品的厂商[2]。

　　第二部分的结构安排如下。第5章重点分析卡特尔限制竞争的影响。第6章论述卡特尔如何解决协议实施过程中遇到的问题。斯蒂格勒（Stigler，1964）曾经论述和分析过实施一个成功的卡特尔需要什么样的机制，第6章将围绕他的论述来展开。第7章研究一个已经成功抑制成员厂商相互竞争的卡特尔，如何利用波特"五力模型"中的其他四种外围力量来进一步增加利润[3]。

1　这是经济学上常见的"搭便车"问题——译者注。
2　在本章的余下部分，如未特别说明，厂商指投入品供应商——译者注。
3　如上所述，厂商竞争是"五大模型"的核心力量——译者注。

第五章　卡特尔对竞争的抑制

寡头垄断厂商在经营活动或投资支出方面相互竞争，目的是提高本厂商在买方心目中的地位，使买方认为本厂商的产品优越于竞争对手的产品。厂商之间的竞争可以是价格竞争，也可以是非价格竞争。价格的任何组成部分都可以成为价格竞争的缘由，例如支付条款、价格折扣、数量折扣、运费以及价格的无数其他组成部分。非价格竞争包括广告和市场营销、研究和开发、产品创新和差异化、产品的质量特性，如产品可靠性、产品耐用性、客户服务以及交货的及时性等。

第一节　基本原理

一、竞争的作用

寡头垄断厂商知道许多买方不知道的事情。厂商通常会与许多买方打交道，处理生产和市场方面的各种问题。他们知道哪些因素会影响生产成本。他们知道汇率波动将如何影响产品市场。他们比买方更了解市场上的总体需求状况，也比买方更清楚哪些生产线会投入使用，哪些生产线会停止使用，以及生产线的变化对市场的影响。他们还比买方更了解外国厂商对国内市场的影响。总的来说，厂商通常比买方更了解产品、市场和行业方面的许多知识。

尽管买方在信息方面存在劣势，买方也有存在优势的地方。例如，他们可以利用厂商之间的竞争，打探交易信息。假设有一件商品公开标价为100美元，买方不知道这个价格是否太高，但如果在招标采购过程中，有厂商报价30美元，且最高报价为40美元，买方就可以判断出100美元的价格太高。再如，买方正在考察某产品。买方认为该产品的使用寿命应该是1000小时，结果发现厂商在报价中说明该产品的使用寿命介于1800小时到2000小时之间，于是买方就知道1000小时的使用寿命实在太短。在一次招投标活动中，招标人原以为中标人应该在故障发生后24小时内出现在现场，结果厂商在标书中提出的时间是4到6个小时，于是招标人，即买方就知道他只需要在故障现场等待四分之一天，而不是全天。在这些例子中，买方（招标人）通过厂商（供应商）之间的竞争，可以了解许多关于产品和市场的信息。

没有竞争，买方面对供应商强大的信息优势几乎没有任何抵抗能力。上述竞争过程表明，买方需要竞争，保护他们免受信息优势强大的厂商的盘剥。

二、竞争过程

竞争可以采取多种形式。买方可以通过招标进行采购，也可以在很长一段时间内依次与许多供应商进行讨论，然后经过详细的信息筛查挑选供应商。如果供应商想要得到该客户的业务，那么他给客户提供的报价就必须比其他供应商具有更高的价值。

关于竞争过程有两个误区，消除该误区很重要。首先，作为一项规则，客户不会选择低价供应商。因为太低的报价意味着客户可能在以后会有一些额外的、大笔的开支，加起来远远超过供应商的初始报价。客户知道如何利用厂商之间的竞争来获取他们需要的信息。在确定供应商之前，他们必须全盘考虑对他们至关重要的所有合同条款。客户明白竞争有价格竞争和非价格竞争等形式。价格被定义为单位产品的价值，比如说买方在一个特定的时间一个特定的地点抽取一加仑87辛烷值汽油所支付的价格。我们可以用一个分数来表示价格，分子是产品的美元价格，分母是包括数量和质量在内的产品价值。买方希望单位价值的价格低一些——他们既关心分子（越小越好），又关心分母（越大越好）。在既考虑了分子又考虑了分母的情况下，厂商之间的竞争会压低单位价值的美元价格。

第二，客户与供应商之间的"战略联盟"并不意味着客户已经放弃使用任何竞争手段。战略联盟主要是鼓励厂商花费资源与客户维持良好的关系，而不是把所有的决定权交到客户或供应商手中。

即使客户能够积极利用市场竞争来获得有利的交易条件，厂商也不能把太多的资源投入到招标采购过程。某些产品的招标采购需要比其他产品引起更多的关注，也需要更加深入的市场调查。如果采购部门准备采购某种产品的时候，这种产品的价格突然暴涨，那么采购部门很可能会投入更多资源来采购该产品，或者是暂停采购，或者是重新安排一次新的采购，把先前不合格的外国供应商也吸纳进来。采购部门将在资源约束条件下实现最优化的采购结果。

供应商意识到买方对竞争过程的依赖，并做出巨大的努力让自己赢得买方的订单。如果供应商既了解市场又了解自己的市场地位，且还意识到自己正与市场上所有其他供应商竞争，他就会努力给出一个被客户认为是"最优"（best）的报价。

通常情况下，如果销售人员没有赢得某一笔订单，高层管理人员就会通过调查了解原因。高层管理人员会经常询问负责该次投标的销售人员，是否提交了有竞争力的价格，是否明确表示厂商的服务是一流的，是否突出了产品的新颖性，并且是否就装船运输和批量采购提供了特殊的交易条款。换句话说，高层管理人员将询问销售部门，是否做出了全部的努力来证明相较于行业中其他厂商所提供的产品，他们的产品具有更高的价值。这种事后评估可帮助厂商了解自己在行业竞争中的相对地位。

行业中的许多厂商都会进行比较性评估。行业中每家厂商的市场份额属于最容易测量的数据。某家厂商的市场份额下降会引起股东和股民的关注，这也为厂商之间的竞争创造了强大的推动力。综上所述，在一天结束的时候，计算利润是最要紧的事情。每个厂商都想要增加利润，但是正如波特的"五力模型"的描述，许多行业中存在的竞争是阻碍利润增加的主要力量。

三、竞争的抑制

减少或者消除竞争有时候指增加美元价格（使分子变大），但在其他一些例子中则指减少数量[1]、降低质量[2]或者改变其他属性（使分母变小）。

在反垄断工作人员中有个共同的传说，即在竞争集中于美元价格，而产品属性保持不变的环境下卡特尔更容易形成。目前还不清楚这一说法的可靠性[3]。当限制竞争能为厂商带来比其他利润提升活动更高的预期收益率的时候，卡特尔更容易形成。卡特尔致力于提高每单位价值的价格，这就导致他们不仅仅考虑价格的提升，也要考虑单位价值的减少。比如说，白炽灯行业的共谋集团就把部分精力放在减少灯泡的使用寿命上，即减小分母的行动上。因为主要集中于价格的卡特尔更容易被侦查出来，而集中于减少单位价值的卡特尔很难被揪出来，所以导致"竞争集中于单位价值的价格时卡特尔更容易形成"的这一共同传说。

有效的共谋可以限制竞争，从而增加厂商的利润，减少买方剩余，但是他阻碍了竞争过程对市场运行的积极作用。如果买方得知生产商在运作卡特尔，则他（她）就不会使用刚才讨论的竞争过程。在面对共谋的时候，买方必须寻找其他能够促进市场竞争的手段，确保自己在市场竞争中处于有利地位，或者在其他买方也意识到存在卡特尔的情况下，使自己不至于陷入非常被动的地位。

假设有一位买方进入市场，购买以前从未买过的投入品。他挑选合格的供应商，然后进行招标采购。招标采购前，买方对价格的大致估计是每单位不超过100美元。这样的判断就算存在一定的作用，也是非常有限的，因为买方无法在不违反《反垄断法》的情况下，与本行业的竞争对手[4]讨论投入品的价格。买方并不知道，该投入品的价格可低至每单位35美元。买方在招标采购过程中得到了六位供应商的报价，其中最低的报价是

1　沐浴凝胶制造商，包括Sara Lee、Colgate-Palmolive以及Puig Beauty &Fashion Group SL 等，都曾因参与价格共谋被西班牙竞争当局CNC罚款。"化妆品制造商达成协议，把沐浴凝胶的价格上涨了15%，并通过将产品装在更小的包装同时保持每瓶的价格不变来掩盖其共谋的事实，CNC说道。"（Melissa Lipman, "Spanish Investigation Colomer Role in Bath Gel Cartel," Law 360, February 16,2010,p.2)

2　白炽电灯卡特尔在减少灯泡寿命方面达成了一致。

3　参见Posner（2001，pp.69-79），详见参考文献第202条。

4　此处买方指中间产品购买商——译者注。

每单位39美元。经过进一步的调查和询问后，买方从报价最低的供应商处购买投入品。买方已经成功利用市场竞争促进市场的有效运行，并获得了大量的剩余。然而，如果供应商（厂商）结成卡特尔集团，最低的报价就会是85美元，这也是买方很可能支付的价格。厂商之间的共谋抑制了市场竞争，而信息相对不足的买方可能会接受85美元的报价，且沾沾自喜地认为竞争过程依然存在。

当厂商之间的竞争遭到破坏，厂商会失去"边干边学"（the learning process）的动力。如果买方怀疑供应商结成了共谋集团，就会努力采取成本高昂的行动来抵制价格上涨。为了与供应商可能的共谋行为进行对抗，买方会耗费资源对招标采购进行动态调整，这给社会经济造成的损害超过了高价格带来的直接无谓损失（deadweight loss）。

第二节　买方的抵制

买方利用竞争过程监督市场机制的运行，重点关注他们准备购买的投入品的价格和其他属性。对于某些投入品，买方可以依靠完善的、流动性很高的市场来进行采购。芝加哥商品交易所就是一个很好的地方。然而，工业企业在采购投入品的时候，主要使用招标采购，邀请合格的供应商提交经过密封的标书。

买方坚持供应商必须通过一定的资格审查。没有买方愿意接受缺乏经验或技能的供应商的投标。例如，买方不会把本书作者视为维生素、钢筋或工业化学产品的合格供应商，因此买方在采购这些产品时，不会邀请本书作者前来投标。

如果买方采用简单的招标采购，就会在邀请函中规定产品属性的最低要求，而评标使用的唯一尺度是价格。采用比较复杂的招标采购，供应商提交的标书就得囊括买方必须考察的方方面面。看起来在这样的背景下，买方所能做的就是确定最佳的报价，并把合同授予该供应商。如果买方对所有的标书都不满意，即便是最好的标书也不满意，在这种情况下，买方将暂停招标采购。买方的不满意可能是因为对供应商成本和/或需求信息不正确或者不完全，也可能是因为怀疑供应商之间有共谋行为。

一、暂停招标采购后买方的选择

一旦买方暂停招标采购，他就会重新调查供应商的成本信息和（或）市场需求信息。除此之外，他还有许多选择。我们把招标采购暂停前已经提交标书的供应商称为"具有合格历史的"（historically qualified）投标人或者供应商。

1.识别、邀请、并鼓励其他投标人参与资格审查。买方可能邀请国外的供应商，或者进入市场相对较晚的厂商。由于他们对这些供应商不太熟悉，所以要判断这些供应商是否合格需要成本。除此之外，从这些供应商处购买投入品很可能会导致一些意料不到的不良后果。这些情况导致买方倾向于依靠"具有合格历史的"供应商，把他们作为唯一的招标邀请对象。然而，如果买方对"具有合格历史的"的供应商在标书中的报价强烈不满，他们就会邀请许多新的和/或者外国的供应商通过资格审查，参与新一轮招标采购。

2.识别和寻求其他供货来源。可能有这样的情况，买方希望从经纪人或者组织良好的现货市场购买投入品。但是买方可能不愿意长期使用这些第三方市场，因为与供应商维持良好的关系具有重要的价值。但是，在短期内，这些其他的供货来源可以填补供给缺口，直到买方找出上一次招标采购失败的症结，或者找到了长期解决方案。使用第三方供货也可以变相地警告"具有合格历史的"供应商，买方将会寻求其他的供货来源，而不是被动地接受供应商提出的报价。

3.放宽要求，考虑以前没有使用过的替代产品。买方也可能会重新考虑是否有替代产品能够满足自己的需要。比如说，如果在1995年有一家杂货连锁店对纸袋的采购结果不满意，他可以考虑扩大采购范围，把塑料袋作为纸袋的一种替代选择。在这种情况下，新一轮招标采购就会邀请纸袋和塑料袋供应商一起参加投标。

4.调整采购流程，努力从"具有合格历史的"投标人处获得价格/帐期优惠。

a.改变采购数量和频率以换取价格/账期优惠。通过了解供应商未来的价值取向，以及在当前是否愿意获得巨大的回报，而不是维持行业的定价规则，买方可以挑战供应商之间的和平共处。通过安排长期合同进行大批量采购，买方可以换来供应商的价格/账期优惠。即使供应商一直在默默地或明确地维持较高的价格，但买方抛出的诱饵实在是太丰厚，所以供应商冒着被共谋者发现的风险也要试一试。当然，如果最初的报价是根据买方无法观察到的要素成本或需求因素计算出来的，那么供应商对这样的提议将不会有多大反应。

b.宣布采购结果无效，等待一段时间之后再启动新一轮采购。供应商之间维持和平共处需要耐心。买方宣布采购结果无效，并要过一段时间再启动新一轮采购，相当于在委婉地询问供应商，他们更看重目前的回报还是更看重未来的收益？买方可能拥有一定的库存，所以他有足够的耐心等待。但是，如果供应商在上一轮招标采购中的报价是根据要素成本或需求因素计算出来的，那么把供应商晾一段时间也不太可能对他们的报价有多么重大的影响。

c.以一个公开宣布的保留价格再次启动采购。买方在许多招标采购中都不会公开宣布保留价格,虽然买方未能在投标人中选出合适的供应商意味着买方心目中确实存在一个保留价格。招标采购失败后，买方就可能会宣布一个保留价格，然后再启动新一轮采购流程。买方的保留价格将会明确地告诉供应商，什么样的报价可被接受。

d.告知"具有合格历史的"投标人彼此的报价情况。买方在收到标书后，做出中标决定前，常常会通知投标人，他们的报价比其他投标人要高。买方可以依次联系各个投标人，告知他们竞争对手的报价情况，寻求价格让步和其他更有利的交易条件。如果最初的报价并非依据成本和/或者需求因素，而是因为供应商之间结成了比较松散的共谋，那么买方可能会通过这种方法获得大幅度的价格让步。特别地，如果买方可以在一定程度上为中标人的信息保密，对方就更容易提供价格优惠。

5.开发内部的生产能力（垂直整合）。这是颇具戏剧性的一步。如果买方在尝试完所有的方法后还是不能从供应商处获得合理的价格，就可能出现这种情况。但在某些行业，这种情况绝对不会出现。例如，大型家禽饲养厂商就不会进入维生素A的生产领域。然而，在某些情况下，开发内部生产能力对买方来说是可取的，因为这种做法对供应商构成了有力的威胁，即使买方的生产效率低于现有供应商。

二、举例说明买方对涨价的抵制

买方采取措施抵制供应商抑制市场竞争的行为。为说明买方的抵制行为对供应商共谋的挑战，我们考虑如下假设。假设买方邀请四家"具有合格历史的"供应商提交密封标书。这四个供应商提交了如下的报价：

供应商A：101美元

供应商B：106美元

供应商C：109美元

供应商D：110美元

假设买方事先预期他为该产品支付的价格不超过92美元，则买方对这样的投标情况很不满意，并在供应商提交标书后，按照下列顺序与供应商讨价还价。买方首先接近供应商B，告诉他最低的报价只比94美元高一点点，如果他能修改报价为94美元，则有很大的获胜机会。供应商A则被告知，如果他把报价降为90美元，肯定会拿到订单。买方也向供应商C和D进行了相似的游说，力图把他们的报价降低到90美元。

如果最初的报价是非共谋的，并且依赖于买方不了解的真实成本和/或市场需求，那么买方提供的虚假信息，即供应商提交的报价在90至95美元之间，不会导致供应商的报价出现任何重大的变化。

相反，如果所有的供应商在提交标书前进行了明确的共谋（因此他们的报价远高于非共谋的报价），那么他们只要通过直接沟通，就能确认买方透露的信息是虚假信息。面对买方对于高报价的抵制，结成共谋集团的供应商将坚持原来的报价不变。

然而，如果供应商之间没有进行沟通，而是通过默示共谋实现价格上涨，则买方提供的虚假信息对他们的共谋就可能产生破坏性结果，供应商可能会降价，买方的目的达到了。

假设对于所有的供应商来说，通过明示共谋，在计算生产和销售成本后，给买方报出的价格大约是70美元。涨价是限制竞争的明示共谋协议明确规定的重要内容，除此以外明示共谋协议还包括供应商之间彼此通气的规定和相互监督的规定，因为供应商如果不进行沟通和监督，买方就会去游说每一位供应商，让他相信"他的竞争对手"正在悄悄地向买方提供更优惠的交易条件，迫使供应商把价格降下来。

买方是否会采取上述成本高昂的措施，取决于拟购买的投入品对买方的利润有多大影响。如果拟购买的投入品对买方的盈利无关紧要，那么买方就会采取其他成本较低的措施，除非价格已经上升到如此高的程度，使买方认为付出代价向供应商施压也是值得的。卡特尔总在试探买方的底线——为避免买方坚决抵制他们的价格上涨，应该涨多少才合适？

买方可能会接近一家供应商，并许诺如果供应商可在目前提供大幅度的价格优惠，就会获得一笔长期订单。再次假定，供应商的行为是非共谋的，且定价依据是成本和/或市场需求，那么买方通常不能从这种代价高昂的行动中获得实质性好处。但是，如果供应商参与了共谋（默示共谋或明示共谋），那么通过延长两次招标采购之间的间隔时间，增加供应商从中标项目中获取的收益，买方可为供应商创造一个背叛卡特尔的动机。

对参与默示共谋或明示共谋的供应商来说，如果只有一个买方采取抵制行为，则毫无意义。然而，如果有一个买方抵制供应商涨价，其他很多买方也可能仿效。买方抵制涨价的动机是由于供应商定价太高造成的。具体而言，如果价格增幅太大，买方就会发起抵制行动。众多的个体行为将会产生巨大的效果。卡特尔清楚地知道，为限制竞争而达成的协议扛不过强烈且广泛的买方抵制，因此供应商总在探索价格应该涨多少才不会让买方产生这么巨大的反应。

买方也可在招标采购中干扰供应商的判断。买方可以宣布采购无效，同时对自己接下来将通过何种方式采购产品保持沉默，这就是一种干扰供应商选择的"噪音"。从第三方市场购买产品的决定给"具有合格历史的"供应商更大的打击和威胁。买方启动新一轮采购流程，且增加采购产品的范围也是一种重大威胁。所有买方制造的干扰和威胁加总起来就会对任何形式的共谋产生巨大的破坏性，不论是默示共谋还是明示共谋。

买方也可以邀请新供应商来参与新一轮采购。如果"具有合格历史的"供应商的报价是非共谋的，且定价依据是成本和/或需求情况，那么新供应商的加入也无法降低"老"供应商的报价。然而，如果"具有合格历史的"供应商结成共谋集团，新供应商就对他们的收益造成了威胁。

如果卡特尔组织不能诱使新供应商加入共谋集团，或者在默示共谋的情况下，新供应商还不了解"具有合格历史的"供应商长期以来在投标行为上达成的默契，新供应商很可能会通过报价泄露以下信息：他们的报价依据不是成本和/或需求因素，而是由于共谋。如果一个行业出现了一个咄咄逼人的新厂商，那么即使增加沟通和监控，一个运作良好、富有经验的卡特尔组织也可能无法幸存下来。例如，维生素C卡特尔组织在1994年至1995年解体，就是因为一家来自中国的非卡特尔厂商进入了该行业。与之相反，由于没有新厂商进入市场，维生素A和维生素E卡特尔组织一直存活到1998年至1999年。

总的来说，卡特尔对市场竞争的抑制包括两个方面。第一，通过共谋抑制厂商之间的竞争提高销售价格。第二，卡特尔成员必须弄明白如何提高价格才不致引起买方的激烈反抗。任何卡特尔在成立之时都很清楚，利润最大化价格远高于当前的价格水平，但如果卡特尔立即采用利润最大化价格，通常会引起买方的强烈抵制，致使价格增长计划失效。

三、回顾波特的五力模型

在图5.1中，处于中心位置的方框表示行业竞争者，我们在图上将他们分为卡特尔厂商和非卡特尔厂商。箭头描绘了卡特尔与非卡特尔厂商之间的竞争。需要说明的是，非卡特尔厂商之间也存在竞争，但卡特尔厂商之间不存在竞争。

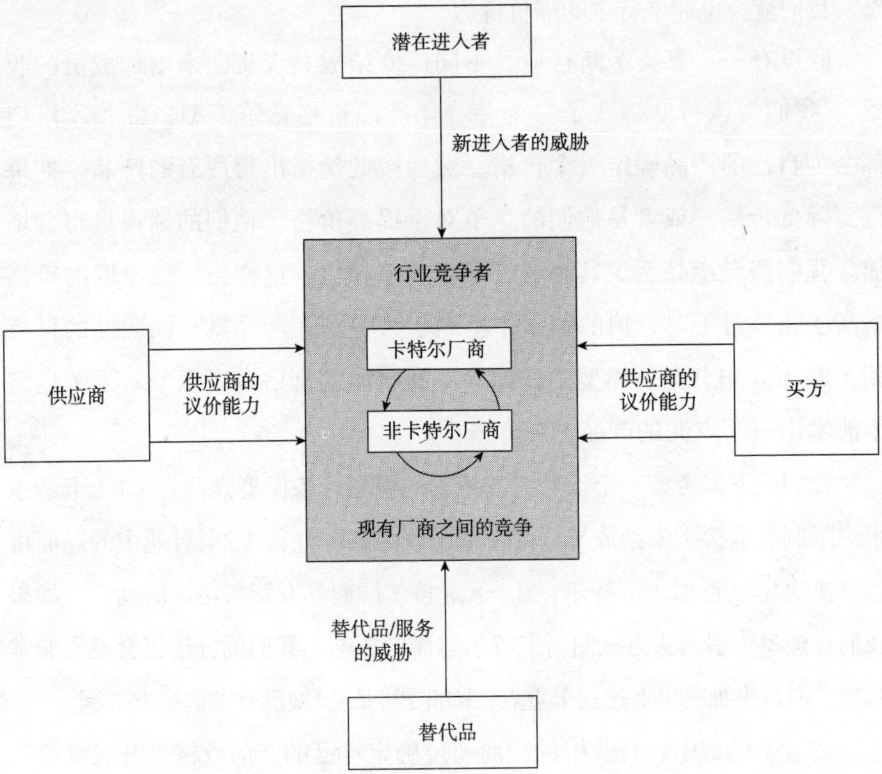

图5.1 经过修正的五力竞争模型，用来展示卡特尔厂商和非卡特尔厂商

正如上面所论述的那样，卡特尔抑制内部竞争包括两个方面，一是采取措施对付买方对涨价的抵制；二是采取措施缓解降价的压力。左右两边的影响力量（左边是上游供应商，右边是下游厂商）通过浅灰色箭头指向处于核心力量的卡特尔，意味着控制这些力量是卡特尔限制竞争的必然要求，我们将在第7章再次论述该图。

第三节　没有买方抵制的价格竞争模型

如上文所述，卡特尔将通过诸多行动来寻求利润增长，涨价仅仅是其中一种。然而，为了简化我们的论述，本书将重点分析涨价行为。接下来，我们就会论述卡特尔的涨价行为。

假设有一个寡头垄断行业，不同厂商结成共谋集团来增加成员的收益。[1]我们为该行业构建了一个差异化产品价格竞争模型，即每家厂商都会为自己的产品确定一个价格，然后按此价格出售所有的产品。如果厂商降低价格，或者是他们的竞争对手提高价格，他们的销售量将会增加。我们假设产品至少具有一定程度的差异化，这样当厂商收取的价格略高于竞争对手时，他的销量才不至于为零。在产品具有同质性的贝特朗（Bertraned）竞争模型中，如果厂商收取的价格高于竞争对手，他将不能卖出一丁点儿的产品。

我们接下来考察一个没有买方抵制的模型，该模型强调：（1）卡特尔组织限制竞争接下来给成员厂商带来了巨大的好处；（2）行业中的厂商可以自主决定是否加入卡特尔；（3）卡特尔厂商具有背叛协议的动机。如果我们在模型中引入买方抵制对卡特尔运作的影响，我们的分析将会变得非常繁琐，而且很难突出上述三个重点，因此我们的模型没有考虑买方抵制。

在这个模型中，行业中的厂商通过确定自己的产品价格来开展竞争。买方对某家厂商的需求量，取决于这家厂商及其竞争对手设定的价格。

我们在建模的时候为简便起见，采用辛格和比维斯（Singh & Vives，

1　在价格竞争持续不断的环境中考虑共谋的作者有Tirole（1998），Kandori和Matsushima(1998)，Athey和Bagwell（2001,2008），Bagwell和Wolinsky（2002），Athey，Bagwell，以及Sanchirico（2004），Harrington 和Skrzypacz（2007），Gerlach（2009）。对于共谋的其他理论模型，参见Cramton和Palfrey（1990），Demougin和Fishman（1991），Kihlstrom和Vives（1992），Raith（1996），Laffont和Martimort（1997，2000），Saanikov和Skrzypacz（2007），Lee（2010），和Miklos−Thal（2011）。就共谋对价格和数量以外的其他属性的影响，参见Fershtman和Gandal（1994）以及Fershtman和Pakes（2000）。

1984）提出的对称模型。我们对该模型进行了一定的扩展，把考察对象由两家厂商变成两家以上的厂商。

假设n表示行业中的厂商数量，我们使用反需求函数

$$p_i = a - q_i - s \sum_{j \neq i} q_j$$

其中$a \geq 1$且$s \in (0,1)$。总之，该公式表示厂商i的价格等于常数a减去厂商i的产量，再减去常数s与其他厂商产量之和的乘积。

根据这个需求函数，你可以看出，厂商i的价格随自身产量的增加而下降。这是一条标准的向下倾斜的需求曲线，厂商i的产品价格随着竞争对手产量的增加而下降；然而，由于s小于1，竞争对手产量的增加对厂商i价格的影响小于厂商i自身产量增加所产生的影响。

我们假设每家厂商具有相同的、固定不变的边际成本c（$c < 1$），且没有固定成本。因此，厂商的收益就等于产品价格减去边际成本，再乘以产量，即等于（$p_i - c$）q_i。

接下来，我们就可以计算这n家厂商在竞争或共谋的背景下，在市场达到均衡时的价格、产量及收益。[1]

一、垄断的结果

如果只有一家厂商，该厂商通过选择价格p_1来最大化利润（$p_1 - c$）q_1，从而最大化收益。在只有一家厂商的情况下，$q_1 = a - p_1$。当$p_1 = p^M = \dfrac{a+c}{2}$时，垄断厂商实现利润最大化，需求量$q^M = \dfrac{a-c}{2}$，收益是

$$(p^M - c) \, q^M \quad \frac{(a-c)^2}{4}$$

1　我们就差异化产品的价格竞争进行分析的基本模型来自于Singh和Vives(1984)。在模型中，一个具有代表性的客户会最大化$U(q_1, \cdots, q_n) - \sum_{i=1}^{n} p_i q_i$，其中$U(q_1, \cdots, q_n) = \sum_{j \neq i} (a_i q_i - \frac{1}{2} b_i q_i^2 - \sum_{j>i} S_{ij} q_i q_j)$。买方剩余为$U(q_1, \cdots, q_n) - \sum_{i=1}^{n} p \, q_i$，社会福利等于买方剩余加上厂商利润之和。该模型运用了反需求函数$p_i = a_i - b_i q_i - \sum_{j \neq i} S_{ij} q_j$，并且假设对于所有$i$，$b_i = 1$，对于所有$i \neq j$，$S_{ij} = S$，需求关系为

$$q_i = \frac{1}{1 + (n-2)s - (n-1)s^2} \left[(1 + (n-2)s) \, a_i - s \sum_{j \neq i} a_j) - (1 + (n-2)s) \, p_i + s) \sum_{j \neq i} pj \right].$$

我们将垄断结果当作基准，与市场上有多家厂商时的结果进行对比。

二、寡头垄断的结果

在前述的寡头垄断模型中，寡头垄断厂商会同时确定产品价格，进行市场竞争。分析寡头垄断模型通常会涉及计算寡头垄断厂商的纳什均衡。为了便于我们对博弈模型的分析，我们认为每家厂商会在竞争对手价格不变的假定下，选择合适的价格实现自身利益最大化。纳什均衡就是一个价格表（一家厂商一个价格）。在这个价格表上，没有任何厂商可以通过改变价格来增加收益。

正式地，假设对于任意厂商来说，在其他厂商的价格保持在均衡价格的前提下，价格p_i可使他实现利润最大化，价格向量（$p_1, \dots p_n$）就是一个纳什均衡。换句话说，如果厂商i之外的其他厂商都选择（$p_1, \dots p_n$）中的对应价格，厂商i选择价格p_i就可实现利润最大化，这对所有厂商都成立。因此，纳什均衡有这样的特性，当其他厂商选择纳什均衡价格时，任何厂商都不能通过偏离纳什均衡价格而获利。

表5.1　寡头垄断厂商非合作博弈结果（假设$s=0.6$，$a=1$，$c=0$）

行业中的厂商数量	非合作价格	非合作均衡时每家厂商的产量	行业总产量	非合作均衡时每家厂商的收益	行业总收益
n	p^N	q^N	nq^N	π^N	π^N
1	0.50	0.50	0.50	0.250	0.250
2	0.29	0.45	0.89	0.128	0.255
3	0.20	0.36	1.09	0.073	0.218
4	0.15	0.30	1.21	0.046	0.186
5	0.13	0.26	1.29	0.032	0.161
6	0.11	0.22	1.34	0.024	0.141
7	0.09	0.20	1.38	0.018	0.126
8	0.18	0.18	1.42	0.014	0.113
9	0.07	0.16	1.44	0.011	0.103
10	0.06	0.15	1.46	0.009	0.094

根据我们的模型，厂商i的纳什均衡价格[1]是

$$p_i = p^N = \frac{(1-s)\,a = (1+s\,(n-2))\,c}{2+s\,(n-3)}$$

如果厂商i的竞争对手都将价格设为p^N，那么厂商i也只有将价格设为p^N才能最大化收益。我们认为这些价格为非合作价格。注意到p^N随a和c的增加而增加。这意味着需求的增加会导致更高的价格，边际成本的增加也会导致更高的价格。

表5.1展示了厂商数量分别为1,...,10时，对应的纳什均衡价格（假设$s=0.6$，$a=1$，$c=0$）。该表说明了均衡价格将如何随行业中厂商数量的变化而变化。

正如表5.1展示的那样，当行业中厂商数量增加时，非合作价格下降。为了直观地显示非合作价格为什么会随着行业中厂商数量的增加而下降，我们假设有一个垄断者，在价格为10、数量为q^M时收益最大化。如果该垄断者将价格降低到9，他将销售更多的产品，因为他会吸引那些在产品价格为10时不会购买产品的买方。但与以前按照10的价格进行销售相比，q^M单位的销售量就会减少q^M收益。如果垄断者的收益在价格为10时达到最大，这意味着价格为10时出售q^M产品的收入，超过了价格为9时出售更多产品带来的收入。

现在假设行业中有两家厂商。假设这两家厂商有一家可以按价格10销售q单位的产品。这家厂商会愿意将价格降到9吗？如在垄断的情况下一样，厂商可以以10的价格销售出q单位的产品，但现在按照价格9进行销售，他将损失q。从另一个方面来看，厂商将价格降到9，可以将产品出售给那些产品价格为10时不会购买的买方，从而增加收入。然而，我们的计算还没完。该厂商还将获得其他方面的好处，因为通过降低价格，他窃取了其他厂商的部分客户。因此，当行业中存在许多厂商，就会有降价的动机。降价可使厂商争夺竞争对手的客户，这种替代效应导致竞争市场中的

---

1 请注意在该模型中，厂商i的产量是所有厂商价格的函数，即$q_i = \dfrac{1}{1+(n-2)s-(n-1)s^2}$
$\left[(1+(n-2)s)(a-p_i)-s(n-1)a+s\sum_{j\neq i}p_j)\right]$。求厂商利润表达式关于价格的导数，再令其为零，就可求出纳什均衡价格。

价格低于垄断市场上的价格。

表5.1也显示出，随着行业中厂商数量的增加，单个厂商的产量会下降，但是行业总产量会增加。随着行业中厂商数量的增加，单个厂商的收益也会下降。

当产品属于完全替代品，即$s=1$时，当行业中只有一家厂商，行业收益达到最大。然而，当产品不是完全替代品，情况就并非如此，因为产品之间的差异对客户来说是有意义的[1]。正如你从表5.1中看到的那样，就我们假设的参数而言，当行业中有两家厂商时，行业收益最大化。超过了这个，随着行业中厂商数量的增加，行业收益会下降。类似地，随着行业中厂商数量的增加，每家厂商的产量会下降，总产量会增加；价格会下降，每家厂商的收益也会下降。

我们接下来要论述的是，表5.1中所模拟的行业中的厂商如何通过共谋来增加收益。如果厂商继续提供差异化产品，协调彼此的定价，那么比起非合作来，每家厂商都将获得更多的收益。

第四节　共谋的结果

我们可以利用上面提到的模型来分析共谋的结果。在这种情况下，卡特尔的成员厂商会协调彼此的价格，并且划分共谋收益。考虑一个有四家厂商的行业，如果有两家厂商进行共谋，他们会共同确定价格，最大化共同收益，而两家非共谋厂商将单独确定价格来最大化各自的收益。类似地，如果三家厂商进行共谋，这三家厂商将共同决定他们的价格水平，最大化共同收益。

表5.2展示了某个行业有四家厂商进行共谋的结果。卡特尔中只有一家厂商的情况等同于表5.1中$n=4$的情况[2]。

1　然而，当s越来越接近1，即产品与替代品越来越相近时，垄断会最大化行业利润。
2　因为我们假设厂商的产品不能完全替代，所以表5.1表明，所有的卡特尔厂商相比于垄断者会有更高的预期收益。

来看看如何读懂表5.2。考虑卡特尔中有三家厂商的情况，在这种情况下，三家共谋厂商选择0.259的价格，而非共谋厂商选择0.197这一较低的价格。卡特尔价格使三家卡特尔厂商的共同收益实现了最大化。在所有卡特尔厂商都选择0.259这一价格的背景下，非卡特尔厂商选择的价格也使其实现了最大化收益。给定这些价格，每家卡特尔厂商的销量是0.231，非卡特尔厂商的销量是0.387，行业总产量是1.081。每家卡特尔厂商的收益是0.060，卡特尔的总收益是0.180，非卡特尔厂商的收益是0.076。

表5.2表明，随着卡特尔厂商数量的增加，卡特尔价格上升，非卡特尔厂商的价格也会上升。除此之外，随着卡特尔厂商数量的增加，每个卡特尔厂商的销量会下降。虽然随着卡特尔厂商数量的增加，非卡特尔厂商的价格也会上升，但是卡特尔厂商价格上升带来的负面影响更大，因为随着卡特尔厂商数量的增加，非卡特尔厂商将会以更高的价格出售更多的产品。反映在表中就是随着卡特尔厂商数量的增加，非卡特尔厂商的收益将会增加。

在我们的模型中，卡特尔厂商价格总是高于非卡特尔厂商价格。非卡特尔厂商从卡特尔的存在中获益，因为卡特尔厂商为他们提供了一个价格保护伞。与非合作结果相比，卡特尔的存在使非卡特尔厂商可以在提高价格的情况下销售更多的产品，前提是他们的价格不超过卡特尔价格。

表5.2 在一个具有4家厂商的行业，不同数量的厂商加入卡特尔的共谋结果（假设 $s=0.6$，$a=1$，$c=0$）

卡特尔中的厂商数量	卡特尔厂商价格	非卡特尔厂商价格	每家卡特尔厂商的产量	每家非卡特尔厂商的产量	行业总产量	每家卡特尔厂商的收益	卡特尔总收益	每家非卡特尔厂商的收益
1	0.154	0.154	0.302	0.302	1.209	0.046	0.046	0.046
2	0.187	0.164	0.267	0.322	1.178	0.050	0.099	0.053
3	0.259	0.197	0.231	0.387	1.081	0.060	0.180	0.076
4	0.500		0.179		0.714	0.089	0.357	

表5.2中表示，当两家厂商结成卡特尔，使一个相互竞争的行业转变成一个有两家厂商组成卡特尔的行业时，卡特尔厂商的收益从0.046增加到

0.050。类似地，当有三家厂商加入卡特尔时，原卡特尔厂商的收益再次出现增长，新卡特尔厂商的收益从0.053增加到0.060。当四家厂商加入卡特尔时，原卡特尔厂商再一次经历收益增长，新卡特尔厂商的收益从0.076增加到0.089。因此，在这个例子中，卡特尔集团希望所有的厂商都加入卡特尔，而所有的厂商都想要加入卡特尔。[1]

我们现在将说明，情况并非总是如此。某些厂商可能更愿意待在卡特尔集团外，而不是加入卡特尔。如果厂商生产的产品很难找到相近的替代品（比如，$s \leqslant 0.1$),那么表5.2就会出现这种情况。当不同厂商生产的产品具有质量差异时，也会出现这种情况。例如，假设有四家厂商，编号依次为1、2、3、4，除把厂商4反需求函数中的a值变成0.85外，其余参数如表5.2。根据新的假定，厂商4的产品比厂商1、2、3的产品给客户提供的价值要低。

给定这些参数，表5.3展示出不同数量的厂商加入卡特尔时的价格和收益。我们在计算每家厂商的收益时，假定卡特尔成员分配收益的依据是每家厂商未参与共谋时的市场份额。因此，对于四家厂商均参与卡特尔的情况，卡特尔总收益在厂商之间的分配结果是,厂商1、2、3每家分得30.7%〔$0.056/（3 \times 0.056+0/014）$〕，厂商4分得7.8%。

如表5.3所示，如果厂商1,2和3形成卡特尔，厂商4留在卡特尔集团外，厂商4的收益高于加入卡特尔带来的收益。当卡特尔中只有前3家厂商时，厂商4的收益是0.034，但当所有厂商都加入卡特尔时，厂商4的收益只有0.027，大约减少了20%。

表5.3显示出，虽然行业中全部厂商均加入卡特尔时可以实现行业收益最大化，但一旦前三家高质量的厂商形成卡特尔，第四家低质量的厂商就不想加入。该例子展示的数据对我们理解维生素C行业的市场结构具有很好的借鉴作用。在维生素C行业，制造商Roche、BASF、Takeda以及Merck KGaA形成了卡特尔，但中国的制造商（其世界市场份额在诉讼期达到

1　对于形成卡特尔的博弈模型，参见Thoron(1998)和Prokop(1999)，详见参考文献第204、239条。

34%）以及其他一些规模较小的制造商仍然留在卡特尔组织之外[1]。

表5.3 在一个具有4家差异化厂商的行业，不同数量的厂商加入卡特尔的共谋结果
（假设s=0.6，a=1，c=0）

卡特尔中的厂商数量	价 格				每家厂商的收益（根据每家厂商未参与共谋时的市场份额分配）			
	厂商1	厂商2	厂商3	厂商4	厂商1	厂商2	厂商3	厂商4
0	0.169	0.169	0.169	0.085	0.056	0.056	0.056	0.014
1和2	0.205	0.205	0.180	0.096	0.060	0.060	0.064	0.018
1,2和3	0.285	0.285	0.285	0.132	0.072	0.072	0.072	0.034
全部	0.500	0.500	0.500	0.425	0.105	0.105	0.105	0.027

表5.3给出的例子显示，虽然行业中全部厂商均加入卡特尔时可以实现行业收益最大化，但是仍有厂商具有不加入卡特尔的动机。因此，是否加入卡特尔受厂商所处行业特征的影响。

第五节 欺骗的动机

在上面描述的共谋模型中，共谋厂商会共同确定价格实现共同收益最大化。但一旦共谋厂商确定了能带来最大化共同收益的价格，单个卡特尔成员就有选择更低价格的动机。

例如，查阅表5.2，我们发现，如果两家厂商形成卡特尔，结果是卡特尔厂商设定的价格为0.187，非卡特尔厂商设定的价格是0.164。考虑一下其中一家卡特尔厂商对卡特尔协议不忠的动机。假设准备背叛协议的厂商预计同谋厂商将把价格设定为0.187，两家非卡特尔厂商将把价格设定为0.164。在这种情况下，准备背叛协议的厂商通过把价格设定为0.161，即以低于其他厂商的价格销售产品，就可实现本厂商收益最大化。

---

1 参见Bernheim（2002，figs.8.7，8.8以及8.9），详见参考文献第33条。

我们也可以考虑一下，非卡特尔厂商预期到违约厂商的机会主义行为将会带来的结果。为说明这一点，我们把守约厂商的价格固定在0.187，让余下的三家厂商独自选择利润最大化价格。在这种情况下，违约厂商和两家非卡特尔厂商分别把价格设定为0.160，再次低于卡特尔价格。

从这种低价销售中获得的利润可以是巨大的，如表5.4所示。在其他卡特尔厂商的价格被固定在表5.2中所示的卡特尔价格的情况下，违约者和非卡特尔厂商都会选择利益最大化价格。

假设只有一家卡特尔厂商背叛协议，所有其他厂商都遵守表5.2列出的卡特尔价格。这家背叛协议的厂商，即"违约厂商"，将和非卡特尔厂商一样，独立决定自己的最优价格。表5.4显示了各家厂商的价格、数量和收益。他表明相对于表5.2中的水平，违约厂商的收益有所增长，因为表5.4中的违约厂商在表5.2中遵守卡特尔价格。正如表5.4所示，违背卡特尔协议降价销售产品将为违约厂商带来巨大的收益。

表5.4　在一个具有4家厂商的行业，背叛共谋协议产生的收益（假设s=0.6，a=1，c=0）

卡特尔中的厂商数量	价　格		数　量		收　益		
	卡特尔厂商	违约厂商和非卡特尔厂商	卡特尔厂商	违约厂商和非卡特尔厂商	卡特尔厂商	违约厂商和非卡特尔厂商	欺骗行为增加的收益
1	0.154	0.154	0.302	0.302	0.046	0.046	0%
2	0.187	0.160	0.248	0.314	0.046	0.050	15%
3	0.259	0.187	0.187	0.367	0.049	0.069	15%
4	0.500	0.295	0.069	0.580	0.034	0.171	92%

由于单个卡特尔成员具有偏离卡特尔价格的动机，卡特尔执行过程中面临着一个巨大的挑战——遵守卡特尔协议不一定有利于卡特尔成员的自身利益。为使卡特尔有效运行，卡特尔必须建立一定的机制来解决卡特尔成员降低价格的动机问题。

卡特尔集团抑制市场竞争，会考虑买方对卡特尔采取的利润提升行动的反应。如果卡特尔厂商抑制市场竞争时不需要考虑买方的抵制，那么许多卡特尔都会在缔结协议时大幅度提升价格。买方强烈的抗议可以诱使供应商偷偷地降低价格，破坏卡特尔的稳定性。在下一章中，我们将讨论防止卡特尔成员暗中背叛协议的重要性，以及卡特尔为实现这一目标需要建立什么样的监督机制。

通常情况下，加入卡特尔组织是有利可图的，但是较小的厂商可以按照比卡特尔价格更低的价格出售产品，这就比加入卡特尔更有利。我们将在第7章中指出：一个非常成功的卡特尔不会容忍小公司的这种机会主义行为。

第六章 卡特尔共谋的实施

正如第5章的描述，卡特尔厂商如果可以协调他们的行动来缓和厂商之间的竞争，那么就可以收获比不合作时要高出许多的利润。卡特尔通过建立机制来协调成员厂商的行为，获得共谋收益，并防止成员厂商暗中违约。在本章，我们首先将概述斯蒂格勒（Stigler，1964）对共谋机制的研究，然后对斯蒂格勒共谋机制的每一组成部分进行详细讨论。

第一节 卡特尔的核心问题与解决方法

斯蒂格勒（Stigler，1964）是产业组织经济学，尤其是明示共谋经济学的代表人物。他在研究卡特尔行为之初就指出，卡特尔将通过他所谓的"定价机制"（pricing structures）来增加利润。斯蒂格勒的"定价机制"指的是卡特尔成员一致同意的任何可以增加利润的价格调整。例如，有些卡特尔组织可能强调，对买方实行不同于非共谋时期的价格歧视，但对其他卡特尔而言，目标可能是提高买方支付的价格。

斯蒂格勒接下来的分析才是重头戏。如果某一卡特尔对定价机制达成协议，利润正在增加，并已超过非共谋时的水平，那么每一个成员将会考虑是否可以通过暗中违约来获得额外的利润，尤其是考虑是否可以暗中为某些客户提供稍低一些的价格，获取额外的销量和利润。因此，卡特尔面临的核心问题是如何防止成员暗中违约的发生。如果出现重大违约，卡特尔将会解体。如果能够阻止重大违约行为，卡特尔就能存活下来并发展下去。因此，一切卡特尔关注的都是如何构建既能增加利润，又能防止成员暗中违约的机制。

然而，卡特尔无需为获取利润而制止一切暗中违约行为。某些暗中违约能被卡特尔忍受，但如果阻碍了卡特尔定价机制的实施，就会破坏卡特尔。

从卡特尔的角度看，无意的违约行为和有意的暗中违约行为具有很大不同。无意的违约行为有很多原因。例如，每个厂商都有一支销售队伍，销售员通常不知道自己是卡特尔成员。因此，销售员可能偶尔会提供一个高的让买方难受的价格，也可能提供卡特尔协议不允许但却能赢得买方订单的价格。这些错误就是无意违约行为。高层管理者一旦认识到这些错误，就会立即采取如下措施进行弥补：期货合同、分包、期末通过产品购销进行补偿性支付，或其他的补偿性支付。相反，暗中违约包括与买方的特殊交易，当事厂商却会矢口否认。而且，揭露暗中违约需要付出高昂的成本。

斯蒂格勒（Stigler, 1964）之后的经济学文献强调惩罚策略在共谋中的作用。博弈当事人需通过惩罚威胁，将共谋收益维持在高出非合作情况时的水平。因此从博弈论的角度看，卡特尔的惩罚策略是合理的。实际上，包括惩罚威胁在内的实施机制很重要，但还不足以解决所有的暗中违约行为。斯蒂格勒强调，卡特尔的分配机制在防止暗中违约方面发挥着重要作用。

在对共谋机制的每一组成要件进行深入分析前，我们首先描绘"斯蒂格勒式"共谋机制图（图6.1）。他对防止暗中违约行为，以及创造不断增长的利润至关重要。

如图6.1所示，共谋机制的核心包括定价机制、分配机制和执行机制。在图6.2的描述中，定价机制旨在提高价格，减少产量，同时协调内部厂商的激励措施以支持卡特尔的目标。定价机制通常要求卡特尔成员进行公开沟通——例如，对价格的涨幅达成共识，或为价格上涨统一说辞。

分配机制旨在分配共谋收益，及建立再分配规则，解决成员厂商的无意违约行为。三种主要的分配机制分别是：市场份额协议、地域划分协议、市场划分协议。分配机制通常要求对卡特尔行为进行监控。

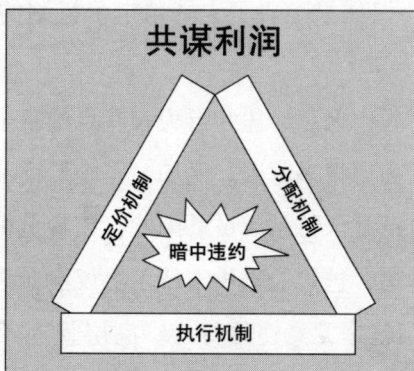

图6.1 斯蒂格勒（1964）提出的维护共谋收益及阻止暗中违约的共谋机制主要包括：定价机制、分配机制以及执行机制。

表6.1 共谋机制的功能

定价机制	分配机制	执行机制
实施涨价、限产行为	分配剩余	实施监控机制
调整成员厂商的激励措施	建立再分配机制	建立惩罚威胁机制

执行机制对于发现并惩罚有意的违约行为非常必要。执行机制旨在促进卡特尔成员相互沟通，报告履行定价机制和分配机制的相关情况，及揭露和惩罚违约行为。行业协会有时会成为卡特尔协议的执行机构。通过审计成员厂商与客户签订的合同，对遵守协议的厂商给予奖励，也是卡特尔实施机制的重要内容。

卡特尔的定价、分配以及执行机制共同决定了卡特尔制止暗中违约的能力，从而影响卡特尔的盈利水平。每一个机制都不能单独发挥作用。例如，一个定价协议，如果不考虑分配和执行机制，必将导致暗中违约，最终导致卡特尔瓦解。产品、市场和行业的特征都会对共谋机制的实施产生重要影响。例如，由于卡特尔可协调成员厂商在多个市场的行为，所以很容易实现共谋收益的再分配，这对卡特尔分配机制的有效运行具有积极作用[1]。为使卡特尔增加利润，定价、分配和执行机制必须相互支持。例如，实施划分全球市场份额的分配机制需要对市场份额进行监控。如果由外部人士执行监控，成员厂商也许能勉强接受。在这种情况下，代表卡特尔利益的外部组织的参与将会成为执行机制的一部分[2]。

斯蒂格勒（1964）在另一个说明三大共谋机制相互依赖的例子中指出，卡特尔会争取价格歧视增加利润，然而，对不同客户群收取不同的价格又会为卡特尔成员的暗中违约提供便利。在没有暗中违约的引诱下，卡特尔能实行多大程度的价格歧视取决于执行机制。以折扣价向具有弹性需求的买方出售次等商品也许有利可图，但如果允许这种行为发生，就会诱使一些卡特尔成员以次品的价格销售优等品，这构成了新的暗中违约[3]。

如果执行机制能够使违约行为很快被发现并制止，那么卡特尔就可以获得价格歧视带来的超额利润。即使执行机制允许卡特尔采用包含价格歧视在内的价格机制，还得与分配机制相协调。分配机制要求平等分配共谋收益，而价格歧视可能与分配机制相冲突。例如，卡特尔的某一成员通常为需求相对有弹性的买方服务，而其他成员为相对无弹性的买方服务。

尽管定价、分配和执行机制相互影响，但是将这些机制进行单独分析对于理解卡特尔共谋的实施是非常有益的。因此，接下来我们将对共谋机制中的定价、分配和执行机制分别进行论述。

---

1 有关在多个市场相互沟通的文献，请参见Bernheim, Whinston（1990）；Evans, Kessides（1994）；Matsushima（2001）。

2 例如，欧盟委员会在预制绝缘管卡特尔判决的第33段表明："退休的公司经理担任咨询顾问，扮演着卡特尔组织协调者的身份。"有关第三方协调机构的更多信息，参见本章附录。

3 在Trenton Potteries案件中，卫浴陶瓷产品生产商加入卡特尔，并通过折价销售次品来降低卡特尔的产品价格。

第二节　定价机制

我们将要讨论三种类型的定价机制[1]：提高价格，且减少买方对涨价的抵触；减少产量；协调厂商内部的激励方案。

产品的需求并非固定不变。因此，如果卡特尔固定价格，并以这个价格销售产品，销售量将会随着需求的变化而变化。另外，卡特尔也可以固定销售数量，市场出清价格就会随着需求的变化而变化。即使需求的稳定性很短暂，卡特尔也不需要同时固定价格和产量。因此，卡特尔要么提高价格，要么降低产量，二者不可皆得，因为数量和价格通过需求曲线相互联系在一起。

如果厂商成功地提高价格，买方的需求数量将会下降。如果生产数量下降，需求价格就会相应上升。因此，我们将在"定价机制"这个框架下对价格提高和产量限制进行讨论。由于建立和实施分配机制和执行机制需要支付高昂的成本，所以选择涨价或限产为核心目标对部分卡特尔来说是非常有意义的。

一、减少买方对涨价的抵触

为了获取共谋收益，卡特尔将会提高产品价格；然而，正如前面章节的论述，买方不会平静地接受供应商的涨价。我们在第5章列举了买方为抵制涨价而采取的一系列举动。在许多行业中，采购人员通常需要向上级主管说明，他们为抵制涨价做出了巨大的努力。如果确需涨价，采购人员还得解释原因[2]。然而，由于采购人员在采购过程中拥有的资源比较稀缺，不能抵制所有的涨价行为，所以卡特尔具有强烈的动机建立协调一致的定价机制，让买方接受涨价，并减少对涨价的抵制。

1　讨论定价机制时，我们暂不考虑价格歧视。有关卡特尔的价格歧视，请参见6.2.5。

2　参见Marshall，Marx，Raiff（2008），详见参考文献第170条。

在欧盟委员会（EC）对卡特尔的判决中，价格接受和价格抵制的概念已经引起了广泛关注[1]。例如在欧盟委员会对白纸板卡特尔的判决中，就提到白纸板生产商面临来自批发商的抵制：

另一方面，白纸板生产商单方面对批发商实施的涨价幅度实质上有限。批发商在某些情况下会抵制白纸板的涨价，因为他们的客户将会反对包装价格的上涨。（欧盟委员会对白纸板卡特尔的判决，第19段）

对于工业气体和医疗气体，实行涨价并没有遇到困难："与1995年1月1日一样，1995年第一季度的报告表明，厂商在实施涨价时并没遇到多大的困难"[2]。而这种情况在电碳和机械碳以及石墨制品行业就不一样（如第2章脚注32）。

接下来我们将讨论定价机制的两个组成部分。卡特尔通常利用这两个组成部分来减少买方对涨价的抵制，他们是：对涨价做出协调一致的公告，及通告协调一致的理由。

二、协调一致的价格公告和解释

竞争激烈的非共谋寡头垄断厂商以及默示共谋的寡头垄断厂商通常都会发布涨价公告[3]。因此，从表面上来看，我们不能仅仅根据厂商做出了涨价公告就判断共谋的存在。

意图涨价的寡头厂商大致有三种选择。第一，不告知客户他涨价的打算，而要求客户增加采购量。其次，在招标采购之前秘密告知客户他的涨价意图，这样，买方就可以知道非公开的涨价信息。最后，通过邮件、新闻发布会或专业杂志发布涨价公告。有时候相关行业的媒体会报道来自厂商网站的信息，以及收到传真或邮件的买方转发的信息。

1　有关氨基酸案件的信息请参见第2章脚注，亦可参见Marshall，Marx，Raiff（2008），详见参考文献第170条。

2　欧盟委员会关于工业气体和医疗气体的判决，第147段。

3　有关价格领导的文献包括：Stigler(1947)，Markham(1951)，Bain(1960)，d'Aspremont et al.(1983)，Rotemberg和Saloner(1990)，Booth et al.(1991)，Deneckere和Kovenock(1992)，Deneckere，Kovenock和Lee(1992)。

三、工业厂商的涨价公告

我们关注工业卡特尔，而非零售业的卡特尔。消费者频繁光顾的本地零售店就提高日用品价格的共谋行为不在我们的研究范围内。我们之所以这样强调是因为，零售业的消费者面对的价格公告和工业客户有着很大的不同。零售业消费者把零售店的公告称为折扣或特殊物品销售。没有一个零售业消费者愿意看到零售店声称牛排价格在过去一周上涨了20%。零售业消费者期待的是价格下降的公告，而不是价格上升。此外，零售业消费者还希望零售商的价格公告是有约束力的承诺。如果牛排的价格从6美元/磅降至5美元/磅，每个消费者愿意支付的单价就是5美元/磅。没有一个消费者愿意在收银台结账时为一个更低的价格与商店讨价还价。

相反，诸如大型家禽饲养厂商这样的工业客户，经常要为养殖肉鸡购买维生素饲料。饲料供应商通常会提高价格。此外，对工业采购而言，价格公告并不具备约束力。而在零售市场则相反。对工业厂商来说，交易价格通常由招标采购过程决定。因此，供应商向市场发布的价格公告不会对交易价格产生影响。

为说明零售市场与工业市场的区别，我们考察零售店的商品：个体消费者（者即零售业消费者）以标示价格购买商品，但是零售店在采购这些商品时，却以工业客户的身份通过招标采购来完成。工业客户通过招标采购约束市场，零售业消费者通过标价约束市场。

下面我们将分别讨论激烈竞争[1]、默示共谋以及明示共谋这三种背景下工业厂商的价格公告。

竞争性厂商的价格公告

非共谋的竞争性寡头厂商如果面临成本的普遍上涨，或者强劲的需求冲击，就会提高产品的价格。在这种情况下，至少会有一家厂商发布涨价公告。

1　用经济学的行话来说，这叫做静态纳什竞争。

为便于理解，我们还可以讨论另外一种情况。假设，没有一家厂商对买方发布涨价公告，且每一个买方都在下一轮招标采购中发现供应商的报价有所上升。如果厂商没有事先告知买方关于涨价的信息，那么即使是微小的价格上涨都很有可能遭到买方的抵制，这是因为买方认为自己的竞争对手并没有遇到成本上涨威胁。考虑到在投入成本方面处于劣势地位，买方将会抵制更高的投入品价格。然而，厂商之间未达成共谋，且涨价的原因是经济因素的变化，则买方对价格上涨的质疑不会使厂商在价格上做出让步。价格抵制会导致厂商销售成本的上升。此外，某些买方会认为自己遭到了价格歧视，因此他们可能会寻求替代的供货来源，例如购买替代品或是外国供应商的产品。

非公开的涨价公告不会消除买方的抵制，但却为厂商提供了涨价的机会和客观的依据。但如果没有令人信服的涨价理由，买方通常还是会抵制，买方会认为自己遭到价格歧视，并处于劣势地位。

提供合理理由的涨价公告能向买方传递这样的信息，买方并未遭受价格歧视，自己的境遇并不比竞争对手差，以降低买方对价格小幅上涨的抵制。

行业中的领导厂商通常会发布价格公告，小厂商通常不会。如果有可能，行业中的小厂商会试图提供略低于领导厂商公告价格的价格[1]。如果小厂商不能提供这样的价格，他们将无奈地告知客户，他们无法将领导厂商公告的价格降下来。此外，由于成本因素和需求因素变动引发的涨价公告很可能会很快或在不久的将来就生效。若厂商的涨价公告后许久未生效，那么涨价通常由成本变动或需求增长以外的其他因素所致。

默示共谋厂商的价格公告

默示共谋的寡头厂商发布价格公告的动机与激烈竞争的寡头厂商类似。除此之外，默示共谋的寡头厂商通过公告也在向其他厂商发出信号。

---

1 参见Deneckere和Kovenock（1992），详见参考文献第74条。

一家大型厂商如果公开宣布将价格提高10%，所有的买方以及其他厂商都会知道这一点。然而，默示共谋的寡头厂商对买方的抵制尤其敏感，这是因为他们公布的价格通常会高于竞争状况下的价格。如果没有厂商之间的协调和沟通，如果不能阻止其他厂商降价，每家厂商就会有降价的强烈动机。

行业中领导厂商的价格公告通常为其他厂商效仿，但仍不足以抗衡买方抵制。因此，预期到买方会对价格进行抵制，而涨价的原因并非经济因素的变动，默示共谋的寡头厂商将会慎之又慎。

明示共谋厂商的价格公告

卡特尔通常会协调成员厂商的价格公告。例如，维生素产品行业的国际卡特尔会对涨价公告进行协调，并指定一家厂商率先涨价[1]。

再举一个橡胶化工产品行业的例子。厂商共谋的方式之一是"就已达成的协议发布价格公告[2]。类似的情况也曾发生在经营以下商品的厂商中：山梨酸[3]、氯乙酸和有机过氧化物[4]、聚酯短纤[5]、高压层积板[6]、氨基酸[7]、无碳复写纸[8]、纸板[9]以及石墨电极[10]。

当买方是一家大型的跨国厂商，采购部门可能会从世界各地征求报

1　美国诉F.Hoffmann-La Roche有限公司案，Crim.第3期：99-CR-184-R，1999年5月20日，起诉与审理记录副本，第10—11段。

2　美国司法部新闻发布会，"Cromoton 公司同意为参与橡胶化工产品卡特尔认罪。"2004年3月15日。参看网址：http://www.usdoj.gov/opa/pr/2004/March/04_at_160.htm。

3　美国司法部新闻发布会，"日本高级经理被指控参与固定价格的卡特尔共谋。"2000年7月25日。参看网址：http://www.usdoj.gov/opa/pr/2000/July/423at.htm。

4　美国司法部新闻发布会，"国际化工公司同意为参与多个违反垄断法的卡特尔共谋认罪和支付罚金。"2002年3月14日。参看网址：http://www.usdoj.gov/atr/public/pres_releases/2002/10835.wpd。

5　见Hollinee LLC诉Nan Ya Plastics Corp等，美国北卡罗纳州西部地区联邦地方法院夏洛特分院，2002年10月。

6　"关于高压力导致反垄断诉讼"，重要案宗号：00MD 1368（CLB），美国纽约南部地区的联邦地方法院，2003年6月18日。

7　欧盟委员会关于氨基酸卡特尔的判决，第53段和164段。

8　欧盟委员会关于无碳复写纸卡特尔的判决，第233段和236段。

9　欧盟委员会关于白纸板卡特尔的判决，第20段和76段。

10　美国司法部新闻发布会，"德国公司和首席执行官同意为跨国共谋行为支付创纪录罚金。"1999年5月4日。参看网址：http://www.usdoj.gov/atr/public/pres_releases/1999/2411.htm。

价。在这种情况下，卡特尔将会协调成员的报价，以防止跨国厂商从某一报价最低的地区购买商品[1]。

即使收到未公开的涨价通知，买方也可能会抵制价格上涨，这是因为买方担心相对于其他买方，自己处于不利地位。而公开的价格公告将会消除买方的这种疑虑[2]。

涨价的理由

不管是公开还是秘密告知涨价，厂商通常都会提供合理理由。在维生素产品生产商运作卡特尔的那段时期，《化工产品营销报告》列举的涨价理由主要包括汇率的变动、生产要素的价格变动以及需求变动。卡特尔可以通过提供合理的理由降低买方对涨价的抵制。为避免买方对价格的强烈抵制，以及对厂商的非法行为起疑心，卡特尔对成员厂商的涨价理由进行协调，做出一致的解释尤为重要。（卡特尔协调涨价理由的案例可参见第2章的脚注36。）

四、涨价的实施

工业卡特尔通常依靠操纵招标采购的报价来提高价格。通常情况下，如果卡特尔的买方是大型机构，则报价决策就由了解当前卡特尔定价目标的高层管理来制定。第一轮报价通常由价格最低的投标人以及其他卡特尔成员决定。卡特尔会尽量避免草率的投标。

卡特尔厂商提交标书后，买方通常会产生不同程度的抵触心理。这时，卡特尔成员通常会相互沟通，确保不做出任何不必要的价格让步，并且确保所有成员对最终结果都满意。如果买方的抵制很强烈，卡特尔可能会指定一家厂商向买方做出一定让步。

如果行业中存在非卡特尔厂商，卡特尔就必须更加重视成员间的沟

1　对跨国涨价行为进行协调可能是卡特尔面临的一个难题，特别是如果产品的用户包括跨国厂商，因为跨国厂商对不能反映竞争状况的跨国价格差异非常敏感。见第1章第30条脚注。

2　Marshall，Marx，Raiff（2008）强调，生产商向采购者发出的公开和非公开涨价信息迥然不同。如果一个行业存在专业的杂志，报道各种行业信息，则前述二者之间没有差异，因为专业杂志会揭露并报道各家厂商的报价信息。

通，同时还要对成员进行监控。卡特尔意识到，因为非卡特尔厂商的销售价格低于卡特尔价格，所以卡特尔集团辛苦夺来的市场份额可能会被非卡特尔厂商蚕食。

五、卡特尔的价格歧视

斯蒂格勒（Stigler, 1964）对定价机制的研究表明，卡特尔试图通过价格歧视来提高利润。出于简洁的需要，我们不过多研究已经实施的价格歧视，而重点讨论厂商如何提高价格以增加利润。价格歧视可使利润逐渐提高，但也为暗中违约提供了机会。

总的来说，如果厂商能够同时销售优等品和次等品，就可以促进价格歧视，但在特伦顿陶瓷公司案件中，卡特尔不具备监控所售产品质量的能力，从而为卡特尔成员的暗中违约创造了机会，致使卡特尔最终瓦解[1]。卡特尔不得不禁止次等品的销售，以维持卡特尔的定价协议。因此，为消除暗中违约的可能，卡特尔倾向于禁止价格歧视。

相比之下，在电碳和机械碳以及石墨制品行业，碳刷是厂商的主要产品，这些行业中的卡特尔所制定的定价机制，既要促进价格歧视，又要监控卡特尔成员的定价行为。碳刷通常由厂商按照买方的要求进行设计和生产，因此是一种具有很强特殊性的产品，尽管组成碳刷的各部件易于获取。碳刷卡特尔通过一项被称为"费率表"（bareme）的定价策略操控碳刷组成部件的价格。通过这种方法，每个卡特尔厂商能够确保自己的定价决策与卡特尔一致，同时还允许厂商为不同规格的产品制定不同的价格[2]。通过实施"费率表"，价格歧视能够在不危害卡特尔协议的基础上得以有效实施。

六、减少产量

如前文所述，在定价机制中，有些卡特尔的目标是减低产量。如果卡

1　见第6章脚注。

2　见欧盟委员会关于电碳和机械碳及石墨制品卡特尔的判决，第91段和随后的段落。另见欧盟关于工业包装袋卡特尔判决中与卡特尔计算"转换价格"相关的内容。（欧盟关于工业包装袋卡特尔的判决，第281段和287段）

特尔能够成功地降低产量，那么对应的市场出清价格会更高。一旦降低产量，厂商便没有降低价格的动力，因此秘密打折的动机会被消除。从这个角度上看，降低产量这种共谋机制也可被视为一种定价机制[1]。

除非卡特尔成员之间的减产协议与卡特尔的分配机制相一致，否则就需要制定一个适当的再分配方案[2]。执行机制要求对厂商实施监控，确保卡特尔成员的产量不高于协议的数量。

举一个著名的例子，OPEC卡特尔通过限制成员国石油的产量来运行卡特尔。通过限制石油产量，他们可以提高石油的市场出清价格。

降低产量以提高价格的行为得到政府农业价格支持计划的许可，该计划向农民支付费用，作为农民不种植特定农作物或让土地休耕的补偿[3]。

在没有能力减缓或加快生产过程，或对生产进程的影响能力非常有限的情况下，卡特尔厂商会"运行"或"停止"某些生产流程。例如，纸板是纸板箱的部件之一，在纸板的制造过程中，生产线通常每周运行7天，每天24小时。由于维修等原因而关闭生产线，然后再重启，这对厂商而言具有昂贵的成本。当生产线在运行时，厂商很难在不降低质量的前提下，加快或减缓生产线的运行速度。维修引起生产线关闭的时间是可以预期的，其他原因引起的关闭就不一样了。因此，诸如纸板这种产品，如果因维修以外的原因关闭生产线，那么产出将会减少，且减少的产出是不可替代的（除非在很长一段时间）。这种停工将会导致总产量的下降，相应地，市场价格就会有上升的趋势。在这种情况下，卡特尔可以通过调整停

1　根据欧盟委员会对过氧化氢、法国啤酒、卢森堡酿造商、远东贸易关税、欧亚贸易协议等卡特尔组织的判决，Mouraview和Rey（2010）认为，欧洲的卡特尔组织会进行数量竞争。

2　在氮气卡特尔中，"根据1932年签署的协议，某些成员因限制产出而获得补偿。因此，The International Gesellschaft der Stichstoffindustrie A.G.支付了450万马来西亚元给The Compagnie Neerlandaise de l'Azote，作为后者在1933年上半年关闭荷兰斯勒伊斯基尔工厂的部分产能和限制产出为15000公吨氮气的补偿。"（Stocking和Watkins，1991，P.160）。

3　见"'马铃薯欧佩克'固定价格的行为。"2010年6月18日，第360条法律，讨论美国马铃薯种植商—美洲公司和其他公司—所采取的削减直接采购者可以购买的马铃薯数量的行为，马铃薯种植商对此供认不讳。

工时间，使其长于或短于必要的停工期，从而有效地提高价格[1]。同样，卡特尔还可以通过减少存货来有效地提高价格[2]。

作为定价机制的一部分，卡特尔将会控制产能，且卡特尔也具有控制产能的动机[3]，尽管这样做会产生双重效果。一方面，降低产能能够支持卡特尔的目标，因为产能的降低使成员难以以更低的价格销售额外的产品[4]。另一方面，降低产能可能会与卡特尔目标相冲突，因为卡特尔成员很难通过扩大产出，从而降低价格的方法来惩罚违约者。

如果非得通过降低产能来支持卡特尔的目标，卡特尔更愿意利用自然因素，诸如给设备造成损害的火灾或风暴[5]。在这种情况下，卡特尔更愿意维持产能的受损状态，或延迟恢复设备的正常运行。如果卡特尔可以制造一种"非自然的"产能停滞，也是有利的。对那些需要建设新产能的行业，如果存在卡特尔，他们就可能会延迟建设。当然，在这种情况下，需要对那些牺牲自身利益，维护卡特尔整体利益的成员厂商进行补偿。

七、协调厂商内部的激励机制

如第2章所述，共谋厂商需要协调厂商的激励机制。[6]高层管理结成卡特尔，不展开激烈竞争的协议有时候需要通过销售部门来实施。在缔结卡

---

1 纸箱板卡特尔的成员非常关注限制产能的行为："从19世纪90年代开始，行业领导者面临不断扩大的产能和缩减的市场需求，认为通过总裁工作小组提供的平台，协调成员厂商关闭部分产能是非常必要的。主要生产商意识到，他们不能通过降低价格来增加需求量，所以维持全负荷开工只会导致价格下降。从理论上来看，根据产能报告，可以计算出关闭多少产能能使供给和需求重新恢复均衡。例如，如果预测该年机器利用率达到92%，则8%的产能闲置不用。因此，整个行业需要停工4个星期，使供给和需求重新恢复均衡。"（欧盟委员会关于纸箱板卡特尔的判决，第70段）

2 在铝联盟中，"成立之初达成的协议要求，所有成员必须把超过市场份额20吨的库存量从市场上清除，因此获得的补偿是每吨55欧元。"

3 参见Davidson, Deneckere（1990）以及Stigler, Wolak（1992），详见参考文献第69、233条。

4 在镁卡特尔中，作为Alcoa和I.G.Farben两大公司的协议——著名的Alig协议——的部分内容，两家公司限制任何可能获得生产许可的公司（不管是两家公司共同拥有还是单独拥有）的初始产能为每年4000吨，IG公司可以否决任何厂商增加产能的申请。"（Stocking & Watkins, 1991, p.290）

5 在1990年12月，Rhone-Poulenc生产维生素E的工厂遭到大火的严重破坏。主要生产商得出结论，由于火灾造成的产能损失，买方必须支付更高的价格。他们还得出另一个结论，就是因为维生素E产量的下降，必须提高维生素A的价格。（欧盟委员会关于维生素卡特尔的判决，第216段）

6 参见Spagnolo（2005）。

特尔之前，销售部门会因从竞争对手处夺走客户并提高厂商的市场份额而获得奖励，销售部门也习惯了这样的激励机制。缔结卡特尔之后，必须调整内部的激励机制，才能适应卡特尔的目标。例如，一家卡特尔厂商可能会调整销售部门的激励机制，强调"维持定价优先于卖出更多的产品"，在这种情况下，销售人员才会有动力将目标价格维持在高层管理规定的价格上，即使从销售部门的角度看，这意味着放弃大批销量[1]。

在氨基酸、维生素以及白纸板行业的卡特尔中，就出现了销售部门激励机制与卡特尔目标冲突的问题[2]。

第三节　分配机制

分配机制主要服务于两个目标：分配共谋收益，以及建立解决无意违约行为的再分配机制。如果卡特尔成员认为由于市场外部因素或经济环境的变化，导致其正处于相对不利地位，卡特尔的正常运行就会受到破坏。因此，让每个成员都能获得公平和公正的共谋收益，对于维持卡特尔至关重要。每一个成员均认为，公平的分配机制将有助于防止内部矛盾和降低收益。

卡特尔对客户的划分是指，卡特尔协议将特定客户分配给特定的成员[3]。地域划分是指划分出特定的地理区域，并约定哪些成员可以在该区域

1　参见第2章脚注。

2　欧盟委员会关于氨基酸卡特尔的判决，第98段，另见第2章第33、46和49条脚注。

3　在电碳和机械碳及石墨制品卡特尔中，卡特尔"认为某些大客户存在领导行为，因此同意固定这些客户的市场份额，并定期交换关于这些客户的定价信息和具体的价格。"（欧盟委员会关于电碳和机械碳及石墨制品卡特尔的判决，第2段）

　　在工业管道卡特尔中，"成员厂商对关键客户的分配以及出售给这些客户的数量达成一致意见，并同意通过客户领导准则来实施监控。KME把卡特尔成立之初的几年时间里，客户分配的程序描述如下：'卡特尔给每个客户分配一个身份证号，每当在会上叫到这个客户的号码时，他的供应商就会应声，并退出会议，便于讨论对这位客户的定价、供应量、交易条款和交易条件。如果另有一位制造商想成为这个客户的供应商，他应该和Truog先生取得联系。接下来就由该客户的现任供应商决定，是否原意把他的部分市场份额分给这个提出申请的制造商。如果有几个成员同时以同样的价格提出供货申请，现任供应商就会要求每个制造商告诉客户（通常是大客户），他只能出售一定数量的管道，其他的管道可由别的制造商供应。'如果有客户正在与非指定给他的供应商联系，则通过人为设置高价格，也能实施客户分配。实际上，根据协议，客户经常在变化，但年复一年的市场份额却相对保持不变。"（卡特尔关于工业管道卡特尔的判决，第106—107段）。

销售产品，哪些卡特尔成员不可以[1]。市场份额划分协议是指，卡特尔将为各成员厂商分配一个特定时期内可以达到的最大市场份额。

在一个动态的环境中，不同客户的需求变化往往不一致，因此，各成员基于客户划分协议而获得的收益将会随着时间而变化。同样，在动态的环境中，不同地区的需求变化往往会不一致，因此，各个卡特尔成员基于地域划分协议而获得的收益也将会随着时间而变化。然而，就市场份额划分协议而言，卡特尔非常重视保持成员厂商份额不变的目标。

当存在大型的采购厂商时，暗中违约会带来潜在的巨大收益，这为卡特尔带来了挑战。在这种情况下，卡特尔会在分配机制中制定再分配机制，降低成员中的小规模厂商采取暗中违约获得的收益[2]。

斯蒂格勒（Stigler，1964）强调，市场份额划分方案在制止暗中违约方面具有重要作用。他指出，缔结协议固定市场份额，且对无意违约行为产生的收益或亏损进行再分配，这对避免暗中违约非常有效。由于卡特尔能够对成员厂商进行监控，检查成员的年度总产出和销量，每个成员将会按照自己的市场份额进行销售。因为如果某一厂商的销量超过分配给自己的市场份额，就有其他的厂商将会销售不足市场份额的产品。在这种情况下，前一家厂商在年末时就必须从销量不足的厂商处购买产品，以遵守卡特尔协议设置的市场份额标准。向其他厂商购买产品时，必须支付超过自身生产成本的卡特尔价格，因此这是一种对厂商超过市场份额进行销售的变相惩罚。

在成立之初，卡特尔通常将各厂商未结成卡特尔前的市场份额作为市

---

1 Tuscaloosa诉Harcros 案中使用了地域分配，再包装氯供应商被指控参与地域市场分配。在美国诉Koppers案中，两大公路修建商把康涅狄克州一分为二："Koppers公司公路材料东区经理Arhur Schuck在1967年向Dosch-King提了一个建议，两家公司瓜分康涅狄克州市场，让Dosch-King 以较低的价格在康涅狄克州的西部市场中标，因为后者的经营活动主要集中在此地，同时Koppers 也以较低的价格获得东部市场，因为他的仓储设施和分销渠道主要集中在东部。"（美国诉Koppers公司案，第4段）

关于非共谋背景下贸易的地域模型和国内市场倾向，参见参考文献第119条Hortacsu，Martinez-Jerez，和Douglas（2006）。

2 在食品增香剂卡特尔运行期间，核苷酸的欧洲市场主要有三大客户，他们的采购额达到45—55%，虽然卡特尔把这些大客户分配给一家卡特尔厂商，但该厂商必须根据"补偿购买协议"，从其他卡特尔成员购买相应的数量。（欧盟委员会关于食品增香剂卡特尔的判决，第32、64、70、81、83和86段）

场份额划分依据[1]。在卡特尔的存续期，一般不会更改初始的市场份额分配比例，也不会随意更改这个比例[2]。这有利于消除卡特尔成员之间关于市场份额划分的非生产性寻租行为。

尽管市场份额划分协议有其优点，但是也存在缺点。在某些情况下，卡特尔可能难以测量各个成员，以及整个卡特尔的产出和/或销量，从而难以计算卡特尔实现的市场份额。客户划分协议或者地域划分协议也能达到近似于市场份额划分协议的效果，且分配机制更容易实施，成本更低。例如，如果卡特尔难以监控产量和/或销量，但可以清楚地观察哪些成员为哪些客户服务，那么，卡特尔可以对客户进行直接的，容易监控的划分。除此之外，也可把客户分配给卡特尔厂商，这种分配机制在某种程度上接近相对稳定的份额划分协议。

同样，卡特尔集团也可直接监控成员是否跨越地域范围销售产品。在这种情况下，如果地理区域可以以接近市场份额划分的方式在卡特尔厂商之间进行分配，卡特尔就会采用地域划分。

对这三种卡特尔组织机制，波斯纳（Posner，1976）指出：

如果在一段较长的时间内，某一市场上的主要厂商保持各自的市场份额不变或基本不变，那么有理由认为，这些厂商已经划分了市场（或按照地域划分，或按照销售份额划分，或按照客户划分），并因此降低了他们之间的竞争。（Posner 1976, p. 62）

我们将在下文对客户、地域以及市场份额划分协议进行讨论。然后，我们再讨论再分配政策的实施。

---

1 见欧盟委员会关于无碳复写纸卡特尔的判决，第81段；柠檬酸，第81段；铜管道，第137、210、350和444段；电碳和机械碳及石墨制品，第2、128、131、219段；石墨电极，第2、71、50、110段；工业管道，第79、103—104、107、151、195段；有机过氧化物，第85、107—109、135、353段；铜化工产品，第66—67段；山梨酸，第84、106—116段；特殊石墨产品，第130、141、143、147段；磷酸锌，第2、66—68段。

2 有关卡特尔稳定性的特征的文章包括：Porter(1983)，Davidson(1984)，Donsimoni(1985)，Donsimoni，Economides和Polemarchakis(1986)，Ross(1992)，Ellison(1994)，Levenstein(1997)，Lommerud和Sorgard（2001），Belleflamme和Bloch（2004），Diamantoudi(2005)，Kuipers和Olaizola(2008)，Marshall，Marx和Samkharadze（2011），详见参考文献。

一、客户、地域以及市场份额划分

尽管我们是分开来考察客户、地域以及市场份额划分协议，但这些形式的卡特尔分配方案也可能结合在一起出现。例如，如果在一个国家，仅有一个卡特尔成员拥有生产设备，那么卡特尔可能将该国市场划分给这家生产商（即地域划分），但同时在卡特尔没有建立生产基地的区域采用市场划分方式[1]。

尽管卡特尔通常采用市场份额划分协议，但地域划分和客户划分，以及三者的结合，在实际生活中也常常出现[2]。就监控成员行为的难易程度、协议调整的需要、外来进入者对卡特尔存亡的威胁、不同卡特尔成员收益比例的变动而言，这三种卡特尔组织方式在产品、市场、行业方面均有不同的特性。

当客户群发生变动（包括客户的进入或退出），或客户相对规模发生变动，从而导致初始的客户划分协议不再公正地分配共谋收益，客户划分协议将会遭到破坏。

同样，当客户地理位置发生变化（包括客户的进入或退出），或不同地区客户相对规模发生变化，以及法律环境或政治环境发生变化（例如客户的联合抵制、关税以及战争），或边境发生变化等，导致初始的地域划分协议不再公正地分配共谋收益，地域划分协议将会遭到破坏[3]。

相对于产品的国际运输，如何监督卡特尔厂商的国内生产行为存在很

---

1 正如欧盟委员会在石墨电极卡特尔的判决中写道，"'国内生产商'（市场领导者）将确定国内市场的价格，其他的生产商将会'跟随'（在美国和欧洲的部分市场，UCAR被指定为价格领导厂商，SGL领导欧洲的其他市场，4家日本厂商则是日本市场和部分远东市场的领导厂商），对于'非国内市场'（没有任何本土生产商或市场领导者的出口市场）而言，价格将通过一致同意而确定，非本土生产商不应该进行强势的竞争。'非国内市场'将分配给非本土生产商，补偿他从那些具有本土生产商的市场上退出的损失（国内市场或出口市场的分配须通过工作小组的定期会议来决定）。"（欧盟委员会关于石墨电极卡特尔的判决，第50段）

2 关于这些卡特尔组织的法律问题，参见美国诉Suntar Roofing公司案，第9段。该段写着："与最高法庭的分析、本庭之前的庭审辩护，还有其他巡回法庭的意见一致，因此本庭与初审法庭的裁决保持一致，即判决本案中指控的行为——在水平竞争市场与竞争者瓜分或分配客户的协议——违反了《谢尔曼法》第2条。（关于违反《谢尔曼法》第1条的经典案例之一是具有相同水平的市场结构的竞争者签署分配地域的协议，目的是最大程度地降低竞争）（仅仅是客户分配协议就足以构成违法行为）"

3 关于排他性地域市场对竞争的影响，见Rey和Stiglitz（1995），参考文献第207条。

大问题，这导致卡特尔集团通常把成员所在国的市场分配给这家厂商。某些厂商已经为维护与特定客户的关系进行了巨额投资，如果不允许他们继续为这些厂商服务，他们就不会加入卡特尔。除此之外，当厂商加入卡特尔时，他们通常关心卡特尔解体了该怎么办。维持地域划分和客户划分，即便还伴随着市场份额划分协议，对成员厂商来说是卡特尔解体后保证各自利益的一种手段。

总的来说，任何导致卡特尔成员对共谋收益份额分配产生寻租动机的分配机制都将对卡特尔的稳定性和盈利能力造成破坏[1]。任何分配机制都有缺陷，并会导致暗中违约，最终导致卡特尔瓦解。

最后，斯蒂格勒（Stigler, 1964）指出，就避免暗中违约来说，市场份额划分协议是一种相当具有吸引力的卡特尔机制，但仍会存在监控漏洞或对特定客户的投资问题，从而导致卡特尔在使用分配机制时必须将市场份额、客户以及地域划分政策结合起来。

我们回顾2000年至2005年欧盟委员会对22种主要工业制成品卡特尔的判决[2]。我们根据欧盟委员会的判决，对采用一种或多种客户划分、地域划分、市场份额划分协议或其他形式的卡特尔组织进行分类，并展示在表6.1中。在表6.1中，我们还列举了欧盟委员会判决中提到的协助卡特尔运行的第三方机构，例如行业协会或咨询公司及会计事务所。关于欧盟委员会判决的报告具有一定的特殊性，因为他不试图揭露卡特尔组织形式方面的所有信息。因此，在欧盟委员会判决中未提及的第三方机构，也有可能协助了卡特尔的运行。

如表6.1所示，样本中的卡特尔采用的分配协议通常是市场份额划分协议，即使这种协议经常与客户划分和地域划分结合起来。如前文所述，市

1　研究卡特尔稳定性特征的论文包括：porter（1983b）/Davidson（1984）、Donsimoni（1985）、Donsimoni, Economides &Polemarchaiks（1986）、Ross（1992）、Ellison（1994）、Levensstein（1997）、Lommerud&Sorgard（2001）、Belleflamme&Bloch（2004）、Diamantoudi（2005）、Kuipers&Olaizola（2008）、Marshall, Marx &Samkharadze（2011），详见参考文献。

2　本处回顾的案例包括2000—2005年间欧盟委员会发布的全部判决，包括工业产品。这些判决全部放在欧盟委员会卡特尔网站上。本处的案例不包括采用英语之外的其他语言做出的判决，也不包括2000年与苏打灰卡特尔相关的判决，因为该案例本质上是垄断。关于这些案例和其他案例的进一步讨论，参见Harrington（2006）、Levenstein & Suslow(2006)、Connor（2008），详见参考文献。

场份额协议要求卡特尔能够观测成员的总产出和/或销售量，确保成员的份额与协议约定的一致。而行业协会或其他第三方能够为卡特尔提供这类统计服务[1]，表6.1中第三方机构协助卡特尔的现象很常见说明了这一点。

表6.1　为了解卡特尔组织的特征和第三方协助机构的作用，请查看下列段落的
欧盟委员会判决

案例名称	客户划分	地域划分	市场份额划分	其他	第三方协助机构
氨基酸			211	211（产出配额）	100，113，122，253
无碳复写纸			81	81（产出配额）	
氯化胆碱	99	64	64,99		
柠檬酸			81		87,100
铜管道	137	239（国内市场）	210,239,350		240
电碳和机械碳及石墨制品	128	131	128		82,177
食品增香剂	65,68	172			
石墨电极		50（国内市场）	71		
工业气体和医疗气体	101				105
工业管道	2,79,106,107		2,79,103,104		2,6,113
工业包装袋	209,251	209–211	209		166,208
蛋氨酸				64（目标价格）	
葡甲胺	46,98		43,46		

1　参见Harrington（2006，简报4），详见参考文献第108条。

续表

氯乙酸	86,125	65,84,124	70,77–83
针	118,122	125	119,123（分销和采购协议）
有机过氧化物		85	92
石膏板			429（价格上涨）
橡胶化工用品		46	
山梨酸			281（产出配额）
专用石墨		147	
维生素		2,169	
磷酸锌	2,68	2,214	35,69,254

二、再分配的实施

错误有时也会发生，但成功的共谋机制通常采用特定方法，建立再分配机制来纠正错误。在维生素产品卡特尔中，如果某成员的销售量超过分配给他的市场份额，卡特尔将要求该成员以卡特尔价格从其他销量低于市场配额的厂商处购买产品。通过这种途径，厂商能够在规定的份额内以卡特尔价格销售产品，且任何企图通过降价销售更多产品的厂商将不会获利，因为这些厂商将被迫以更高的卡特尔价格购买多销售出去的产品。

当然，一家厂商向另一家厂商直接支付货币，也可以解决厂商之间的再分配问题。然而，共谋的非法性使得这种方法实施起来具有很大的困难。还有其他更为微妙的机制可用于实施再分配。在下文，我们将列出四种主要方法：以非市场价格进行交易、产品互换、恶意诉讼以及专利。

以非市场价格交易

共谋协议不一定会导致一家厂商以市场价格从另一家厂商购买产品。生产问题可能会使一家厂商在一段时期内出现短缺。与自己先生产再运输产品相比，厂商可以通过从另一家更接近最终客户的生产商处购买产品来节约运输成本。

然而，以非市场价格交易意味着再分配从一家厂商转到另一家厂商。例如，若一家厂商从另一家厂商处以高于市场价的价格购买投入品，这就构成了货币从购买方厂商到销售方厂商的转移。当厂商间不存在重要的明示共谋协议时，厂商不需要以非市场价格进行交易。

产品互换

我们观察到某些行业中的厂商存在产品互换活动，即A厂商将自己生产的产品销售给B厂商的客户，B厂商将自己生产的产品销售给A厂商的客户。如果产品是同质的，运输成本很高，A厂商的生产设施更接近B厂商的客户，并且B厂商的生产设施更接近A厂商的客户，出于非共谋原因，厂商可能进行这种交易[1]。但如果与客户的地理位置非常接近意味着相对重要的优势，生产商就会进行竞争性报价，赢得离自己最近的客户。

厂商可以通过产品互换实现给另一家厂商的转移支付。如果缺乏详细的市场信息，我们很难评估一种产品互换是否代表厂商间的转移支付。厂商之间经常就彼此的价格、客户以及产能利用率等进行沟通，产品互换就是经过沟通协调后的一种结果。

恶意诉讼

同一行业中的厂商频繁互动有可能引发法律纠纷。行业中的厂商可以制造虚假协议来促进卡特尔的转移支付。

厂商可以通过合同纠纷轻而易举地掩盖转移支付。合同纠纷的庭外和解避免给司法体系造成大量的昂贵诉讼成本，缓解司法机构的压力。此外，为维护隐私通常要求庭外和解秘密进行，这也是法律体系支持的解决方式。这类转移支付非常简单、非常隐蔽，且与固定价格的共谋行为看似毫无联系，所以对卡特尔而言非常具有吸引力。

专利

专利许可、交叉专利以及专利联盟均是反垄断机构关注的对象，这是

1　更多关于第三方促进机构的讨论，请参见本章附录部分。

因为他们为共谋厂商间的沟通、转移支付、建立人为的进入壁垒和监控成员厂商的行为提供了理想的掩护[1]。

普雷斯特（Priest，1977）指出：根据法庭的解释，专利法允许或授予专利权人广泛的权利，可以设定被许可人的产出水平、划分被许可人的地域范围、甚至确定被许可人的最低价格。这意味着，一群厂商可通过专利保护向竞争对手签署许可证协议来掩盖固定价格或划分产出的行为，这些行为实质上违反了《谢尔曼法》的相关规定，但专利法却为他们提供了保护……司法部门指出，竞争者之间召开的会议和进行的沟通均构成共谋，这与谢尔曼法的规定是一致的。但就专利许可的实施来说，厂商之间就价格、质量和产出进行沟通是不可避免的。（Priest 1977, pp. 309–10）

此外，专利可以用来支持诸如地域划分的共谋机制："例如，他们可以划分销售区域。专利法指出，专利权人或专利许可证颁发者有权'向美国的所有人或特定的他人授予或转让其【专利】的权利[2]……'"专利法通过私人检察长来实施。行业中的厂商通常有动机去挑战竞争对手的专利。但前提是这些厂商不存在共谋行为。一旦这些厂商共谋，厂商间的专利协议将变成一个实施再分配以及建立进入壁垒的强大工具。

第四节　执行机制

执行机制为共谋协议做出了两大贡献：（1）促进对成员的监控。（2）提供惩罚威胁以避免卡特尔成员的暗中违约。

1　可能需要统计客户在一国范围内的采购数据，这样才能进行合理而高效的产品互换。

2　见Priest（1977）。此外，关于卡特尔的国会听证会记录道："在白炽电灯泡行业……，如果灯泡销售额达到两家公司联合销售额的25.4%，西屋电气公司支付给通用电气公司1%的许可证费；如果超过这个比例，则西屋电气公司将支付给通用电气公司30%的许可证费……其他获得许可的5家装配商不许制造和销售用于出口的灯泡。如果他们的销售额没有超过通用电气公司销售额的一定比例，则他们支付$3\frac{1}{3}$%的许可证费，如果他们的销售额超过规定的份额，则他们另需支付的20%为许可证费。"（1940年国家临时经济委员会，p13341。）

一、监控

监控技术不仅影响分配机制，还影响盈利能力。监控可以直接由厂商实施，也可由第三方机构，如行业协会、出口协会或咨询公司来完成。

就监控客户划分协议的实施来说，若每个客户采购来源单一，每家厂商仅需监测其他厂商是否仅销售给指定的客户。如果某一客户采购来源多样，厂商有必要核实该客户在本厂商购买的份额。如果审计买方从某个供应商处购买的份额对买方获得优惠是必要的，买方可能有动力允许供应商进行审计。

就地域划分而言，若每个生产商位于不同的国家，并且跨境贸易的信息易于取得，或者存在跨境贸易限制，那么监控行为很容易实施[1]。如果客户的地理位置为厂商所知，且客户采购来源单一，那么每家厂商只需要观测自己在特定市场的销售情况。若客户的地理位置不固定，或商品可以跨地域流动，那么监控将更为困难。

就市场份额划分而言，监控可能会变成一项艰难的任务。全球市场份额协议要求卡特尔能够评估全球市场规模，并将信息传达给每个成员，因此每个成员可以确定自己是否已经实现协议的市场份额[2]。如果生产商位于同一个国家，且该国是个巨大的市场，那么跨境贸易的信息和数据不足以保证全球市场份额协议的实施。

卡特尔厂商可能不愿意自己的他成员接触自己的生产设备或销售记录，但出于监控的目的，每家厂商也许会愿意代表卡特尔利益的第三方机构来实施监控。第三方监督机构帮助厂商了解每家厂商的所有相关信息，使得实施全球市场份额协议更容易。如果没有第三方机构，卡特尔可能需要将一个国家的市场全部分给该国的生产商。

1　参见Priest（1977，p.315），详见参考文献第203条。
2　欧盟委员会在铜管道卡特尔的判决中写道："但是，在某些时期，在某些国家，出口统计数字可以促进成员厂商之间的相互监控。"又在该判决的第144段写道："至少在1995年以前，国家认证程序对成员厂商之间的相互监控非常有用。每个成员国都要对铜管道进行认证。每个成员国都有自己的认证标签。认证机构……至少在1995年以前，禁止生产商在铜管道上标识不同国家的认证。"

卡特尔通常能够找到监控成员的方法。在对20世纪30年代后期国际钢铁卡特尔的研究中，赫克斯纳（Hexner，1943）指出：

人们应该意识到，违约行为有时候发生在距卡特尔活动中心数千公里之外。然而，违反卡特尔规定的行为将会被竞争性的分销商在数小时内报出，即使这些行为发生在地球上最偏远的地区。（Hexner 1943, p. 95）

例如，在氨基酸生产行业中，"ADM公司要求每一个赖氨酸【氨基酸】生产商向Ajinomoto公司提供月度销售数据。[1]"斯托金和瓦特金斯（Stocking &Watkins，1991）在白炽灯卡特尔的研究中指出，"每个成员都被要求将其厂房和研发实验室向所有卡特尔成员开放。[2]"

在某些情况下，专利协议允许卡特尔实施共谋协议中的其他条款[3]。例如，生产爆炸物的卡特尔厂商杜邦公司（Du Pont）和英国帝国化学工业集团（ICI），就利用专利协议来限制竞争：

从表面上看，他们仅仅是交换了使用专利或秘密技术的权利。然而实际上，他们最终消除了两家公司在世界范围内的竞争。他们禁止对方通过交叉许可专利或秘密的生产工艺在自己的领土销售产品，即使这些产品是

1　并非所有的卡特尔成员都需要监控其他厂商的行为。在某些情况下，让一家卡特尔厂商负责监控行为可能就足够了。例如，Hay（1982，p.454）描述了在共享非对称信息背景下实行有效共谋的可能性："为了完成寡头垄断厂商的任务，信息交换可能不是对称的。也就是说，即便只有一些厂商单方面提供关于他们自己生产活动方面的信息，寡头垄断厂商也可以从总体上获益。"

　　第三方促进机构有时候可用来帮助监控："Fides就是一家总部设在苏黎世的会计公司下属的提供行业统计数据的服务机构。一旦申请成为该服务机构的服务对象，生产商每个月都得向中央办公室提交有关生产、销售、库存方面的信息，中央办公室随后梳理不同生产商的信息，然后总结西欧市场的统计数字。根据这些信息，每个生产商能够决定自己的市场份额，但不能决定竞争对手的市场份额。该机制包含保密条款，但不阻止竞争对手通过其他渠道交换详细信息。成员可以使用Fides公司正式的总结报告，检查每家生产商交换的信息的真实性。"（欧盟委员会关于低密度聚乙烯卡特尔的判决，第11段）

2　欧盟委员会关于氨基酸卡特尔的判决，第122段。另见欧盟委员会关于有机过氧化物卡特尔的判决，第128段的记载。"卡特尔轮流安排一个成员厂商在每次季度会议之前的不久时间，收到另两个成员厂商的邀请。"此外，欧盟委员会关于柠檬酸卡特尔的判决，第85段写道，"每个月，每家公司都得向巴塞尔的（Roche 公司的总裁）秘书报告每月销售数据，随后后者会与公司联系，并提供其他公司相应月份的销售数据……由于四家公司的销售构成了整个欧洲销售额（欧洲柠檬酸制造商协会的销售额）的绝大部分，定期报告每家公司的销售情况，就可以了解总体的销售情况，并且可以识别出那些提交虚假数据的公司。"

3　在特殊石墨制品的另一个例子中："此外，竞争对手（卡特尔成员）之间经常交换装运记录有利于密切监控成员厂商的销售情况，及时了解任何偏离卡特尔规定的行为。"（欧盟委员会关于石墨电极卡特尔的判决，第101段）

对方公司通过自己的专利或秘密途径生产出来的。两家厂商均能够在另一家厂商的领土内自由销售非专利产品，或由非专利或非秘密的生产工艺生产的产品。然而，在专利授权领域的通力合作与非专利授权领域的真实竞争常常相互冲突，事实上，即便在非专利保护领域，真实竞争也往往不存在。（Stocking an d Watkins 1991, p. 440）

行业协会

在许多行业中，行业协会具有促进竞争的重要作用。他们可以解决或部分解决厂商无法解决的公共产品和行业协调问题。首先，行业中的每家厂商热衷于预期市场对产品的需求。但任何一家厂商的产品需求与行业中其他厂商的产品需求密切相关。每家厂商都在评估的市场整体需求。因此，不如把这个问题交给行业协会这个机构来解决，这样也可免却每家厂商的麻烦。这种观点还认为，行业协会的作用可延伸到许多信息搜集和传播活动。第二，厂商对法律法规的影响[1]会带来好处，但由于每家厂商仅能收获寻租活动带来的部分收益，因此，与行业协会相比，每家厂商都很少参与寻租活动，而行业协会则可代表所有成员的利益进行寻租，从而为全行业带来收益。第三，每家厂商可能生产具有差异化的产品，生产商之间若缺乏统一的标准，客户的需求将受到抑制。（想象这样一种情形，灯丝是制造商的特制产品，而不是标准化的产品。）行业协会可制定行业标准，从而提高每家厂商的产品对客户的吸引力。

尽管行业协会具有重要的竞争促进效应，但他们却常常被卡特尔用来促进共谋，主要是通过操控信息搜集和传播活动促进共谋，或是通过行业协会为卡特尔会议提供掩护。[2]如果卡特尔能够获得行业协会的支持，这将有利于卡特尔实施有效的监控。例如，行业协会可以搜集卡特尔的产出数据，并向成员传播。如果由行业协会来审计厂商的报告，厂商将会提高信息的精确度[3]。例如，在氨基酸生产行业，"ADM公司指出，他们是通过行业协会来进行沟通。ADM公司声称，每个月及每年，他们均向行业协会报

---

1 即随后所说的寻租活动——译者注。

2 参见Priest（1977），详见参考文献第203条。

3 参见Levenstein和Suslow(2010)关于行业协会的角色的讨论。同样参见第2章脚注以及本章附录。

告柠檬酸的销售情况，并由瑞士的会计师审计这些数据[1]。"

为确保厂商遵守市场份额协议，每家厂商必须能够监控卡特尔的总产出，从而确保厂商的市场份额维持在协议的水平。因此，卡特尔可能通过行业协会，发布全行业的总体信息，从而实施充分的监控。欧盟委员会在磷酸锌卡特尔案件的判决中指出："在本案涉及的时期内，磷酸锌的五家主要欧洲生产商交换信息，并与行业协会磋商。这些行业协会搜集并梳理每家厂商的销售数据，再确定各家厂商的市场规模。[2]"如果在卡特尔协议存在一定缺陷的情况下，行业协会能够发挥促进共谋的作用，卡特尔必须采用单列而非合计的方式报告产出情况，让成员厂商能够清楚计算卡特尔的总产出[3]。

欧盟委员会判决的撰写人指出，行业协会、技术标准委员会、咨询公司等第三方协助机构，在表6.1列举的部分卡特尔的运行中扮演着重要角色。在这些案例中，部分卡特尔认为行业协会可为卡特尔成员提供信息，部分卡特尔则认为外部厂商可以更加准确地审计成员提供的数据，部分卡特尔认为行业协会为成员聚集在一起提供掩护。在所有这些案例中（工业气体和医疗气体卡特尔除外），卡特尔组织均采用市场份额分配方式。从另一种方式来看，在将市场份额划分作为卡特尔组织形式的16个案例中，10个案例均涉及第三方协助机构，例如行业协会、咨询公司或会计公司。

合同条款

最惠顾客条款（Most-favored customer clauses, MFC clauses）通常要求供应商提供给某一买方的待遇不低于提供给其他买方的待遇。在这种情况下，最惠顾客条款可以防止暗中的价格折扣行为，这是因为最惠顾客条款

1　根据Clark（1983，p.927），"在典型情况下，一个行业协会有权收集每个成员厂商交易情况的详细信息。为确保每家成员厂商充分遵守该规定，有时会授权行业协会或独立的审计公司来审计交易记录，并要求那些未能及时或准确提供报告销售数据的成员厂商交纳罚金。"

欧盟委员会关于有机过氧化物卡特尔的判决，第92段，描述了AC-Treuhand "如何对成员厂商提交的数据进行审计"，并"收集和向成员厂商提供关于有机过氧化物销售的数据"参见本章附录。欧盟委员会关于氨基酸卡特尔的判决，第100段。

2　关于提供这类信息的行业协会的合法性，参见本章附录。

3　欧盟委员会关于磷酸锌卡特尔的判决，第35段。

使得供应商难以提供秘密的价格折扣，即使仅向一名客户提供也很困难[1]。

最优价格保证（best-price guarantee）指出，共谋情况下供应商的合同条款将与竞争性供应商的条款一致。最优价格保证帮助卡特尔成员随时了解共谋厂商提供的价格，还能防止秘密价格折扣行为发生，这是因为最优价格保证通常给予生产商选择竞争价格的机会，因而阻止违背协议的卡特尔成员通过价格折扣拉拢其他成员的顾客。

在一段时期内，如果买方从某一特定供应商处购买了大量的产品，那么忠诚奖励为买方提供了一种期末（例如年末）折扣。在给予买方折扣之前，厂商通常有权力要求买方满足折扣条件，这就可能涉及对买方在该时期内在所有厂商处的采购进行审查，只要厂商有能力监控共谋成员的销售。

当买方采购来源多样时，市场份额协议可以客户为基础，通过对客户提供与其协议市场份额相对应的忠诚激励来实施。例如，假设卡特尔中有3家厂商，协议的市场份额划分比例分别是40%、40%、20%。厂商可以向某个买方提供忠诚激励，使得买方在这3家卡特尔厂商的购买量占其购买总量的比重分别是40%，40%和20%。在这种情况下，买方有动力（不经意地）确保市场份额分配得到实现。除忠诚激励措施外，卡特尔协议中的审计条款使厂商可以对协议的遵守情况进行监控。

二、惩罚的威胁

卡特尔需用惩罚威胁厂商的暗中违约行为。对卡特尔而言，一种强有力的威胁就是回归到竞争状态。如果卡特尔协议被暗中违约破坏，厂商可以终止协议并回归到竞争状态，此时所有厂商将获得更低的非共谋利润。

在染料制造商卡特尔的国会证词中，曾明确提到回归到非共谋前的竞争状态这一威胁的作用。证词包括一封来自一位染料制造商的外国销售经理的信，信中指出：

你和你的同伴应该能够依据颜色优势来确定市场价格，如果协议达

1　Henry（1994，p.86）描述了司法部在1992年发出的一封商业评审信，信上建议批准行业协会为"相关成员厂商"报告总体的行业数据，从而为行业协会"合法地"报告一个卡特尔组织的统计数字创造了巨大的空间，详见参考文献第116条。

成，你们就该遵循该价格协议。但如果有任何迹象表明，一家共谋厂商没有遵循该价格，你就立即将价格调整到建立协议之前的水平。（参议院专利委员会，1942，P2424）

向非合作状态回归是一种可靠的威胁，这种威胁不仅可以用来防止暗中违约行为，还可以防止成员厂商背离产品的非价格特性。艾伊斯（Ayres，1987）指出：厂商可根据不同的质量特性（例如提供更快的运输服务，更优质的产品或为买方提供更多的选择）来争夺客户。卡特尔可以通过回归到共谋前的竞争状态，对违背卡特尔协议的行为进行惩罚。出于可靠性的考虑，惩罚的规模应该有所限制。但对于价格惩罚而言，回归到共谋前的竞争水平是可靠的，这是因为如果其他所有厂商都表现得很有竞争力，没有一家厂商愿意采取违约行为。（Ayres 1987, p. 306）

卡特尔还可能采用定向惩罚[1]。正如艾伊斯（1987, p. 321）所描述的，当卡特尔采用地域划分方式时，向一家背叛协议的厂商的市场派出销售人员就是一种定向惩罚。艾伊斯还列举了其他可能的定向惩罚措施[2]，如特殊待遇、区域目标以及产品交换等等。例如，在公平交易委员会诉水泥研究所的案件中，最高法院阐述了一种涉及基点定价的定向惩罚方式。[3]

---

1 见Cooper（1986），详见参考文献第61条。

2 "GQ协议建立了适用于全体成员厂商的惩罚机制，任何厂商如果违反协议就会受到惩罚，'任何成员厂商如果破坏约定的价格水平也会受到惩罚。' EQ协议只提到了各家（欧洲）公司的惩罚措施。"（欧盟委员会关于气体绝缘开关卡特尔的判决，第141段）

3 Ayres引用FTC诉水泥研究所案件，第683段。他说，"在20世纪30年代的大萧条时期，业务量下滑，促使有些生产商偏离卡特尔价格。其他生产商也举行会议。一个有效的方案被通过，目的在于惩罚那些拒不执行协议的生厂商，迫使他们不做任何'越轨'的行为。该方案很简单，但很成功。其他生产商把那些顽抗的竞争对手的工厂变成一个受他们摆布的基地。产品的基础价格不断下降，但那些实施惩罚的生产商只遭受了相对微不足道的损失，而那些被迫按照基础价格销售所有产品的抗拒者遭受了重大损失。"（Ayres，1987, p.321）

正如Ayres（1987）的描述，在"基地定价机制中"，销售商将商品送到买方的营业场所，收取包含运输费用在内的"送货费"："先确定运输费用，然后再计算基地价格。在决定运输费用的时候，就好像所有的商品都是从一个共同的基地开始启运一样，哪怕商品是从一个近得多的生产基地运送出来。早期有一个著名的例子是'以匹兹堡为基地'的钢铁定价机制，按照这个定价机制，'从美国任何地方运输钢铁到美国其他任何地方的价格通常是匹兹堡的价格再加上匹兹堡到交货地点的公路运费。'因此，位于基地和客户两地之间的生产商可以以运输成本（从匹兹堡开始计量）为借口向客户收取事实上根本不存在的费用。"（Ayres，1987, p.321,n.129）另见FTC诉水泥研究院案件，第697—698段。

最后，在某些情况下，卡特尔要求厂商交纳保证金，若厂商被发现试图进行暗中违约，厂商就无法收回保证金[1]。斯托金和瓦特金斯（1991）对钢铁卡特尔"共同基金"中的保证金（p. 232）、铝行业联盟的"保证金"（p. 232），以及白炽灯卡特尔存入瑞士公司的"赔偿款"（p. 337）进行了描述。

我们可以通过斯蒂格勒（Stigler, 1964）提供的框架来理解卡特尔协议的实施。暗中违约行为对卡特尔的运行和盈利产生重要负面影响。然而，定价、分配和执行机制经常可以将这种不利影响控制在卡特尔可接受的范围内。

在一些涉及刑事范围的卡特尔中，高层管理就价格进行讨论，并在名义上达成了价格协议，但并没有实施有效的机制来防止成员的暗中违约。若想要创建或运作一个成功的卡特尔，高层管理必须充分理解共谋机制的组成部分及他们的实施保障。

在我们看来，成功创建并运行一个卡特尔是一个巨大的成就。在不依靠法律体系来实施协议的情况下，成功的卡特尔能够获得稳定的收益。成功的卡特尔具备解决问题的创造力和灵活性，与此同时他们还能对共谋机制进行快速和有效的调整，从而适应运营环境的变化。

我们将在下一章，根据波特的五力模型，考察卡特尔超越内部竞争抑制的行为，以及利用卡特尔在产品市场的主导地位提高利润的行为。

1　Hexner（1943，p.102）在评述卡特尔对债券的利用时说："根据EIA（欧洲大陆钢铁卡特尔）协议，管理委员会要求成员厂商缴纳一笔固定的、相当高的押金，由EIA设在卢森堡的商业机构保管，目的在于确保每家成员厂商有序地履行自己的义务，并加强彼此之间的联系。"

案例：第三方协助机构

第三方的协助对卡特尔非常有用。

一、AC Treuhand公司

在这个部分，我们注意到Fides Treuhandgesellschaft咨询公司（信托公司）所起到的重要作用，该公司后来更名为AC Treuhand AG公司。（欧盟委员会在有机过氧化物卡特尔的判决，第20段中描述如下：AC Treuhand AG是通过Fides Trust AG的一个分支机构的管理层收购建立起来的）我们关注这家公司是因为，根据欧盟委员会的判决，这家公司在支持卡特尔方面具有悠久的历史[1]。

AC Treuhand AG是这样描述自己的：

我们是一家为国内和国际协会，以及利益集团提供全方位服务的独立的咨询公司。我们通过完成一些仅能由中立机构执行的功能来协助建立组织机构。我们由四个具有多年专业经验的合伙人经营。信任、谨慎、速度和持续性是我们维护业务关系的基础。我们的强项在于我们调解利益纠纷的能力，以及我们对不同观念的理解。（资料来源于AC Treuhand网站，http:// actreu.ch/welcome_e.html, accessed July 7, 2010）

欧盟委员会在白纸板行业卡特尔的判决中这样写道：

大型生产商同意将他们的市场份额维持在每年公布的生产和销售数据所显示的水平。Fides公司将在次年三月份以书面的形式正式发布各家厂商

1　见欧盟委员会关于木质纸浆卡特尔的判决，第43段；聚丙烯的判决，第66段；低密度聚乙烯的判决，第11段；白纸板的判决，第27—28段；有机过氧化物的判决，第45段。此外，见欧盟委员会关于氯乙酸卡特尔的判决，第80—82段，以及"氯乙酸卡特尔缴纳罚金的成员厂商"，《竞争政策》，《快讯》，2005年春季，第1期。另，"根据欧盟委员会的声明，1987至2000年间，一群化工行业的制造商，包括Akzo, Baerlocher, Ciba, Elementis, Elf Aquitaine, Chemtura, Reagens, 甚至还包括咨询机构AC，都参与了锡稳定剂和塑料剂固定价格的卡特尔组织……欧盟委员会竞争委员Neelie Kroes说，AC公司的瑞士办公室被用来召开秘密会议，因为瑞士不受欧盟委员会的管辖。"（"欧盟化工巨头因价格固定被罚巨金。"《瑞德商迅·采购》2009年12月17日）。

的市场份额。根据Fides公司每个月反馈的信息，总裁工作小组的每次会议都会讨论市场份额协议的实施情况。如果发生重大变动，相关厂商必须提供合理的解释。（欧盟委员会关于白纸板的判决，第37段）

欧盟委员会在有机过氧化合物卡特尔的判决中描述了AC Treuhand公司在卡特尔管理中扮演的角色：

AC Treuhand公司：（a）通常在苏黎世组织卡特尔成员会议；（b）准备、分发和收集印有约定市场份额的所谓"粉红色"和"红色"纸张，因为他们的颜色使得他们容易与其他会议文件区分开来，并且这些纸张不能被带出AC Treuhand公司的大楼（详见下文）；（c）计算"盈余和不足"，即超过市场份额和不足市场份额的情况，为收益补偿和再分配做准备；（d）报销参会人员的差旅费，避免公司账户留有参会的痕迹；（e）搜集和向与会者发布有机过氧化物的销售数据；（f）保管自1971年以来的协议以及其他与协议相关的文件，并将这些文件交付给PC公司【Peroxid Chemie GmbH & Co. KG, Pullach】；（g）缓解成员之间关于协议的矛盾，鼓励成员做出妥协方案。AC Treuhand公司鼓励成员厂商共同努力达成协议。AC Treuhand公司表明，若与会者终止讨论，那么情况将会变得更糟；（h）积极参与生产商之间的重组安排。1998年在阿姆斯福特举行了Akzo的代表和AC Treuhand公司之间的双边会议，建立了旨在满足Atochem需求的解决方案。该解决方案包含了AC Treuhand公司对新配额提出的一项建议；（i）AC Treuhand公司对与会者是否允许其他人加入协议提出建议；（j）提醒参会者参与这些会议存在的法律风险，以及如何采取措施防止这些会议被有关当局盯上；（k）主要参与峰会，但是至少也要参与工作组会议；（l）根据Akzo，AC Treuhand公司至少主持了一些会议（AC Treuhand在给SO的回信中，把自己看成协调者而不是主持者）；（m）意识到西班牙存在子共谋集团，并计算西班牙的协定配额和实际销售量之间的差距；（n）审计各方提交的数据；（o）计算协议中的竞争厂商并购和重组后的新配额。（原文斜体且加下划线）（欧盟委员会关于有机过氧化合物的判决，第91—93段。）

欧盟委员会在有机过氧化合物卡特尔的判决，第93段中继续指出，"在70年代、80年代以及90年代早期，AC Treuhand公司的前身Fides公司也从事类似的工作。至少从80年代以来，从事该工作的相关人员依然不变，比如……"

二、行业协会的协助

如前文所述，尤其是第2章和第6章第4节第1小节的脚注，行业协会有时扮演着第三方协助机构的角色。附录的内容是对本书其他地方关于行业协会的讨论的补充。

1940年，国家临时经济委员会（Temporary National Economic Committee, TNEC）在卡特尔的国会听证会上展示了第2176号文件。该文件来自反垄断执法机构—司法部门—在1939年6月27日发布的一份公开声明。声明指出："本部门初步调查表明，行业协会不仅传播了生产的统计信息，还采取措施监督成员厂商的产量，使其不超过这些统计数据显示的市场份额。"

国家临时经济委员会在卡特尔的国会听证会的第2173号文件则说明，"……行业协会的成员利用行业协会或其他公共机构来剥夺单个供应商决定产出和/或价格的权利，或把其他的供应商排除在外。"

在同样的国会听证会中，克莱尔·威尔科克斯（Clair Wilcox）证实：亚当·斯密曾经提到，同行业的竞争者举办娱乐活动或会谈的目的是达成共谋协议。我认为，要避免出现这样的情况，唯一的保障措施是在每一个行业协会的办公室安排一个联邦政府的代理人，让他阅读行业协会所有往来的信件、备忘录和报告，参加行业协会所有的会议，参与所有的交谈，参加所有的娱乐活动，并定期向贸易委员会或司法部门以及其他政府机构提交报告。（国家临时经济委员会1940，p. 13316）

关于行业协会提供行业总体信息的潜在合法性，沙利文和哈里森

（Sullivan 和Harrison，1988）指出：[1]最高法院审理的数据传播方面的重大案件表明，法院倾向于允许交换过去的统计数据，这些数据不会暴露单笔交易或单个客户的信息：（1）不会传递当前或未来的信息。（2）不会给成员厂商造成执行或强制执行压力。（3）这些数据可以提供给支付了合理价格的非成员厂商或个人，或提供给那些出于商业原因，没有这些数据便会处于竞争劣势地位的人。（4）行业的市场结构表明，行业并不是高度集中或趋向于共谋的。（Sullivan and Harrison 1988，p. 98）

支持欧盟委员会对有机过氧化合物卡特尔判决的人士认为，行业协会提供统计信息的合法性扩展到了行业成员雇佣的私人咨询公司（见第49条脚注，欧盟委员会判决）。根据贝恩斯（Burns，1936, p. 58）的描述，"经常提供总产量的统计信息，会引发一个严重的后果，即每家厂商都能够计算其市场规模的变化幅度与行业总规模的变化幅度是否匹配，也就是计算本厂商的市场份额是否发生变化；商务部门批准了对这些统计数据的使用。"

亨利（Henry，1994, p. 503）认为，通过行业协会，厂商甚至可以为其共谋行为进行开脱："运用独立的第三方机构搜集，处理并传播数据可以显著降低反垄断风险。第三方的存在使得信息提供方之间无需建立直接的联系，从而降低了共谋被识破的风险。除此之外，第三方对数据进行汇总，从而使特定的信息提供方不会被辨认出来。"

1　对其他的评论，参见Jones（1992，p.333）和Henry（1994），详见参考文献第123条。

第七章　超越内部竞争抑制

在本章中，我们将考察卡特尔除抑制内部竞争外，还采取了哪些增加盈利的措施？从表面上看，卡特尔一旦成功地抑制成员间的竞争，关注重点就会放在波特"五力模型"的四种外围力量上。然而，我们可以通过扩大波特的"五力模型"，更加清晰地剖析卡特尔增加利润的其他措施。

第一节　共享互利投资

我们在第五章提出，卡特尔抑制内部成员的竞争时，需采取措施应付下游买方对涨价、上游供应商对降价的抵制。图5.1也描绘了这一点。在图5.1中，中心方框代表卡特尔对内部成员的竞争抑制，从左右两边指向中心方框的浅灰色箭头分别代表卡特尔对下游买方抵制的应对和对上游供应商压力的管理，所有这些都属于卡特尔限制竞争的重要组成部分。如图所示，其他力量对卡特尔盈利能力的影响比抑制内部竞争更重要，因此卡特尔可以秘密地采取措施，通过影响这些力量来逐步增加利润。例如，卡特尔可以采取干掉非卡特尔厂商的行动，而不是和后者进行正常的市场竞争。[1]具体地说，卡特尔在市场上的地位就像一个主导厂商一样，他可以采取行动影响上游供应商与非卡特尔厂商之间，以及下游买方和非卡特尔厂商之间的沟通。此外，卡特尔厂商还可以采取行动阻止潜在进入者，并减少替代产品的威胁。最后，我们还必须提到波特的"第六种力量"——政府，因为政府干预和政府机构可被卡特尔成员用来提高利润。

---

[1] 总有一些公司会通过正常竞争赢得合同，这意味着其他公司的损失——换句话说，正常的竞争会对市场参与者进行重组。如果由于大公司的故意行为，对小公司直接或间接造成了过度损害，导致小公司失去的业务超过正常竞争时的水平，大公司就从事了反竞争的主导厂商行为。

一旦卡特尔控制了内部竞争，且不存在成员厂商背叛协议的巨大威胁，那么卡特尔将开始为增加利润寻找限制竞争以外的其他办法[1]。换句话说，一旦卡特尔控制了内部竞争，就开始像一个具有主导地位的厂商那样寻求额外的利润。

当卡特尔采取超越内部竞争抑制的行动来增加利润时，他需要进行成本高昂的投资。这种投资可以提高卡特尔的利润水平，使其超出仅采用限制竞争所产生的利润水平。这种投资通常会给同行业中的所有厂商带来好处，包括非卡特尔厂商。例如，如果存在进入壁垒，或者缺乏买方满意的替代品，行业中的所有厂商都会受益。寡头垄断行业中任何采取单边行动的厂商都不愿意承担这类投资所需的全部成本，因为他只会得到部分收益。卡特尔可能会发现这样的投资或行动对卡特尔成员的整理利益是有利的，但需要有协议来确定如何分担这类行动或者投资的成本。在历史上，卡特尔曾用共谋收益分配机制在成员之间分配这类投资或者行动的成本[2]。

如果某一个卡特尔成员可以收获大部分的投资收益，那么该成员将单独承担费用。例如，如果分配机制规定，每家成员厂商独享本国的全部市场，那么任何增加某一特定国家市场利润的投资或行动很可能就完全由该国的生产商承担，因为该行动不给其他厂商带来好处。

1　参见Marshall,Marx和Samkharadaze(2011)的实证材料和模型结论，文章从卡特尔对付买方抵制视角描述了卡特尔共谋的特征——如果卡特尔可以应付买方对涨价的抵制，且不存在卡特尔成员暗中违约的威胁，该卡特尔就是一个成功的卡特尔。

2　罗氏公司和巴斯夫从库尔斯公司购买维生素B2的新技术，相应地增加了其B2的市场份额（欧盟委员会关于维生素卡特尔的判决，第287—288段）

作为协议条款的一部分，钢铁制品卡特尔有一笔共同基金，用来资助能够提高卡特尔利润的行动。各成员厂商按照配额的一定比例缴纳共同基金。参见Hexner(1943,app.v）改编的国际商人酒吧协议英文版第10条。

根据欧盟委员会关于铜管道卡特尔的判决，第141段，"最后，SANCO Club的成员共同分担SANCO的广告费用，以及在比利时、法国、德国和意大利的广告费用。广告支出以不同国家的销售量为基础在成员厂商之间进行分配。"

作为炸药卡特尔的一部分，Dynamit A.G.(DGA),Du Pont, Imperial Chemical Industries,Ltd.(ICI）向对卡特尔产生威胁的外部厂商Westf lische–Anhaltische Sprengstoff A.G.(Coswig)进行支付来限制后者的运营活动："为补偿Coswig限制经营活动造成的损失，DAG同意每年向他支付5000，为期10年。其他主要的卡特尔成员，Du Pont和ICI也是这项安排的受益人，所以承担了DAG补偿支付的一部分。"（Stocking 和Watkins1991,p.447)"两家公司考虑到在南美市场还需与Coswig合作，因此愿意支付5000的一半。也就是说，Du Pont和ICI同意按其在EIL中的份额支付2500。"（Stocking 和Watkins1991,p.447,n.61）

在本章的余下部分，我们将以"五力模型"为背景，讨论卡特尔如何像一个主导厂商那样采取利润提升行动。即使某些行动不能清晰地划归为哪一种力量，把"五力模型"当作基本框架依然有用。我们首先讨论把卡特尔假想成主导厂商，他的利润提升行动与真正的主导厂商有哪些区别？

第二节　主导厂商与"假想"成主导厂商的卡特尔

看起来好像卡特尔能够从事的任何市场主导行动，真正的主导厂商都能参与。一方面，由于能够制约卡特尔的某些机制不会对真正的主导厂商形成障碍，所以卡特尔确实面对越来越多的限制。另一方面卡特尔可以采取某些单一大型厂商不能采取的市场主导行为。

在现实生活中，为调查某行业是否存在违反《谢尔曼法》第二部分规定的行为，首先就要确定该行业是否存在一个单独的主导厂商。根据美国司法部提供的信息："事实上，法庭在判断某行业是否存在垄断力量之前，必须要找到该行业有厂商占有50%以上的市场份额的证据。"如果一家厂商已经在一个很长的时期维持超过三分之二的市场份额，并且该厂商的市场份额不太可能在不久的将来被蚕食掉，那么司法部就会认为，这样的事实通常可以断定"厂商拥有垄断力量"[1]。

卡特尔像一个秘密实体一样运作。有许多卡特尔，内部没有任何成员厂商在结成共谋前占有50%的市场份额（很明显，还有更多的卡特尔，内部没有任何成员厂商在结成共谋前拥有三分之二的市场份额）。这句话的意思是说，如果卡特尔内部没有任何成员越过这一标准，卡特尔就可以采取市场主导行动，且不存在被执法机构调查的危险。对于任意一家厂商来说，如果他的市场份额等于卡特尔中所有厂商的市场份额之和，他的行动将会受到限制。

我们再次强调卡特尔像一个秘密实体一样运作。执法机构不知道卡特

---

[1] 美国司法部，"竞争与垄断：谢尔曼法案第2节单个厂商的行为。"2008，参见www.usdoj.gov/atr/public/reports/236681.html。

尔的存在，卡特尔的下游买方和上游供应商通常都不知道他的存在。卡特尔是这些非透明信息的受益人，因为他的买方和供应商依然相信竞争的存在。非卡特尔厂商比卡特尔厂商的下游买方或上游供应商更容易意识到卡特尔的存在。就卡特尔是否存在的判断经验来看，潜在进入者可能介于非卡特尔厂商与卡特尔的买方和/或供应商之间。意识到卡特尔存在的非卡特尔厂商明白，如果一个卡特尔能够成功地抑制内部竞争，那么他将把注意力转移到取代非卡特尔厂商的活动上来，这些活动超越了正常的竞争。此外，潜在进入者会十分关注疑似卡特尔的掠夺性行为（predatory practice），并在进入市场前判断他的可能性。

卡特尔防止暗中背叛的机制给卡特尔可采取的市场主导行为带来了障碍。比如说，忠诚激励（loyalty rebate），有时候与反竞争的市场主导行为相关，如果卡特尔成员不能充分监控成员厂商的激励规模和范围，就可以为卡特尔厂商向客户秘密提供价格优惠创造机会。类似地，如果与特定的买方或者供应商进行独家交易的条款或条件会导致厂商偏离协议，卡特尔就会要求成员厂商停止使用这样的交易条件，或者至少是建立机制来监督厂商的经营情况。

非卡特尔厂商的存在为卡特尔带来了繁重的监控问题。当市场结果不符合卡特尔的预期盈利率，很难确定是非卡特尔厂商的原因，还是由于成员厂商出于自利动机暗中背叛协议？如果不能说服非卡特尔厂商加入卡特尔，那么把他们赶出市场不仅有利于排除竞争者，而且便于监控成员厂商是否存在暗中背离协议的行为，从而提高卡特尔的利润和凝聚力。这为充当主导厂商的卡特尔的反竞争行为提供了强有力的动机。

我们可以把这一点与卡特尔集团的成员资格联系起来。卡特尔通常会根据成员厂商之前的市场份额来确定各自的份额。一家非卡特尔厂商正在悄悄地关注卡特尔集团的涨价行为，期望从中渔利。但一旦他达到一定的规模，就可能想要加入卡特尔。他即将得到的收益取决于他当前的市场份额，而不是卡特尔形成前的市场份额。为避免卡特尔成员非生产性的寻租活动，卡特尔宣布市场份额不可分割或转让。新卡特尔厂商的加入将会产生一个很难解决的问题。由于对这种问题有先见之名，卡特尔有充分的动机来消灭非卡特尔厂商。

第三节　直接打击非卡特尔厂商的行动

从我们对卡特尔案例的回顾中可以看出，卡特尔的掠夺行动通常针对一个特定的目标，而不是影响行业中的所有参与者。[1]例如，卡特尔可能会为非卡特尔厂商的客户，或者是非卡特尔厂商占据的市场或渠道（运输服务）提供特殊的政策。卡特尔厂商可能会收购非卡特尔厂商，消灭竞争者。

1　"根据摩根提供的材料，卡特尔成员试图确保他们之前同意的价格水平能在现实市场中稳定运行的另一个办法就是通过信息交流，并抵制竞争者……。在这方面主要的策略是：……通过协调一致的方式把竞争者赶出行业或者至少给他们一个严重的教训，让他们不要侵犯卡特尔。"（欧盟委员会关于电碳和机械碳及石墨制品卡特尔的判决，第167段）欧盟委员会在第173段的判决中总结道："这些不同的行为实际上针对欧盟市场上所有的'外部厂商'。"

为应对白炽电灯卡特尔制定的高价，"1928年，瑞典合作联盟由于坚信电灯价格高得离谱，所以拟定计划建立一个灯具厂。Phoebus通过大幅削减电灯价格以及专利诉讼威胁及时缓解了这一压力。"（Stocking和Watkins 1991,p.343）

关于寡头垄断掠夺行为的理论模型，参见Argenton（2011）

"1994年2月14日，一个'协调'会议在伦敦举行……。中国产品在欧洲市场份额的提高，以及卡特尔成员为在这种背景下维持销售水平需要提高市场地位，就是本次会议的主题。'与会者承认，为对抗来自中国的竞争需要打价格战'，为此必须协调彼此的行为，必要时降低价格夺回特定的客户'由于中国生产商而失去的客户'。'通过识别这些客户的名称，把他们分配给各个厂商。每个厂商只能对分给自己的客户提供产品'。这个厂商名单就是'塞尔维亚名单'，也是接下来'协调'委员会需要定期监控和讨论的主题……。"（欧盟委员会关于柠檬酸卡特尔的判决，第119段）

在国际钢铁品卡特尔中，"为抵御外部竞争，卡特尔可以同意在任何地方的销售价格明显低于正常价格。然而，如果这种情况真的出现，卡特尔必须将因此招致的损失公平地在几个跨国集团间进行分配。"（Stocking和Watkins1991,p.190)也可参见Hexner(1943,app.v）改编的国际商人酒吧协议英文版第10条。

氮气卡特尔向比利时生产商限制产出的行为进行补偿："根据1938年的协议，卡特尔成员在其国内和国外每销售100kg氮气，就得向比利时的生产商集团支付12比利时法郎，这也是DEN集团和比利时集团达成的补充协议的重要内容"。（Stocking 和Watkins1991，p.160)该费用从卡特尔建立的共同基金支付，每季度一次。Chileans向基金支付了 150000的定额，此外每销售100kg氮气另支付1.5比利时法郎。欧洲的卡特尔成员（法国和意大利的集团除外）也需按销售量支付费用。（Stocking和Watkins1991,p.160,n.68）

1914年，被称为"亚历山大报告"的商船和渔业委员会报告指出，通过固定价格、分配市场、集中收入等方法，航运业公会几乎垄断了美国所有的对外贸易。此前通过使用会议资助成立的、旨在降低竞争对手市场份额的"旗舰"系统，他们已成功地把竞争者从市场中驱逐出去，或强迫他们参与卡特尔。"（根据美国司法部反垄断司副总检察长助理John M. Nanners在HR3138的司法内务委员会前做出的陈述，1999自由市场反垄断豁免改革法案，华盛顿DC，2000年3月22日，p.2,http://www.justice.gov/atr/public/testimony/4377.pdf,accessed 10.14,2011)

作为国际钢铁制品卡特尔的一部分，"领先厂商会收购边际厂商来限制竞争。收购价基于后者对卡特尔的破坏作用，而不是他们独立的盈利能力。比如说，1930年，在与国内卡特尔成员继续合作的谈判中，卡特尔愿意支付6千到7千万的成本购买许多具有竞争威胁的非卡特尔公司的工厂——这一价格远超过他们在柏林股票交易所的市价。（Stocking和Watkins1991，p.177）

我们也观察到，卡特尔参与了许多其他并不以降价为核心的掠夺性行动。比如说，卡特尔可能会实施不利于非卡特尔厂商的市场营销活动[1]。操控重要投入品的卡特尔可能会切断对非卡特尔厂商的供给[2]。卡特尔可能会为买方提供激励，使买方抵制非卡特尔厂商的产品[3]。如果有新厂商即将进入市场，卡特尔就会购买他们的技术创新[4]。

第四节 外围力量

一、替代产品的威胁

卡特尔提高价格的收益可能会由于替代产品的存在而减少，因为买

---

1 白炽电灯卡特尔有一个"宣传部"，它的目标"是提高电灯的使用量，以及打击非卡特尔成员从而提高成员厂商的销量。"（Stocking和Watkins1991，p。335）

2 "1992年5月7日在德国召开的一个会议讨论了卡特尔成员如何更好地对抗EKL，EKI来自东德，具有很强的竞争能力，在德国统一后入侵西德市场。会议达成了两个策略：首先，卡特尔成员不得向EKL提供石墨。第二，面向所有客户打击EKL的销售，使EKL不能获得任何市场份额。1997年EKL被SGL收购。"（欧盟委员会关于电碳和机械碳及石墨制品卡特尔的判决，第157段）

"根据Daiichi，巴斯夫和罗氏公司对提高动物食用维生素的价格有另外一个策略性的动机。由于在维生素综合生产上的美誉，两家公司在合成品市场都占有强大的地位。通过增加合成品中维生素的价格，同时在下游市场挤压竞争对手的份额，最终把较小的合成品制造商赶出市场。"（欧盟委员会维生素卡特尔的判决，第322段）

在铝联盟的讨论中，Stocking和Watkin(1991，p.225)指出："不论是否把美国铝业公司的整合和扩张视作为争夺铝土矿、建设水电站或兼并独立制造商的重要准备，他的其他发展特征均证明他在大肆阻碍该领域竞争厂商的独立运营。并且大抵来说，他成功了。在其整合的早期阶段，美国铝业公司通常的做法是与供应商签署不会直接或间接竞争的协议。类似地，他会要求供应商不要与其他铝制品厂商进行交易。"

3 第二国际钢铁制品卡特尔"对进口国的分销商颁发了许可证，并且要求他们不仅要遵照固定的转售价格和条款，而且只能销售卡特尔成员的产品……。卡特尔成员通常不会为没有许可证的分销商提供产品"（Stocking和Watkins 1991,p.190）

通过捆绑销售，如果分销商想要获得由通用电气及其关联公司独家生产的经过改良设计的电灯，那么[通用电气]会强迫分销商购买其及其关联公司所有的碳丝灯（基本专利已经过期）。"（Stocking和Watkins 1991,p.306）

部分由于专利协议的原因，Du Pont和Rohm&Haams曾是美国甲基丙烯酸甲酯塑料唯一的生产商。在Du Pont的支持下，Rohm&Haas从其客户处获得一个保证，即他们不会在生产假牙的时候使用商业粉末，或者销售商业粉末给其他的假牙制造商，他们还会中断对没有遵守该承诺的买方的销售。"（Stocking和Watkins 1991,pp.402—403）

4 参见上页脚注3。

方可以通过转换到替代产品来应对卡特尔的涨价行为[1]。卡特尔可以采取行动阻碍或者阻止市场中替代产品的出现[2]。例如，卡特尔可通过本产品优于替代产品的营销活动，攻击替代产品[3]。如果有研究活动能够"客观地"显示卡特尔产品优越于替代产品，就能得到卡特尔的赞助。有时候卡特尔也会采取扩大行动，将替代产品网罗进来。在其他一些案例中，卡特尔会采取行动威胁替代产品生产商，使他们不敢明目张胆地侵犯卡特尔的市场。

二、新进入者的威胁

卡特尔意识到，超高利润会吸引新厂商进入市场。为阻止新厂商，卡特尔会限制价格上涨的幅度[4]。正如我们前面提到的，一个潜在的进入者可能被卡特尔收购，或者可能在进入市场时遭到卡特尔的攻击。准备进入卡特尔所在行业的厂商面临以下选择：从卡特尔厂商购买产品[5]或者是与卡特尔厂商合作生产产品[6]。

如果卡特尔不让潜在进入者获得必要的技术，就能阻止潜在进入者进

1　"橡胶生产商共谋所导致的橡胶高价促进了天然橡胶替代品的发展。"（Stocking和Watkins1991,p.73）

2　"RAMBUS诉Hynix,Micron,Infineon和Samsung的反垄断案例宣称，后者通过共谋把RAMBUS创新的生产技术排除在市场外。Hynix,Samsung和Infineon 早先已经就在DRAM中实行价格共谋承认有罪，而Micron是国际特赦行动的申请者。"（"Rambus and a Price-Fixing Tale," Bloomber Business Week,10.31,2005，htttp://www.businessweek.com/technology/content/oct2005/tc20051031_87442.htm, accessed 1.18,2011; "Rambus Announces Developments in Patent and Antitrust Cases;Judge in Rambus Antitrust Case Rejects Defendants' Demurrer,Case to Proceed to Discovery; Micron and Hynix Patent Cases Also Move Forward," Business Publications ,4.25,2005,http://findarticles.com/p/articles/mi_m0EIN/is_2005_April_25/ai_n13650188/,accessed 1.18,2011)

3　这是把卡特尔的产品作为一个整体来宣传，而不是宣传单个卡特尔厂商的产品（例如，他们会宣传叶酸的一般优势，而不是罗氏牌叶酸的特定优势）。卡特尔中任何一个单个厂商都不可能采取单边投资行动，因为他们会承担所有的成本，却只能得到一小部分收益。

4　氮气卡特尔1938年的协议提到，"出口市场的价格应该维持在一个足够低的水平，从而阻碍国内生产的发展。"（Stocking和Watkins,1991,p.162）

5　碱卡特尔"在他们1924年的条款中，ICI和Alkasso同意以优惠价格把碱销售给一家巴西公司，Matarazzo,因为后者正在考虑自己进行生产。"（Stocking 和Watkins1991,p.437）

6　根据碱卡特尔的协议，"在阿根廷，Du pont 和ICI说服了一家当地造纸厂与他们在当地的分支机构合作，该造纸厂原本决定自己生产碱。"（Stocking 和Watkins1991,p.437），详见参考文献第229条。

入市场[1]。卡特尔可以使用专利法为技术保密。卡特尔成员也可能会寻找新的生产工艺，并申请专利。在这种情况下，潜在进入者将需要支付高昂费用购买许可证。当卡特尔成员进行了很多工艺创新，就会把新厂商晾在一边（held-up）[2]。卡特尔厂商可能会参与交叉许可，分享技术创新，潜在进入者完全没有机会获得这些技术创新[3]。

卡特尔还会进行投资，游说政府进行规制，后者可起到进入壁垒一样的作用。如果某行业的在位厂商可援引保留条款（grandfather clauses），就更有利了。我们将在7.5详细讨论这一点。

三、买方和供应商的议价能力

在图1.1中，卡特尔受到左右两方力量（买方和供应商）的影响。卡特尔的客户管理和供应商管理办法具有很大的对称性。虽然同样的分析可应用于供应商，但我们的论述重点是买方[4]。

卡特尔必须非常小心地利用主导厂商地位，这样才不会向买方泄露竞争过程已被明示共谋破坏或削弱的信息。考虑卡特尔与一个客户签订的合同，该合同规定，如果买方从厂商采购的产品达到采购总额的一定比例，

1　石墨电极卡特尔的一个原则就是，"技术不能在非卡特尔厂商之间进行转移。"（欧盟关于石墨电极卡特尔的判决，第50段）

2　参见Priest（1997），详见参考文献第203条。

3　镁制品卡特尔成员——美国铝业公司和IG "集中了所有镁的生产和制造方面的专利和技术。为利用他们的专利联盟，他们同意组织一个联合专利持有公司，共同分享所有权。"（Stocking 和 Watkins1991，p.289）

作为白炽电灯卡特尔协议的一部分，通用电气和其主要的竞争对手西屋电气达成了一项交叉许可专利协议。"（Stocking 和Watkins1991,p.305）之后，"在1905年5月25日，通用电气与英国汤普森休斯敦公司（通用电气在是他的控股股东）就'专利、信息和特定地区销售权利的交换'签署了一项协议。该协议承认北美以及美国的殖民地和受保护地是通用电气的专属市场，英国则是汤普森休斯敦公司的专属市场。"（Stocking 和Watkins1991,p.322）

对于Du Pont和ICI之间交叉许可协议的文本，参见 "Patents, Hearings before the Committee on Patents"，U.S. Senate,77th Congress,Second Session,on S.2303 and S.2491, Part5,May13 and 16,1942, at p.2304f.也可参见Priest（1997）。

4　"与其他灯泡生产商一起，通用电器和电灯制造机械生产商以及灯泡和灯管生产商签订了排他性合同，要求后者把商品独家销售给通用电器及其关联公司，或者只能以歧视性价格卖给竞争对手。"（Stocking和Watkins1991，p.306）

就会获得一笔款项作为买方大量购买的激励。当然，这一比例要遵守卡特尔成员如何分配该客户业务所达成的协议。另一个卡特尔厂商可能与同一个客户签署了不同比例的订单，同样也必须遵守卡特尔协议。第三家卡特尔厂商可能会与同一个客户进行谈判，签署一个补充性采购合同。

为确保买方遵守协议，卡特尔厂商将在各自的合同中制定严格的审查条款。买方对于一次性激励相当满意，特别地，买方从每个卡特尔厂商采购的数量超过能够获得一笔激励的数量后，再次购买也不会带来任何边际收益。反正买方每一年都得在卡特尔集团采购所有必需的投入品。从主导厂商行为的视角来看，卡特尔已促使买方与自己进行独家交易，而没有留下竞争过程被破坏的迹象。

与此同时，卡特尔厂商可能与许多客户签署了这类性质的协议，只不过不同协议为买方获得一次性忠诚激励制定了不同的采购比例。任何卡特尔厂商的销售总量必须等于卡特尔为其分配的市场总额。卡特尔厂商与买方的这种安排进一步证明了卡特尔在提高利润方面的创造性举措。合同中的审核条款可以阻止卡特尔厂商暗中背离协议的行为。

相当有意思的是，买方经常会在采购结束后询问供应商的销售情况。通常情况下，卡特尔厂商的销售人员必须就销售情况中透露的信息提交正式的竞争报告。在竞争过程有效运行的假设下，买方可能认为，把这类信息提供给不成功或者不那么成功的投标人会使他们未来的竞争更加激烈。卡特尔认为买方的行为简直是弄巧成拙，为他们监控成员厂商提供了方便，使得他们暗中背离协议更加困难，也使"哪个客户是从非卡特尔厂商处进行购买"更容易识别。那些从非卡特尔厂商处购买产品的客户将成为卡特尔设置特殊价格的对象，目的是打击给非卡特尔厂商。

卡特尔可能会要求买方只与卡特尔厂商打交道。在这种情况下，买方找不到替代品，且非卡特尔厂商不能长期单独为买方提供产品。换句话说，卡特尔知道他拥有全部的谈判优势，买方没有选择。如果买方抵制共谋，他们将拿不到投入品。

第五节　第六种力量——政府力量

不管是否存在卡特尔，政府干预都会影响全行业的利润，要么增加要么降低，这取决于政府干预的性质。在本节中，我们重点讨论对卡特尔有特殊价值的政府干预。[1]这类干预部分是由于卡特尔成员共同努力的结果。有时候，政府干预带来的外部效应会延伸到非卡特尔厂商，但卡特尔仍会努力，因为卡特尔是主要的受益人。大多数对卡特尔厂商有价值的政府干预都可归结为下列行为：

1.为创建卡特尔提供更多的动机。

2.抑制卡特尔内部竞争。

3.实施共谋机制。

4.使用非正常竞争直接取代非卡特尔厂商。

5.通过外围力量，采用非正常竞争取代非卡特尔厂商。

6.阻止进入。

7.使替代品成为买方不太理想的选择或完全禁止替代品的存在。

政府干预对卡特尔也可能是有害的，特别是当政府干预的重点是反垄断和保护买方剩余。然而，当政府进行干预的宗旨是促进国内产业的发展[2]、为国内厂商提供更好的信息[3]、增加市场交易透明度、解决外部性问

1　在某些情况下，反垄断豁免适用于特定公司群体。我们不关心针对特定行业的立法，比如职业体育，相反我们更关注直接或间接帮助卡特尔提高利润的立法。

2　19世纪90年代初，柠檬酸价格大幅上涨，这是吸引中国生产商进入世界市场的部分原因……虽然设计和实施了各种各样的手段来应对中国出口对降价的压力和影响，中国生产商还是对卡特尔维持固定价格产生了破坏作用，并使后者逐渐成为一个严重的问题。在欧洲柠檬酸制造商协会（ECAMA）的掩护下，卡特尔厂商研究了欧盟委员会对中国出口商进行反倾销诉讼的可能性。他们将ECAMA的两大代表Jungbunzlauer和ADM送去中国，向中国的生产商持续施加压力，告知他们如果不停止价格削减措施，就将面临反倾销诉讼。"（欧盟委员会关于柠檬酸卡特尔的判决，第116段）

3　至少在1995年前，监管是通过国家认证程序来实施的。铜管道必须在每个成员国进行认证，每个成员国有其自身的认证标签。认证机构……禁止生产商在管道上标示其他国家的认证，直到1995年为止。国家市场的分割导致不同成员国不同的价格水平，相同铜管道的利润率差别可高达两倍。（欧盟委员会关于铜管道卡特尔的判决，第144段）

题但不损害在位厂商、"改善"司法和监管流程，他就在帮卡特尔的忙。除此之外，还存在这样的行业，政府干预已经创造了进入壁垒或者减小了外围力量，以至于在位厂商认为利润的主要危害是竞争。在这种情况下，该行业的厂商将会集中精力通过共谋来限制竞争。

卡特尔很善于利用新工具或者环境变化来简化他们的运作并且提高利润。假设厂商之间存在激烈的竞争，旨在帮助行业发展的政府干预就会被卡特尔利用[1]。此外，行业中的厂商可能会主张某种类型的政府干预，该干预似乎能提高社会剩余，而实际上旨在提高卡特尔利润。例如，通过一条新法律，对新进入者的生产设施制定更高的要求，可能会大幅提高新进入者的成本，但是对在位厂商来说，他们的利润就会大大增加。

有相当多的美国法律允许美国厂商从事卡特尔行为，只要这些行为没有给美国的消费者带来直接或间接的负面影响。本章的附录回顾了其中一些规定。出口协会是一个主要的例子。出口协会属于法律实体，美国厂商可以通过他们进行交流，或就国外市场进行协调。许多厂商打着出口协会的幌子，实质采取卡特尔行动。如果某个行业中的厂商正在开会讨论他们生产和销售的产品在国外市场的定价、分配和执行机制等问题时，我们有理由相信，当他们在讨论国内市场的定价、分配和执行机制等问题时，也会采取类似行动。

一旦卡特尔能够应付买方对涨价的抵制，并且不存在暗中背离威胁，那么他就可以将注意力转移到影响外围力量的行动上，逐渐增加利润[2]。显而易见，与真正的主导厂商相比，卡特尔通常能够更好地利用主导厂商行为来提升利润，这是因为卡特尔的买方、供应商以及执法机构通常都不知道卡特尔的存在。一个真正的主导厂商也可以做许

---

1 正如Stocking和Watkins(1991,p.344,n.108）就白炽电灯卡特尔的说明，"荷兰和德国政府通过关税和进口配额的方式容忍和帮助卡特尔产量限制计划的实施。"

2 参见Marshall，Marx和Samkharadze（2011），详见参考文献第171条。

多卡特尔所不能做的事情[1]，这不足为奇。

非卡特尔厂商为卡特尔创造了一个特殊问题，这就是当市场结果与卡特尔的盈利能力不一致时，原因何在？是由于非卡特尔厂商的行动，还是由于卡特尔厂商的暗中违约？卡特尔很难判断。因此，相对于一个真正的主导厂商，卡特尔会有更多的动机来消灭市场中的小规模厂商。在这种情况下，卡特尔的主导厂商行为可能更不利于市场竞争。

最后一点，如果你观察到行业中有一部分厂商在从事主导厂商行为，同时没有任何一家厂商大到足以单独成为主导厂商[2]，那么肯定存在共谋。这一点将在第四部分进一步展开。

案例：反垄断豁免

尽管美国政府一再敦促出台更加严厉的反垄断立法与执法[3]，美国国会还是通过了许多有利于共谋的法律，特别是有利于海外市场共谋的法律。正如希尔斯特姆和比维斯（Kihlstrom & Vives，1989）的下述总结：

一些农业合作社和出口协会的部分行为将豁免于反垄断法。具体地说，1922年的卡珀-沃尔斯特德法案和1937年的农业营销法案使农业合作社可豁免反垄断法的规制；1918年的韦伯波默林法案使出口协会可豁免于反垄断法。例如，见谢勒（Scherer，1980）和马戴文等（Madhaven at el.，1988）。因此，对于农业合作社和出口协会而言，包含转移支付的卡特尔协议既是可行的，又是合法的。(希尔斯特姆和比维斯，1989，P.373)

---

1 比如说，一个真正的主导厂商可以动态地调整不同部门之间的生产能力，以此来最大化利润，但是卡特尔必须遵守分配协议。因此与一个更具灵活性的真正主导厂商相比，卡特尔可能会阻碍利润的增加。

2 例如，考虑由Kovacic等人（2011）给出的例子，行业中一群厂商以行业中一个或几个小厂商为目标采取垂直一体化行为，但共谋集团中不存在像主导厂商那样，有足够市场力量的单个厂商，可采取单边行动。

3 例如，可参见"监管将加强反垄断规制"，《纽约时报》，2009年5月11日。

我们来讨论两个这样的豁免安排：出口行业协会和市场秩序。

案例一：出口行业协会

1982年的出口贸易公司法案扩展了韦伯波默林法案[1]，他允许经过注册的美国生产商在出口市场像卡特尔一样运作，只要他们的共谋行为不会延伸到美国市场。大量的工业集团已经依法在联邦政府进行注册。

例如，美国商务部认为，潜在的合作伙伴应该考虑联合投标[2]、联合销售安排[3]以及固定价格[4]。在成立出口行业协会的申请书中，申请人必须"描述希望获得许可的具体出口行为。只有申请书描述了具体的出口行为，才有资格获得许可。申请人还需陈述每种商品的出口行为可能引起的反垄断风险[5]。"商务部提供的申请书范本，使用了一个虚构的面食制造商，以第九宾夕法尼亚储备公司为例子，其中包括以下内容：

1.第九宾夕法尼亚储备公司可能会以自己的名义或以任意成员或所有成员的名义：a.销售价格。建立销售价格、最低销售价格、目标销售价格和/或最低目标销售价格，以及在出口市场的其他销售条款；b.营销及分销。在出

1　美国厂商通过钢铁出口协会参与国际钢铁制品卡特尔，该协会根据韦伯波默林法案于1928年成立。（Stocking和Watkins1991,p.191,n.48）

类似地，美国厂商通过碱出口协会参与世界碱卡特尔，该协会根据韦伯波默林法案于1919年成立的。（Stocking和Watkins1991,p.433）

目前，出口贸易审查证书的持有者名单可从美国商务部国际贸易管理局网站上出口贸易公司法案的网页上查询，http://www.trade.gov/mas/ian/etca/tg_ian_002147.asp(访问时间：2011年10月14日)

2　"美国公司可以通过联合投标来增加销售和利润。作为一个集团，合资公司可以外国市场销售超过单个成员生产能力的产品，同时打击外国买方的谈判能力。"（美国商务部国际贸易管理局网站上描述出口贸易审查项目证书的出口贸易公司事项网址是，http://trade.gov/mas/ian/etca/tg_ian_002154.asp,accessed 10.14,2011)。

3　"一家合资厂商不管有多少个合作方，都有可能会联合起来，并就某个项目或者某次投标提交统一的报价。合作方可以使用相同的海外代表，也同意以一个整体销售不同的产品，制定联合目录，并分配来自联合投标或者联合销售产生的收益。"（美国商务部国际贸易管理局网站上描述出口贸易审查项目证书的出口贸易公司事项网址是，http://trade.gov/mas/ian/etca/tg_ian_002154.asp,accessed 10.14,2011)。

4　两个或者更多的合作方可能会同意对特定产品设置统一的最低出口价格，避免彼此间的价格竞争。对于一些合作方来说，通过与国外买方就价格和销售条件的共同谈判，可以获得更高的利润。（美国商务部国际贸易管理局网站上描述出口贸易审查项目证书的出口贸易公司事项网址是，http://trade.gov/mas/ian/etca/tg_ian_002154.asp,accessed 10.14,2011)。

5　美国商务部国际贸易管理局网站上出口贸易审查证书范本，第10条，http://trade.gov/mas/ian/build/groups/public/@tg_ian/documents/webcontent/tg_ian_002211.pdf,accessed10.7,2011。

口市场上进行产品营销和分销；c.促销。进行产品的促销；d.数量。就产品的销售数量达成一致，并要求每个成员坚决遵守销售数量协议，就好像这是每个成员自行决定的一样；e.市场和客户分配。在成员间分配出口市场（地区或国家）以及客户；f.拒绝交易。拒绝为出口市场的某些客户、某些国家或者地区提供产品价格方面的信息，或营销或销售产品；g.建立排他性的和非排他性的出口中介机构。签署具有排他性和非排他性的协议，委任一名或多名出口中介按照规定的价格、数量、地域和/或客户来销售产品。

2.第九宾夕法尼亚储备公司及其成员可能会交流及讨论以下信息：a.关于为出口市场采取的销售和营销活动、在出口市场销售产品的活动和机会、为出口市场制定的销售策略、出口市场的销售额、出口市场的合同和现货价格、产品在出口市场的预期需求、出口市场的销售惯例、在出口市场进行销售的竞争对手的产品价格及产品适用性、出口市场客户要求的产品规格等信息；b.关于成员可出口的产品的价格、质量、数量、来源以及交货日期的信息；c.关于第九宾夕法尼亚储备公司及其成员需要考虑和/或准备进入的出口市场的销售合同条款及条件的信息；d.关于出口市场联合投标或销售安排，以及这类安排所产生的收益如何在成员间进行分配；e.关于出口到特定市场的费用信息，包括但不限于运输、多式联运、保险、内陆到港口的运费、港口仓储、佣金、出口销售额、文件记录、融资、海关、关税、税额；f.关于美国和外国法律及法规的信息，包括影响出口市场销售的联邦市场秩序。g.关于第九宾夕法尼亚储备公司或者其成员的出口经营信息，包括但不限于第九宾夕法尼亚储备公司或者成员在出口市场建立的销售及分销网络，以及成员此前的出口销售额（包括出口价格信息）；h.关于出口市场客户的信用证条款和信用历史信息。

3.第九宾夕法尼亚储备公司及其成员可能会从事前述第1段和第2段列举的活动。（相关内容请查询美国商务部国际贸易司的网站提供的出口贸易证、申请书范本的第10条内容。http://trade.gov/mas/ian/build/groups/public/@tg_ian/documents/webcontent/tg_ian_002211.pdf，2011年10月7日发布）

该法为厂商间反竞争的沟通，以及可强制执行的协议提供了更为宽松的规定。很难想象美国厂商在参与出口行业协会的会议时，如何保证对出口市场制定的数量和价格限制、共同代理人、共谋收益再分配机制、保持厂商之间畅通的沟通机制等措施不对美国国内市场产生一丁点的影响。

案例二：联邦市场秩序下的产品销售

如美国农业部网站上的描述，在联邦市场秩序下，农产品（奶制品、水果、蔬菜、特殊作物）[1]的众多种植者以及加工者可选择"自我约束规定"，增加产品的销路[2]。

联邦市场秩序由本地的委员会管理，该委员会由种植者和/或加工者组成，且通常是一名普通市民。市场秩序规定，该秩序由行业起草，由美国农业部执行，一旦生产商和农业部长批准，将对该地区的整个行业产生约束力。市场秩序和协议的功能如下：（1）维持市场上出售的农产品的质量；（2）规范包装以及容器；（3）规范产品向市场的流入过程；（4）建立可储备商品的储藏设施；（5）授权开展生产研究、市场营销研究与开发、以及广告宣传。

在2009年，作为酸樱桃行业联邦市场秩序的部分内容，酸樱桃种植者被要求舍弃高达40%的作物。

酸樱桃行业的运行根据政府批准的联邦市场秩序计划，他可以追溯到1933年。他允许种植者和加工者通过供给管理来保持价格稳定……今年，行业委员会，即一个由种植者和加工者组成的18人小组认为，田间地头的樱桃远远超过市场需求和补充库存的需要。因此，委员会限制可以投放到美国市场的樱桃数量，这使得种植者让那些卖不出去的樱桃挂在枝头自行腐烂。

1　美国农业部网站上"市场秩序和协议"的网址为http://www.ams.usda.gov/AMSv1.0/(访问时间：2011年10月14日)。

2　美国农业部网站上"行业营销和推广"网页，讨论"市场秩序和协议，以及一般推广措施"。网址是：http://www.ams.usda.gov/AMSv1.0/ams.fetchTemplateData.do?template=TemplateA&page=FVOrdersandPromotion(访问时间：2011年10月14日)。

第三部分 恶意串谋者集团[1]的经济分析

在这部分内容中，我们探讨拍卖（auction）和采购招标（procurement）中的恶意串谋者集团问题。大多数针对拍卖的经济分析适用于对采购招标的研究，反之亦然。在拍卖中，竞买者（bidder）通过赢得拍品（object）而获益，他们依据最大化预期剩余的原则出价——预期剩余相当于拍品价值与竞价者胜出后所支付的价格之差，乘以胜出的几率；在采购招标中，竞标者（bidder）提供标的物（object）需要付出成本，他们依据最大化预期剩余的原则投标——预期剩余相当于竞标者胜出后获得的支付与其成本之差，乘以胜出的几率。通常用同样的方法分析拍卖与采购招标，也就是说在这两种情况下，串谋集团行为是相似的。因此，我们不再分别阐述。

在第8章中，我们讨论竞价者（bidder）通过抑制彼此间的对抗来获取收益的情形。第9章分析成功实现限制竞争所需具备的机制（sturcture），并附之以实例。第10章研究拍卖或采购招标的规则设计是如何影响串谋集团成功运作的机制的。

---

1 原文为bidding ring。在我国，拍卖中竞买人的共谋行为被称为"恶意串通"（如《拍卖法》），招投标中竞价者的共谋行为被称为"串谋竞标"（如《反不正当竞争法》）。本书作者对两种情况不加区别地称为"bidding ring"。译文中统一译为"恶意串谋者集团"，简称"串谋集团"——译者注。

第八章　竞价者间限制竞争的行为

在探究竞价者间限制竞争之前，我们先简单介绍在一定信息条件下在市场参与者中形成价格之时，竞争的重要作用。

第一节　拍卖和采购招标中的价格形成

市场经济中，拍卖和采购招标广泛存在，交易数量巨大。特别地，公共部门经常倾向于采用拍卖和采购招标的方式。由于拍卖和招标是重要的交易方式，有必要分析串谋集团行为[1]。为了实现价格固定协议，卡特尔组织几无例外地需要对采购招标的投标价格进行磋商并达成协议，或者至少有经济激励来行使买方力量（sales force），联合卡特尔成员抬高价格。

与卡特尔不同，串谋集团仅仅关注在拍卖或采购招标中，限制竞争性出价的行为。尽管参与串谋集团的厂商之间可能签订了内容广泛的共谋协议，但是串谋集团协议仅适用于拍卖或招标过程中的出价，以及随后的对串谋集团所获共谋收益的分配。参与串谋集团的成员可能在经营的其他方面相互竞争。举例来说，在生产要素拍卖中形成串谋集团的若干厂商，有可能在产品

---

[1]　美国司法部非常重视恶意串谋者集团，并将其与价格固定行为区别对待。例如，参见司法部出版物"Price Fixing and Bid Rigging–They Happen: What They Are and What to Look For: An Antitrust Primer for Procurement Professionals" (available at http://courses.cit.cornell.edu/econ352jpw/readme/pfbrprimer.pd f, accessed April 30, 2011), "Price Fixing, Bid Rigging, and Market Allocation Schemes: What They Are and What to Look For: An Antitmst Primer" (available at http://www.justice.gov/atr/public/guidelines/211578.pdf, accessed April 30,2010), and "Preventing and Detecting Bid Rigging, Price Fixing, and Market Allocation in Post–disaster Rebuilding Projects: An Antitrust Primer for Agents and Procurement Officials" (available at http://www.justice.gov/atr/public/guidelines/disaster_primer.pdf, accessed June 24, 2010)。

市场上相互竞争。与第2部分所讨论的行业卡特尔不同的是，本部分所描述的共谋仅仅局限为在拍卖与采购招标中，抑制竞价者间对抗的行为。

拍卖和采购招标是重要的价格形成方式，特别是对于那些信息相对不完全的卖方或买方。为了说明这一点，我们看下面的例子。

假定一家公司想要购买一些文件柜。如果他只需要一只文件柜，那么他可能在一家大型办公用品商店完成采购。如果该公司已向某办公用品供应商寻求价格折扣，他能在商品目录中以折扣价格订购。如果该公司得知另一家厂商正在进行破产拍卖，他也可能通过参加拍卖购得文件柜。还有可能的是，如果该公司需要很多文件柜，他可能要求多家文件柜生产商投标。换言之，购买文件柜有多种方式；只有在小批量一次性购买之条件下，公司才会按牌价（posted price）的数额支付，而不通过竞争性的采购招标程序。

对于卖与买的方式，个人消费者的经验与厂商不同。在多数日常交易中，一般的个人消费者面对的是牌价；为了从竞争中获益，他们以"逛一逛"的办法来发现最低的牌价。绝大多数消费者不会为购买日常厨房用具而参加拍卖，或者为买牙膏而组织采购招标。但是，厂商在采购中通常同时考虑多个潜在卖者的出价，在销售中通常同时考虑多个潜在买者的报价。

经济学教材往往不对拍卖和采购投标进行深入探究，因为教材中分析的是完全竞争市场，比如小麦、玉米或猪肉等农产品。尽管教材中会讲到通过买卖双方竞价形成均衡价格，但是除了用供给和需求交叉图进行说明之外，并没有对价格形成过程的基础性作用进行深入分析。

为了探究同时有多个出价的情况，我们回到一家公司采购文件柜的例子。假设该公司需要采购2000只某种型号和容量的文件柜，而且有为数众多的卖方生产该产品。公司不打算派一名雇员到附近的办公用品商店去买这2000只文件柜，负责这件事的公司主管可能对如何完成这次采购也没有十分清晰的想法。

公司主管能够在互联网上查到这种文件柜在大文具店卖125美元，这是他们打算支付的价格的上限，而最低价格尚不得而知。也许在采购量为2000只的条件下，一只文件柜需要支付100美元，但买家的开价可能低至单价50美元。

　　为了获得生产文件柜的更多专门信息以了解价格水平，公司主管需要投入更多资源，但这需要成本，特别是这种采购并不经常发生。这名主管可能向一家大的文件柜生产商咨询。获得满意答复后，公司主管可以直接向这个生产商购买，也可以接触其他供应商。当获知第二个供应商的报价后，公司主管需要决定自己是在这两家供应商之间压价，还是寻求第三家供应商。他还需要决定是否告知这些供应商他们面临竞争。

　　公司主管想要以最优价格获得这2000只文件柜，但是在不了解产品生产成本和需求条件的条件下，他该怎么做呢？文件柜生产者知道自己的生产成本，了解其竞争对手的生产成本信息，且掌握时下的需求情况。

　　为了完成采购、掌握相关信息以获得最优价格，最好的方式是使用竞争的方法。就这个例子而言，公司主管需要邀请尽可能多的文件柜生产商为这2000只柜子提供最优报价，而且告诉他们自己同时邀请了许多供应商参加报价。主管还需要公布报价截止时间。然后在所有报价中，主管需要把价格排排队，将这笔生意交由价格最优的生产商完成。

　　当文件柜生产商准备报价之时，每家生产商都知道自己的生产成本，且对其竞争者的成本有合理的推测。每家厂考虑自己的成本、推测的竞争者的成本，以及受邀报价者的数量，在预期利润的基础上决定自己的报价。受邀报价者越多，竞争的压力越大，买方支付的文件柜价格越低。

　　为了克服对文件柜市场的信息不足，这名主管采取了采购招标的方法，同时寻求多个报价（simultaneous consideration of offer）。在争夺订单的对抗中，生产者们替主管解决了这一问题。对抗源于文件柜生产商利益的对立，他是招标的本质所在，使得采购者如愿以偿。如果文件柜生产商认识到这一点，并行动起来弱化彼此间的对抗关系，他们就能够提高整体利益；对于降低对抗所带来的整体收益，如果这些厂商能找到适当的分配方式，就能提高每个厂商的利润。

　　在单个卖者面对多个买者或者单个买者面对多个卖者的情况下，同时考虑多个报价是非常实用的策略，然而竞价者也知道避免针尖对麦芒式的同行竞争有好处。竞价者间的自相残杀使其蒙受损失，这是波特五力模型中最重要的力量。竞价者的共谋行为会减轻对抗、提高收益。

第二节 拍卖中的竞争抑制

关于竞价者限制竞争的问题，我们在这里讨论两种拍卖形式：升价式拍卖（ascending-bid auction）和密封报价拍卖（sealed-bid auction）[1]。

一般而言，拍卖的特点是单个卖者和多个潜在买者的同时多重报价[2]。在升价式拍卖中，一个卖者要求一组竞买者逐渐提高报价，直至最后只剩唯一的竞买者，这名出价最高的竞买者以自己的最后报价赢得拍卖。在密封报价拍卖中，在规定的截止时间之前，卖者收集竞标者的出价。胜出的是出价最高的竞标者，他按自己的报价支付给卖者[3]。

考虑有拍品需要出售的卖者[4]，假定卖者是所售物品的所有者[5]。通常

---

1 关于拍卖理论，有影响的论文包括：Vickery(1961.1962), Riley and Samuelson(1981), Myerson(1981), 以及 Milgrom and Weber(1982)。亦见有关拍卖理论的教材Krishna(2009)。在前言中曾提到，我们研究独立个体的价值问题。对于采购招标，我们分析同质产品，投标中唯一重要的变量是价格。涉及多个变量的招标很常见，特别是对结果——而不是对产品的招标（比如，标的物是计算结果而不是计算所使用的设备）。将多变量出价转换为单一变量有可能产生其他的共谋行为（见Marshall, Meurer, and Richard 1994）。

2 与此不同的是，销售固定资产的标准招标方式一般为序贯出价，且不能撤回出价。

3 关于拍卖博弈的更详细的概念包括：参与人（player）：通常指所有潜在的和实际的竞买者的数量和身份。信息（information）：每个竞价者只知道自己对于拍品价值的估计。每个竞价者了解其他出价人估价的分布情况；如果某一竞价者获知其他某人的估价，这将不会影响该竞价者的估价，但是这将有可能影响拍卖中的策略性行为。为了简单起见，假设卖者保留价为0。战略（strategy）：每位竞买者的出价以最大化预期收益为原则。竞价者不能撤回出价。支付（payoff）：如果竞买者未能胜出，他获得的支付等于0；反之则等于估价减去支付的价格。在拍卖中，卖者最大化其预期回报。竞买者和卖者均为风险中性。竞买者出价或卖者出售拍品均无成本。根据拍卖规则，胜出的竞买者有义务支付价格。

4 通常，拍卖者每次向一组竞买者销售多项拍品。简单起见，我们假设只有一件拍品。将单项拍品的分析扩展到多拍品拍卖需要假定在各项拍卖之间无相互影响。如果买者认为拍品之间有替代或互补关系，则必须考虑这种相互影响，但是下文中的核心论点不变。

关于单拍品拍卖的共谋的理论研究，见Fehl and Guth (1978),Robinson (1985), Graham and Marshall (1987), Mailath and Zemsky (1991), McAfee and McMillan (1992), Deltas (2002), Lopomo, Marshall, and Marx (2005), Chen and Tauman (2006), Dequiedt (2007), Tan and Yilankaya (2007), and Marshari and Marx (2007)。关于单拍品重复性拍卖的共谋问题，见Feinstein, Block, and NoJd (1985), Fudenberg,Levine, and Maskin (1994), Aoyagi (2003), Skrz}Tacz and Hopenhayn (2004), and Blume and Heidhues (2008)。关于多拍品重复性拍卖的共谋问题，见Fabra (2003) and Dechenaux and Kovenock (2007)。关于多拍品拍卖的共谋问题的理论分析，见Brusco and Lopomo (2002), Levin (2004), and Albano, Germano, and Lovo(2006)。

5 卖者通常委托拍卖行来进行拍卖。从事拍卖需要有技巧。但是拍卖技巧不是本章的研究重点，故我们假设拍品所有者自己来出售拍品。

的做法是，拍品的所有者对这次销售广而告之，目的是吸引更多的竞买者。在其他条件不变的前提下，竞买者越多，最后的销售价格越高。为了研究拍卖中对抗问题，我们假设竞拍的人数固定不变。

起初，为了说明拍卖中竞买者是如何限制竞争的，我们忽略卖者的行为，仅假设他收集报价，将其按顺序排列，选出胜出者，并且接受胜出者的支付。用博弈论的术语来说，卖者不是参与人，至少起初不是。我们在第9章和第10章讨论卖者对串谋集团的反制策略。

假设有n位竞买者，n等于1、2、3、……。假定数字n为每个人所知，包括卖者和所有竞买者。竞买者的人数是影响对抗程度的重要变量。

假设每位竞买者对拍品有自己的估价（value）。竞买者的估价是他愿意为该拍品支付的最高价格。每位竞买者知道自己的估价，不知道其他人的估价，但是他们对其他人的估价有合理的预期。

每位竞买者对其他人的估价有自己的预期，但并不知道确切的数字。对于这一点，我们具体假设为：每位竞买者的估价是服从某概率分布的一个随机变量，而这些概率分布为所有竞买者所知。因此，所有竞买者都了解竞买者1的估价是服从某一特定概率分布的随机变量，但除了竞买者甲自己之外，其他人均不知道竞买者甲究竟估价多少。

举例而言，可以假定所有竞买者的估价的概率分布相同，均匀分布在从0至100区间内。如果只考虑整数估价，这类似于一个坛子中放了101个球，每个球上标有从0、1、2，……至100的数字，每位竞买者从坛子中随机摸出一个球（每个人摸球之后，都将球放回到坛子中）。

假设竞买者的估价是私人的，这意味着如果竞买者甲获知竞买者乙的估价，这将不会影响竞买者甲对拍品的估价[1]。这一假设简化了分析，但这样做有时会有问题。举例而言，若一位估价100 000美元的竞买者得知另一人估价为100美元，由于担心自己可能忽略了拍品的某些特征，他或许会重新斟酌并下调自己的估价。尽管如此，我们仍旧假设一位竞买者的估价

---

[1] 关于拍卖中关联估价（affiliated value）的共谋问题，参见Lyk-Jensen (1996, 1997a, b)。关于拍卖中关联性共同价格（affiliated and common value）的共谋问题，见Hendricks, Porter, and Tan (2008)。有关拍卖共谋的外部性问题，见Caillaud and Jehiel (1998) 及 Maasland and Onderstal (2007)。

不会受另一人的估价所影响。

假设卖者不了解这些具体估价，但是知道竞买者估价的概率分布。反之，如果卖者了解最高估价是多少和最高出价者是谁，那么战略性的卖者将提出一个略低于该竞买者估价的价格，与那位竞买者进行"买还是不买"式的磋商。

在以上假设的基础之上，我们现在能够对升价式拍卖和密封报价拍卖中的对抗问题进行分析了。

一、升价式拍卖

大多数人熟悉升价式拍卖。大家可以想见一位拍卖师在一群竞买者的前面，逐步提高报价，直到仅剩一位竞买者出价。这位竞买者胜出，并向拍卖者支付自己的最后报出的价格。

实际中，升价式拍卖通常规定最小加价幅度，但是这一细节会给我们的分析带来些许麻烦，因此我们假设出价是连续的。不妨将其想象为以美元逐增为标尺的温度计，所有竞价者都能看得到所指示的"温度"，代表着当前的最高出价。每位竞买者举手示意出价。当举起的手臂多于1只时，温度计读数就会继续上升。当只剩唯一1只举起的手臂时，温度计暂时停住。若有其他人继续出价，则温度计回复上升状态。但是，若在一段时间的停顿之后仍无其他人举手，那么拍品则由最后唯一举手的那位竞买者购买，因为这位竞买者在温度计所示的价格水平上举起了手臂。

非共谋出价

在升价式拍卖中，竞买者需要决定的是何时举手，以及何时不再举手——在温度计升高到自己的估价之前，竞买者要一直举手，然后放下手臂。为了说明这是最优策略，我们考虑一下竞买者的其他选择。

考虑在价格达到自己估价的90%之前，竞买者一直举手，之后放下手臂。如果竞买者胜出，这意味着在该竞买者放下手臂之前，拍卖已经结束。故提前放下手臂对拍卖结果无影响。

然而，如果竞买者未能胜出，且最终成交价格低于他的估价，那么他本可以在价格低于自己估价之前一直举手，从而有可能以低于估价的价格胜出。如此，该竞买者本可以获得相当于估价和成交价之差额的支付。

与提前放下手臂的出价策略相比，竞买者的支付或者不受影响，或者小于一直举手直至价格达到自己估价的出价策略。假设任何一个较低的比例，只要没有达到100%估价，这一结论均合乎逻辑。因此，竞买者在价格达到估价之前不会放下手臂。

与此相反，考虑这样的策略：在价格达到估价的110%之前，竞买者一直举手。如果成交价更高，那么竞买者在自己的估价水平上，无论如何都不会胜出；因此，这与举手至估价水平的结果没有差别。如果竞买者以低于估价的价格胜出，那么他无论如何都会胜出；同样地，两种方案（指竞买者一直举手直至价格达到自己的估价，或者一直举手直至价格达到自己估价的110%——译者）的结果没有差别。然而，如果竞买者在超出估价的价格上胜出，那么他获得的是负支付；而他本可以在价格上升至自己的估价之时放下手，从而避免遭受损失。有鉴于此，每位竞买者严格偏好在价格上升至其估价——而不是估价的110%——之前举手。假设任何高于100%的比例，这一结论都合乎逻辑。

将以上的分析放到一起，任何竞买者在温度计达到估价之前——但不要超过估价——举起手臂，这样做才能在拍卖中最大化剩余。无论其他竞买者怎么做——甚至有人可能违背此出价策略——这一结论对每位竞买者均适用。由此，对于升价式拍卖，所有竞买者在自己估价之前举起手，之后放下手[1]。

在升价式拍卖中，对抗表现为举在空中的手臂。只要有两位或以上的竞买者举手，温度计显示的价格都会继续上升。竞买者在估价达到之前，独立做出举手的决定。最后一位举手者胜出。适者生存的竞争铁律在这里

---

[1] 在叫价到达自己的估价之前持续出价，这一策略在多拍品拍卖中可能不是最佳的。举例来说，如果多项可替代的拍品逐一拍卖，竞买者可能选择在达到估价之前放弃前面的拍品，让其他出高价的竞买者胜出，寄希望于以较低价格获得后面的拍品。如果拍品存在某些不为人知的潜力，出价行为特征也会不同。

表现为估价最高者胜出。

卖方的回报决定于温度计停在何处。当只有1只手臂停留在空中时，温度计停下来。这发生在温度计指示的价格达到所有竞买者之中第二高估价之时。因此，卖方所获得的对拍品的支付为次高估价。

卖方用升价式拍卖这样的方式来构建竞争性定价机制。卖者对竞买者的估价一无所知，但是通过升价式拍卖，卖者能够利用对抗来识别、并最终收获所有竞买者中的次高估价。

胜出的竞买者从拍卖中获得的支付等于他自己的估价（全场最高估价）减去次高估价，次高估价即为成交价。

竞拍人数渐众，次高估价的数量提高，卖者预期回报增加。与之相反的是，随着竞拍人数增加，预期的最高估价和次高估价间的差距缩小，胜出者的预期支付下降。

拍卖中，竞买者之间的对抗压低了他们的支付。根据波特的五力模型，通过削弱彼此间的对抗，竞买者能够潜在地提高自己的总和支付。

出价共谋

在升价式拍卖中，竞买者的对抗表现为在报价低于估价前把手臂举在空中。而限制竞争则需让这些手臂早些放下。

考虑两位竞买者在拍卖之前进行了磋商。现在，假设他们告诉了对方自己的估价[1]。两个人达成了一个消除对抗的简单协议，即约定在达到自己的估价之前，估价较高的竞买者一直举手，而另一位根本就不举手[2]。如果这一卡特尔在拍卖中胜出，共谋的收益将以某种方法在二者间分配[3]。

分析之前，我们规定一些符号。设v_1为竞买者中的最高估价，v_2为第二高估价，依此类推。n个竞买者的估价满足$v_1 \geq v_2 \geq \cdots \geq v_n$。

1　这是如何发生的？对此的进一步分析见Graham and Marshall(1987)，及Marshall and Marx（2007），详见参考文献第98、168条。

2　或者，共谋的竞买者达成协议，只要其中一人举手，另一人则不举手；如果参与共谋的竞买者胜出，两个人在拍卖后再商量决定拍品的最终归属。我们将在第9章分析拍卖后商品的分配和归属问题。

3　共谋收益的分配也是一个难题，下一章对此进行讨论。这里，我们仅关注竞买者之间限制竞争行为能够获益这个问题。

若两个共谋竞买者的最高估价均低于v_1，则二者间限制竞争的做法毫无益处，估价为v_1的竞买者最终赢得拍卖。如果想要从限制竞争中获益，在两个共谋竞买者之中，必须有一人估价为v_1。想要限制竞争并因此获益，这个条件是必要的，但还不够充分。若串谋集团中一人估价为v_1，而另一人估价低于v_2，那么这两个竞买者仍旧不会从限制竞争中获益，因为尽管组织了一个串谋集团，且最终估价为v_1的竞买者胜出，但支付的价格仍将是v_2。如此，为了从限制竞争中获益，前提是参与串谋集团的两个竞买者必须是估价最高的两个。这样的话，他们将以价格v_3购买拍品，比非合作价格条件下的成交价v_2低。

现在假设有k（$k < n$）个竞买者在一起，将各自的估价在集团内公开，并达成了限制竞争的协议。在报价低于自己的估价之前，k个串谋集团成员中估价最高者一直举手，而此时其他$k-1$人不举手[1]。与前面串谋集团成员数为2的例子相似，若要使这k个串谋集团成员从限制竞争中获益，估价最高和次高的竞买者必在其中。假设串谋集团中包含了出价最高者，串谋集团将胜出，并支付相当于集团外竞买者中估价最高者的价格。举例来说，如果串谋集团中有10个出价者（$k=10$），最高的5个估价来自集团内竞买者，而第6高估价者不在其中，那么限制竞争的结果是串谋集团为拍品支付第6高估价作为价格。

二、密封报价拍卖

大多数人熟悉密封报价拍卖的标准规则，这意味着报价最高者胜出，并以自己的报价支付给卖者。通常假设竞标者报价原则是最大化胜出后的预期支付。因此，每一位竞标者选择自己的报价，目标是使胜出后的预期收益乘以胜出的可能性，这个乘积尽可能地大。每位竞标者面临的都是这样一个相同的问题。如果假定这是所有其他竞标者的投标策略，给定的竞标者不希望改变自己的竞标策略，且这一假设适用于任意一位竞标者，那

---

1 与$k=2$的例子相似，串谋集团协议可以规定为若k中任一人举手，其余$k-1$人则不举手；当集团内竞买者放下手，其他成员可以选择举手；但是任何时候，串谋集团中只有一个成员举手。

么这种报价策略具有内在一致性（成为纳什均衡）[1]。

1.非共谋报价

与升价式拍卖不同的是，在密封报价拍卖中，没有任何竞标者会按自己的估价报价。竞标者这么做会获得零支付（因为如果竞标者待在家里不参加竞标，也会获得零支付）。为了把握获得正的支付的机会，竞标者的报价低于自己的估价。

对抗会影响某一位竞标者获胜的几率。拍卖中，竞标者数量越多，任何报价的胜出机会越小。直观地看，随着竞标者渐众，一位竞标者的最佳选择是提高自己的报价以应对更为激烈的对抗。

举例而言，如果报价均匀分布在从0至100之间，竞标者的估价为x，则其均衡报价为$b(x)=[(n-1)/n]x$，其中n是此次拍卖的竞标者数量。如果只有两位竞标者（n=2），每位竞标者的报价等于自己估价的一半。如果有3位竞标者（n=3），那么每位竞标者的报价为自己估价的三分之二。如果有100位竞标者（n=100），每位竞标者的报价等于其估价的99%。

随着竞标者数量的增加，对任何给定的估价束，所有竞标者的报价都将提高。竞标者会权衡这样的问题：提高报价会增加获胜的可能性，但也降低了胜出后的支付。对这一问题的最佳选择策略，适用于所有竞标者，并形成其最优报价[2]。

比较升价式拍卖与密封报价拍卖，竞价者行为看起来似乎有很大区别，但是在非共谋条件下，拍卖产生的结果相同。假设有4位竞价者，他们的估价服从统一的、在0至100之间的均匀分布。平均而言，他们的估价将为20、40、60和80。如此，在升价式拍卖中，估价为80者将胜出，支付价格为

---

1 用$b_i(x_i)$代表第i位竞标者的出价，他的估价为x_i。如果所有竞标者的估价服从相同分布F（·），我们推定每位竞标者采用对称的报价策略，这样我们就可以省略变量b的下标。均衡的报价方程是这样的：对所有估价x，一位估价为x的竞标者最大化他或她的预期支付，条件是所有其他竞标者根据报价方程b(x)来决定报价。这是给定其他竞标者行为条件下，任何一个竞标者的最佳选择。这是一个贝叶斯纳什均衡。

2 关于密封递价拍卖均衡出价函数的存在性与唯一性问题，见Maskin and Riley (1996a, b, 2000a, b)，Lebrun (1996)，及Athey（2001），详见参考文献第179、152条。

60；在密封报价拍卖中，估价为80者将胜出，支付的价格为$(3 \times 80)/4=60$，仍旧等于第二高估价。此为一般结果。升价式拍卖支付价格为第二高估价，密封报价拍卖中的预期支付价格仍为第二高估价，后者的前提是所有竞价者的估价服从同一分布。因此，当所有竞价者的估价服从同一概率分布，无论拍卖形式如何，对卖者而言，竞价者之间的对抗产生了相同的预期结果。

2.共谋报价

想象有两位竞标者在密封报价拍卖之前进行了串通，意图消除彼此间的对抗。与升价式拍卖一样，假设其他竞标者均没有参与任何共谋。如果两位共谋者已经了解彼此的估价，估价高的那一位报价参与拍卖，而另一位则放弃报价（他也可能故意报出肯定不会胜出的价格，或者他的报价比估价高的共谋者低）。我们假设两位竞标者的共谋行为为所有竞标者所知。这样，两位竞标者消除对抗的行为还会带来益处吗？

首先分析那位估价高的共谋竞标者，我们曾提到他是串谋集团成员。假设n代表所有竞标者人数。在非合作出价情况下，他需要面对n–1个竞标者；而现在作为串谋集团成员，他只需要面对n–2个竞标者。串谋集团成员的非共谋出价取决于胜出的可能性与胜出后的支付，对这二者的最佳权衡。如果串谋集团成员的出价与非共谋环境中一样，胜出后的支付也是相同的，然而胜出的可能性增加了，这是由于串谋集团成员只需与n–2个——而不是n–1个——竞标者竞争。举例而言，如果串谋集团成员降低出价，使得胜出的可能性与非共谋情况下胜出的可能性相等，那么这将相应提高串谋集团成员胜出后的支付。如此一来，串谋集团成员的预期支付增加了。这表明与非共谋条件下的出价相比，在共谋条件下串谋集团成员的出价将更低。

现在考虑其他竞标者。每位竞标者面对剩下的其他竞标者以及一位串谋集团成员，这位串谋集团成员的估价是两位共谋竞标者中较高的。非共谋竞标者明白串谋集团成员的出价比非共谋环境下更低。与非共谋竞标相比，这一判断使得非共谋竞标者降低了出价。这一博弈有唯一均衡解[1]。此

1　参见Lebrun (1999, 2006), Bajari (2001), 及 Maskin and Riley（2000a，b），详见参考文献第151、23、178条。

时的均衡出价函数与非共谋出价条件下不相同，并且由于对抗被抑制，共谋竞价者的预期支付增加了。

限制竞争意味着在投标中，估价较低的竞标者的投标没有任何意义。这与在升价式拍卖中，共谋使得那些在非共谋条件下本来会举起的手臂放下来是一样的。

与升价式拍卖一样，在采购招标中，两个竞标者组成的卡特尔需要包含估价最高的竞价者，这样才会有好处。然而，基于采购投标的本质，那些将估价最高者包含在内的卡特尔还是可能会失去拍卖。不仅如此，卡特尔为了确保实现共谋收益，并不一定需要包含估价次高者。采购招标与升价式拍卖之间的区别产生于支付规则，继而影响报价策略。

三、小结

串谋集团令所有其他共谋竞标者的出价不再有竞争意义，只允许成员中估价最高者参加竞价；通过这种方式，共谋的竞价者排除了成员间的对抗。

当不存在共谋时，升价式拍卖使得卖者获得次高估价；另一方面，平均而言，对于对称的竞价者[1]，密封报价拍卖使得卖者同样获得次高估价。然而在竞价者间存在限制竞争行为的条件下，两种拍卖形式通常有一定的区别。

对于升价式拍卖，当一部分竞买者参与共谋，估价最高的共谋竞买者在叫价低于其估价之时一直将手举在空中，这种策略与非共谋情况下别无二致。这暗示着如果串谋集团之外的竞买者能够胜出，他需要支付与非共谋条件下相同的价格。因此，如果串谋集团胜出，而且共谋确有收益，那么串谋集团获得所有这些收益。然而，如果串谋集团并未胜出，串谋集团外的竞买者也不会从共谋中获取任何好处。在这个意义上，共谋收益是封闭的（self-contained）。

对于密封报价拍卖，当一部分竞标者参与共谋，考虑估价最高的共谋竞标者，他的报价严格低于非共谋条件下的报价，原因在于他对共谋带给

1　对称竞价者指竞价者的估价服从同一概率分布。

自己的益处心知肚明。将所有竞标者的最佳反映考虑在内，在完全不存在共谋条件下不可能胜出的非共谋竞标者，此时或许会胜出。特别地，估价最高的共谋竞标者降低了报价，因而出现了这样的可能性：串谋集团并没有获得其共谋行为的所有收益。至少可以预期，非共谋竞标者因共谋而获益。附件A中是对这种情况的数学证明。一部分共谋收益可能由非共谋竞价者获取，这说明与升价式拍卖相比较而言，密封报价拍卖中，通过共谋来限制竞争的激励要弱[1]。

第三节　串谋集团的构成

限制竞争带来收益。但是为了实现限制竞争，串谋集团还有一系列问题需要解决，首当其冲的就是最为基本的成员问题（membership）和参与问题（participation）。在第5章卡特尔的例子中，我们提到可能不是所有竞价者均希望加入串谋集团，而且串谋集团可能也不希望接纳所有的竞价者加入。

对于串谋集团的构成，我们关注以下三个问题。

1.成员问题：串谋集团成员需要邀请集团外竞价者加入串谋集团吗？

2.参与问题：一旦受到邀请，集团外竞价者愿意加入串谋集团吗？

3.成员次序问题（membership sequence）：竞价者加入串谋集团的次序，影响其成员问题、参与问题，以及串谋集团成员获得的共谋收益吗？

下面的分析将要说明，在讨论成员问题、参与问题和成员次序问题/加入串谋集团决策问题之时，对共谋收益的分配规则至关重要。

一、成员问题和参与问题

看起来，似乎所有串谋集团成员乐于看见那些现在在串谋集团之外的竞价者加入，而且所有非集团外成员都希望加入串谋集团。对于升价式拍

1　理论证明文献参见Waehrer (1999), Kovacic et al. (2006), 及 Marshall and Marx（2007.），详见参考文献第244、135、168条。

卖，这通常是正确的；而对于密封报价拍卖则不然。

1.升价式拍卖

在升价式拍卖中，集团外竞买者不会从共谋中获取任何好处，因此竞买者没有留在串谋集团之外的激励。无论获得多少共谋收益，集团外竞买者都会乐意加入串谋集团。不仅如此，在升价式拍卖中，串谋集团总是能从新成员的加入中或多或少地获益，因而乐于接纳集团外竞买者。在升价式拍卖中，如果竞买者是对称的，串谋集团倾向于邀请所有竞买者，而且每个竞买者也愿意加入[1]。

有人可能警告说，如果在拍卖后采取淘汰制（knockout）来决定共谋收益的分配，串谋集团成员可能不愿容忍过高出价（overbidding），不愿意有更多的竞买者参与分配剩余的淘汰程序。另外需要注意的是，串谋集团成员可能愿意采取行动驱除集团外竞买者，而不是将其吸纳到串谋集团中。串谋集团成员也许会对集团外竞买者采取掠夺性行为，而不是以分享共谋收益为代价将其吸纳入串谋集团，如第7章所讨论的居支配地位的厂商组成卡特尔那样。

2.密封报价拍卖

在密封报价拍卖中，考虑到集团外竞标者也会获得某种共谋收益，这会影响串谋集团的成员问题和参与问题。对于集团外竞标者而言，这种收益是额外的好处，为升价式拍卖所没有。尽管随着集团内成员增加一人，串谋集团中的平均共谋收益可能有所上升，继而会邀请更多竞标者加入，但是集团外竞标者也可能获得共谋收益，这意味着一个集团外竞标者拒绝加入串谋集团所获得的好处，可能超过加入串谋集团所分享的共谋收益，孰重孰轻取决于集团外竞标者的出价。

举例而言，假设有3位竞标者，其中2位通常报高价，而第3位几乎不会报高价，且一般会出价相当低。如果这是一次非合作拍卖，则很可能出现这样的结果：第3位竞买者胜出的机会非常小；由于其相似性，竞标者1

---

1 升价式拍卖中的串谋集团，通常不会包含所有竞买者。原因之一在于这种行为违规。此外，在其他信息环境条件下，某些"类型"的竞买者关注从其他串谋集团成员那里获取多少剩余。见第3章有关不参加经销商圈子（dealer ring）的经纪人（broker）的内容。

和2竞争激烈。

假设相对其他竞标者，竞标者3的出价是如此低，以至于在非合作竞拍中，他胜出的概率小于0.1%。现在如果竞标者1和2组成串谋集团。他们面临的竞争仅仅来自竞标者3。假设竞标者1和2向竞标者3允诺，如果他愿意加入串谋集团——从而形成包含全部竞标者的串谋集团的话，可以获得0.1%的共谋收益。竞标者3需要对这两种情况进行权衡：加入串谋集团，或者留在串谋集团外、选择最佳报价与串谋集团竞争。与竞标者1和2各自为战相比，当他们组成串谋集团之后，其报价将大幅度下降，因为竞标者3的威胁非常小。但是竞标者3也会因竞标者1和2的低报价，增加自己胜出的机会，进而与非合作相比，提高了自己的预期支付，而且可能也高于竞标者3加入串谋集团所获菲薄收益（共谋收益的0.1%——译者）。在附录B中，我们对这种情况进行定量说明。

将这一例子应用于另一种情况：有很多势均力敌的竞标者。现在假设一个竞标者面对一个卡特尔，该串谋集团由——比如说——100个其他竞标者组成；这个竞标者可能选择不加入串谋集团。然而，如果仅有为数不多的实力相当的竞标者，那么一个集团外竞标者可能发现加入串谋集团有利可图。如果串谋集团的成员数量不多、实力相当，且包含了所有其他的竞标者，单个竞标者更可能愿意加入串谋集团[1]。

二、成员顺序问题

如果除一个竞价者外，串谋集团已经吸纳了所有其他竞价者，那么最后一个竞价者的加入会使共谋收益增加很多，这是因为他的加入消除了一

1　在美国司法部和联邦贸易委员会的《横向合并指南》（Horizontal Merger Guidelines，简称"指南"，http://www.ftc.gov/os/2010/04/100420hmg.pdf）中，明确了"特立独行"的厂商（"maverick firm"）的内涵，"特立独行者"指该厂商"经常抵制行业的习惯做法，拒绝在固定价格或其他与竞争有关的行为中相互合作"（"指南"，2.1.5）。然而，与"指南"的定义不同的是，特立独行可能是竞价者的内生特征，而不是固定不变的特征。厂商可能有时拒绝参加串谋集团，但在另一次竞价中发现这么做有利可图。加入串谋集团的好处是厂商是否加入串谋集团的关键决定因素；在是否加串谋集团的问题上，厂商的选择不是一成不变的。这一点是Baker(2002)的基础性假设，根据这一假设条件得到了竞价者人数愈众，共谋愈困难的结论。

切竞争。然而，如果那个最后加入串谋集团者分享的共谋收益比之前加入者高出很多，那么每个串谋集团成员都希望成为最后一个加入者。

考虑有100个竞价者参加的升价式拍卖，这些竞价者的估价服从同一概率分布。如果100人中的2人组成串谋集团，而其余98人是非合作的，那么这2人共谋的收益将会非常小。然而，如果已经有99人组成了串谋集团，那么吸纳第100位竞价者加入串谋集团，这样做的好处将会非常大。如果这第100位进入者为其加入串谋集团所获的支付与其最后加入者的贡献相当，那么串谋集团立即会变得不稳定。这就是说，每个串谋集团成员都希望最后加入串谋集团，但是串谋集团并未获得足够多的共谋收益，使他得以按照最后加入串谋集团者的数量标准支付给所有串谋集团成员。有鉴于此，串谋集团往往对串谋集团成员采取预先支付的原则（ex ante rule）。

如果有100个同质的、获预先支付的竞价者，共谋收益均等地在串谋集团成员之间分配。每位串谋集团成员的收益，将随串谋集团规模扩大而增加。然而，串谋集团会拒绝集团外竞价者，以避免为他要求更多支付所胁迫，这是考虑他加入串谋集团所致必然结果。

如果竞价者是非预先支付且同质的，事情将更为复杂，但是串谋集团也会有办法解决这个问题。在这种条件下，共谋机制通常设计为：共谋的竞价者所分得的益处相当于他们加入串谋集团所带来的边际贡献（详见第9章）。当竞价者预先支付不一致时，串谋集团不再采取平均分配的原则，而是向那些比较"强有力"的竞价者支付多于"无足轻重"者的好处，其数量大约相当于"强有力"与"无足轻重"间的差别[1]。

对于串谋集团而言，关键之处是在拍卖之前决定共谋收益的分配，若非如此，串谋集团将会面临其成员在分享共谋收益时相互冲突的局面。在拍卖之前解决这一问题，明确规定共谋收益分配不可剥夺且不可谈判，这样做才能防止串谋集团成员采取机会主义的寻租行为，而这种行为代价巨大。

1　见Craham, Marshall, and Richard（1990），详见参考文献第174条。

第四节 拍卖的设计对串谋集团规模的影响

为了考察升价式和密封报价拍卖，这两种不同的拍卖形式对串谋集团规模的影响，我们分析一次有5位竞价者的拍卖，每位竞价者的预估价各自独立，且服从于[0，1]区间内的均匀分布。

如果竞价者的行为是非合作的，无论是升价式拍卖还是密封报价拍卖，预期的拍卖价格均为4/6。得到这个结果是因为，注意到5位竞价者的预估价在[0，1]区间内的均衡分布，那么这些预估价将为1/6、2/6、3/6、4/6和5/6。故次高价将为4/6，此为升价式拍卖形式下的预期价格。

对于密封报价拍卖，5位竞价者是非合作的，他们的估价服从在[0，1]区间内的均匀分布。在这些条件下，我们得知每位竞价者的报价为自己估价的五分之四。因此，预期的最高出价为（4/5）×（5/6）=4/6。在非合作条件下，预期剩余等于最高与次高估价之差——即1/6——乘以胜出的可能性1/5，也就是说，（1/6）×（1/5）=1/30=0.033。如果存在包含所有5位竞价者的串谋集团，预期剩余则为最高竞价者的预期估价5/6，乘以胜出的可能性1/5，即（5/6）×（1/5）=1/6=0.167。

表8.1 串谋集团成员数量差别对升价式拍卖与密封报价拍卖的影响之比较

串谋集团成员人数	预期拍卖成交价格		串谋集团成员的预期剩余		集团外竞买者的预期剩余	
	升价式拍卖	最高价	升价式拍卖	最高价	升价式拍卖	最高价
1	0.667	0.667	0.033	0.033	0.033	0.033
2	0.650	0.651	0.042	0.035	0.033	0.037
3	0.600	0.609	0.056	0.041	0.033	0.049
4	0.467	0.506	0.083	0.057	0.033	0.086
5	0.000	0.000	0.167	0.167		

注：假设估价服从[0，1]区间内的统一、均匀分布，保留价为0。在升价式拍卖中的所有数据，以及串谋集团中只有1位竞买者的最高价数据由作者计算。其他最高价的数据来自Marshall et al.(1994, tab.III)，该表数据源自Monte Carlo对100 000个样本的统计结果。

如表8.1所示，卖者的预期收益随着串谋集团人数的增加而下降，这是因为竞争的减少使得预期的拍卖成交价格降低了。类似地，串谋集团成员的预期剩余则随串谋集团人数的增加而上升。对于升价式拍卖，非串谋集团成员的预期剩余不受串谋集团规模大小的影响。只有在估价最高时，这些串谋集团外的竞买者才会胜出；胜出者支付所有人中的次高估价，无论这个次高估价来自串谋集团成员与否。然而对于密封报价拍卖，非串谋集团成员的预期剩余随串谋集团规模的扩大而增加。这是由于在密封报价拍卖中，更大的串谋集团令串谋集团成员报价更低，集团外竞标者因此而受益。这样看，密封报价拍卖中，共谋的好处扩散到了串谋集团外的竞标者，而且串谋集团成员人数越多，非串谋集团成员受益也越大。我们将这种现象称为"溢出"（leakage）。

现在来比较两种拍卖形式，表8.1表明在我们考虑的前提假设之下，对于任何小于最大规模的串谋集团（在这个例子中，串谋集团包括2、3或4个竞价者），比较拍卖人所受到的损失，升价式拍卖比密封报价拍卖更大。从表中还可看出，在我们所假设的环境中，给定任何小于最大规模的串谋集团，升价式拍卖与密封报价拍卖相比，前者的共谋收益更大。由此，这个例子说明：升价式拍卖与密封报价拍卖相比较，前者对共谋的激励更强[1]。

表8.1还表明，与升价式拍卖不同的是，在密封报价拍卖中，非串谋集团成员可以从共谋中获益。如果某个竞标者选择不加入串谋集团，则该串谋集团拥有k−1个成员，反之则拥有k个成员；尽管串谋集团规模有所变化，但是与不加入串谋集团相比，加入串谋集团令该竞标者的预期剩余更大。这表明，在这一例子中，竞标者永远希望加入串谋集团。而8.7中将会证明，对于密封报价拍卖，这一结论并不总是正确的。本例中，串谋集团成员的预期剩余随着串谋集团规模的扩大而增加，这暗示串谋集团总是希望接纳更多的竞标者。

---

1 这并非一般结论，见Maskin and Riley（2000a），详见参考文献第178条。

与卡特尔类似，在本章中，为了获得共谋的潜在支付，串谋集团需要有内部机制（structure）的制约。拍卖的设计影响共谋的激励。在下一章中，我们讨论竞价者共谋的实施问题；第10章，我们分析拍卖规则为何会鼓励或阻击共谋。

案例一：密封报价拍卖中，溢出的定量分析

在密封报价拍卖中，非串谋集团成员会参与分享潜在剩余。串谋集团之外的竞标者因串谋集团的产生而获益，这是因为与非共谋条件相比，尽管估价不变，但是共谋的竞标者会提交更低的报价，前提是估价最高的竞标者为串谋集团成员。

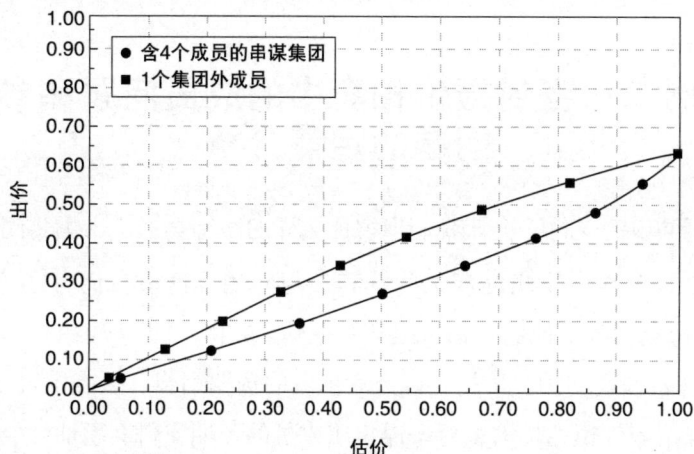

图8.1　包含4个成员的串谋集团与另1个集团外成员的最高价均衡出价函数之比较，估价服从统一的、在区间[0，1]内的均匀分布。来源：Marshall et al. (1994, fig.2)。

为了说明这一点，图8.1分析了这样一种情况：5位竞标者，各自的估价服从统一的、在区间[0，1]内的均匀分布。当存在一个包含4位成员的串谋集团，并与唯一的非串谋集团成员竞争之时，均衡出价函数如图所示。图中，串谋集团的报价曲线在非串谋集团成员的报价曲线之下。举例而

言，如果4个串谋集团成员中最高估价为0.5，非串谋集团成员的估价同样为0.5，那么串谋集团的报价将比非串谋集团成员的报价低。

如图8.1所示，当非串谋集团成员的估价约为0.54，他的报价在0.40左右（如图，在代表估价的纵轴为0.40时，相应的出价函数上的点所对应的横轴所代表的报价数值）；而当串谋集团报价为0.40时，其成员的最高估价约为0.76。由此，如果非串谋集团成员估价为0.54，而4个串谋集团成员中的最高估价在0.54至0.76之间的话，非串谋集团成员将胜出——尽管串谋集团对标的物有更高的估价。在非合作竞标中，这种情况就不会发生。因为在非合作的、且每个竞标者的估价服从同一分布函数的条件下，估价最高者将胜出。对于密封报价拍卖，串谋集团的存在使报价降低了，从而令集团外竞标者可能胜出，而在非共谋拍卖中则不可能出现这种结局。4位成员组成串谋集团给非串谋集团成员带来益处，此为途径之一。[1]

案例二：密封报价拍卖中的成员问题和参与问题的定量分析

分析共谋的支付，会让我们理解什么样的激励会形成串谋集团。

为了分析串谋集团的成员问题和参与问题，这里我们考察这样的例子：101位竞标者，他们的估价服从统一的、在[0，1]区间内的均匀分布。表8.2计算了预期的拍卖价格，以及竞标者的预期剩余。从表中可以看出，随着串谋集团规模的扩大，对串谋集团成员的预期支付会增加。

表8.2表明，对于升价式拍卖，当有99个竞买者加入串谋集团、另2人在集团外之时，每位非串谋集团成员均希望加入串谋集团，因为他们的剩余将从0.0001提高至0.0049。进而，当100个竞买者加入串谋集团、另1人在集团外之时，这最后的竞买者也乐于加入串谋集团，以获得0.0098的剩余。

1　共谋给非共谋者带来益处，其他途径是与非共谋情况相比，卡特尔降低了出价。

密封报价拍卖则不然。当串谋集团包含了99位竞标者，每一位集团外成员的预期剩余为0.0159；但是对于100人规模的串谋集团，其每位成员的支付为0.0025。所以集团外成员并不打算加入串谋集团。依此类推，当存在一个100人规模的串谋集团，集团外成员的预期剩余为0.0412，高于他作为串谋集团的第101位成员所获的支付0.0098。

根据以上分析，对于密封报价拍卖，如果在串谋集团之外只有一个竞标者，即使他的加入会形成包含所有竞标者的串谋集团，而且会令预期价格从0.6578下降为0，这最后的非串谋集团成员却并不乐意如此。在串谋集团规定任何竞标者无权"胁迫"串谋集团，要求获得更多支付（或者超出预先支付原则所规定的支付水平）的条件下，尽管集团外者的加入能为串谋集团带来足够多的剩余增量，从而使串谋集团有能力吸引和补偿这位集团外者，这仍旧是不可能发生的。由于最后的竞标者不愿意加入串谋集团，这使得组织更大串谋集团的困难超过了单纯的"盛宴"效应（"dinner party" effect）；而且成员数量越大，对合作的管理难度也越大。[1]组织大规模的串谋集团困难之处在于，随着串谋集团成员的增加，集团外成员更倾向于留在集团外。

表8.2 在总共101位竞买者、串谋集团成员人数逐渐增加的条件下，升价式拍卖与密封报价拍卖之比较

串谋集团成员人数	预期拍卖成交价格		串谋集团成员的预期剩余		集团外竞买者的预期剩余	
	升价式拍卖	最高价	升价式拍卖	最高价	升价式拍卖	最高价
99	0.6665	0.7787	0.0033	0.0015	0.0001	0.0159
100	0.4999	0.6578	0.0049	0.0025	0.0001	0.0412
101	0.0000	0.0000	0.0098	0.0098		

资料来源：Marshall et al. (1994, tab.V)

注：假设估价服从[0，1]区间内的统一、均匀分布，保留价为0。在升价式拍卖中的所有数据，以及串谋集团只有1位竞买者的最高价数据由作者计算。其他最高价的数据来自Marshall et al. (1994, tab.III)，该表数据源自Monte Carlo对100 000个样本的统计结果。（原文如此——译者）

---

[1] 见Baker (2002), which argues .that economists have relied on "dinner party stories"see Chamberlin (1933), Bain (1951), Stigler (1964), Dolbear et al. (1968), Selten (1973), Kwoka (1979) Werden and Baumann (1986), Bresnahan and Reiss (1991), and Huck, Norrnarm, Oechssler (2004), 及 Kovacic et al. (2007)。

第九章　恶意串谋者集团条件下共谋的实现

前一章表明，竞拍中的恶意串谋者集团有可能通过限制竞争来获益。为了真正获取共谋的益处，恶意串谋者集团还需要克服某些障碍。在图6.1中，我们用斯蒂格勒的共谋机制模型（Stiglerian collusive structure）来分析卡特尔，这一模型同样可以用来考察恶意串谋者集团。

第一节　串谋集团与卡特尔

串谋集团利用价格机制（pricing structure）、分配机制（allocation structure）和规则机制（enforcement structure）等来提高共谋收益，防止秘而不宣的背叛行为。我们用铸铁管、邮票批发、古董、二手加工设备和固定资产的例子，分析串谋集团的内在特质。

这些案例分属3种重要的拍卖形式：密封报价拍卖，有限信息的升价式拍卖，以及完全信息升价式拍卖。为了制定共谋机制，卡特尔必须了解并适应公司运营的环境；同样地，串谋集团的共谋机制也必须适应拍卖的环境。

有些拍卖的环境条件对串谋集团有更大的负面作用，比如某些情况使得串谋集团更加小心地监督竞买者的行为，保证他们不违背串谋集团的要求。在第10章中，我们研究拍卖规则的设计者怎样克服串谋集团的影响，防止出现共谋。

第二节　串谋集团中的秘密背叛行为
（Secret Deviation）

串谋集团成员有可能实施秘密背叛，前提是当串谋集团成员——或者该成员的代理人——在主拍卖中提交的是秘密报价，这一报价与串谋集团的要求相悖，且必须付出实实在在的代价才能发现这一不守规矩的行为。与之相反的是，如果串谋集团成员在主拍卖中赢得拍品，但是违背串谋集团规矩，拒绝在拍卖之后与串谋集团成员分享益处，这被称为对串谋集团规则的公开背叛（public deviation），这种行为会立即遭到串谋集团的直接惩罚，通常是将背叛者逐出串谋集团。

与升价式拍卖相比，秘密背叛行为对于密封报价拍卖是更严重的问题。根据第8章的分析，这一点也不奇怪。在升价式拍卖中，为了与非串谋集团成员竞争，估价最高的串谋集团成员一直举着手臂，直至价格上升至自己的估价水平。无论这个估价最高者是否参与共谋，其行为并无二致，因此升价式拍卖不存在秘密背叛的可能性。然而在密封报价拍卖中，由于共谋的影响，估价最高的串谋集团成员会降低自己的报价，从而为其他串谋集团成员秘密背叛并由此而获益提供了机会。

第三节　串谋集团价格机制与卖方的抵制
（Seller Resistance）

串谋集团限制成员间的对抗性出价，旨在降低拍卖成交价格或提高采购价格。作为串谋集团成员的厂商可能实施价格歧视或数量限制，但串谋集团价格机制与此类竞争行为不存在可比性。一般而言，串谋集团的价格机制不同于串谋集团的价格预告。串谋集团的价格机制也不同于卖方的市场力量——市场力量的激励需要有所变化才能适应串谋集团的价格机制，这是因为串谋集团不会委派那些对串谋集团规则不够了解的成员出价。

拍卖中的串谋集团往往激起卖方的反制措施。有实力的卖方通过设计拍卖规则来防止出现共谋。对此的进一步分析见第10章。如果拍卖规则不能改变，卖方也能够采取措施对抗旨在压低价格的共谋。这些措施包括在拍卖过程中提高保留价——从而避免成交价过低，以及将拍品以低价卖给非串谋集团成员（这样做的目的是鼓励其参与拍卖，且令串谋集团成员知道尽管他们的估价很高，作为共谋者他们要承担无法胜出的危险）[1]。

第四节　串谋集团的分配机制

串谋集团的分配机制与卡特尔相似。串谋集团的分配机制需要详细规定共谋收益在成员中的分配方式。关键而困难之处在于串谋集团所关注的是狭隘的。串谋集团一般在每次拍卖之后，向成员付清相应的支付；而卡特尔则通常需要持续不断地监督产量，从而保持限产协议得以遵从，并且在年终——如果需要的话——对卡特尔成员的分配进行调整。

卡特尔可能根据共谋协议生效之前，成员厂商的市场份额来规定不同的共谋分配比例；与此类似，串谋集团一般根据每个竞买者在拍卖之前的实力来确定共谋收益的分配比例。在本章所讨论的案例中，我们分析卡特尔如何设计差别化的分配机制，从而与串谋集团成员对共谋收益的贡献相适应[2]。

1　这分别被称为"提高标杆"（lift lining）行为和"快速淘汰"（quick knock）行为。见Graham, Marshall and Richard (1996) 和 Marshall and Meurer (2001, 2004)，亦见Tomas(2005)。

2　对于某些拍卖或采购招标，特别是由政府部门举办的拍卖或采购招标，处境不利或失败的竞价者可以向相关法庭或机构就拍卖结果提出申辩。竞价申辩(bid protest)是竞争法实施中的一种私人检察官制度(private attorneys general)。专利法规定，使用私人检察官取决于厂商行为是否是竞争性的。如果厂商参与共谋，竞价申辩的解决程序能够提供一种合法手段，从而在串谋集团成员间交换补偿性支付。进而，处理阶段（settlement phase）一般会支持完全共谋出价的意见。见Marshall, Meurer, and Richard (1994)。

第五节　串谋集团的强制机制
（Enforcement Structure）

卡特尔一般同时监督价格和产量，串谋集团则通常只关注价格；出于同样的强制原因，监督是必不可少的。与卡特尔类似，串谋集团对秘密背叛行为的一般恐吓方式是回复到非共谋状态，有时会使用有针对性的惩罚方式，这通常指将背叛者逐出串谋集团。

在密封报价拍卖中，串谋集团成员被要求降低报价，其出价将被监督，以保证他们没有在拍卖中递交"真实"的报价，从而与串谋集团中某个成员相竞争。举例而言，在9.6.1中给出的铸铁管串谋集团案例中，串谋集团能够监督所有报价，包括数量和竞买者的身份信息[1]。另外一种做法是，由串谋集团指派某个成员递交所有报价[2]。

在升价式拍卖中，串谋集团成员在拍卖之前报告自己的估价，串谋集团通过受其控制的第三方出价代理人进行竞价。在9.6.2中的邮票批发案例中，采用的就是这种方法。在升价式拍卖中，串谋集团凭借规则达到限制成员彼此竞争的目的，他需要在拍卖过程中，监控当时高价竞买者的身份。

有些升价式拍卖规则规定竞买者的身份用一个竞拍号码（bidder number）来代表。在这种条件下，在拍卖开始之前，串谋集团成员需要彼此通报自己的竞拍号码。然后在拍卖过程中，串谋集团成员仍旧遵照既定的规则：当高价竞买者的号码属串谋集团成员竞拍号码之列则不要出价，反之当叫价低于自己的估价时则出价。在此种串谋集团规则之下，每个串谋集团成员都不会拒绝通报自己的竞拍号码，进而在竞拍中隐藏身份。

---

[1] (U.S. v. Addyston Pipe and Steel Co. et al., 85 Fed. 271, Transcript of Record, p.189, hereafter Addyston Pipe Transcript of Record).

[2] 例如，在U.S, v. Brinkley & Son (1986)案中，被挑选出的串谋集团成员负责控制其他成员的出价，Brinkley公司就曾替至少一家竞标者提交了标书(U.S. v. W. F. Brinkley & Son Construction Company, Inc., 783 F.2d 1157(4th Cir. 1986)。

第六节　标准拍卖的串谋集团机制

为了说明各种类型拍卖中串谋集团的共谋机制，我们研究在铸铁管、邮票批发、古董、机床和固定资产等拍卖中，串谋集团的机制设计。

9.6.1中的铸铁管案例是密封招标采购[1]。该案例让我们了解招标中串谋集团的行为。这类同质产品的招标采购问题与拍卖的分析过程一致，只是拍卖人为买者而非卖者。9.6.2中，邮票经销商案例是升价式拍卖，串谋集团并没有要求其成员在拍卖中必须识别竞买者的身份。串谋集团在拍卖之前确定了自己的策略，委托一位代理人替串谋集团竞价。9.6.3中，古董、机床和固定资产案例是升价式拍卖，拍卖方规定他们能够在拍卖中观察到当时最高价竞买者的身份信息，以及胜出者的身份和价格信息。

这些案例表明，根据不同的拍卖类型，组成串谋集团所需的共谋机制存在差别。

一、密封报价拍卖：铸铁管案

1894年前，美国主要的铸铁管制造厂商Addyston Pipe & Steel公司、Dennis Long公司、Howard-Harrison Iron公司、Anniston Pipe & Foundry公司、South Pittsburg Pipe Works公司和Chattanooga Foundry and Pipe Works公司组成了卡特尔：南方管业联合会（Southern Associated Pipe Works）。

该卡特尔将铸铁管市场划分为不同的区域，包括"支付区"（pay territory）、"免费区"（free territory）和"保留区"（reserved city）。1895年5月27日，在支付区有一场（密封报价）招标采购，卡特尔成员按以下的方式组织了投标串谋集团[2]。

在招标之前，串谋集团成员开会决定允许哪些成员投标。为此，串谋

1　U.S. v. Addyston Pipe and Steel Co. et al.，85 Fed. 271。我们的介绍部分源于Addyston Pipe案的法庭记录。

2　这一模型及其均衡出价策略见McAfee and McMillan (1992)。作者证明，如果竞价者是对称的，串谋集团允许成立一个卡特尔来抑制集团内所有竞争。

集团采用了淘汰制（knockout）的办法，每位串谋集团成员公开自己的投标价格，价高者获得参与投标的资格，串谋集团成员赢得的采购数量在所有成员中分配[1]。在内部淘汰过程中失败的成员不得投标，由被指定的串谋集团成员在投标中与集团外厂商竞争。

为了实施内部淘汰，铸铁管串谋集团成员成立了一个"代表委员会"，这个委员会负责回复所有对铸铁管的寻价[2]。代表委员会下设办公室，办公室由每个卡特尔成员的代表组成，地点设在辛辛那提。委员会"代表各个商家来管理订单"，并进行投标[3]。

在此条件下，在淘汰制中胜出的串谋集团成员作为串谋集团的唯一厂商参加招标。这个串谋集团成员的合同估价越高，他参与投标时的估价也越高。如果串谋集团成员是对称的，估价最高的串谋集团成员将在淘汰制中胜出，被委派参加招标，并与集团外成员竞争[4]。

在铸铁管串谋集团中，为了平抑买方的不满并掩饰串谋集团的劣迹，那些在淘汰制中落选的厂商被要求递交注定败北的投标价格[5]。

在投标过程中，被选定的串谋集团成员仅仅需要应对集团外竞标者的竞争，而避开了其他串谋集团成员。有鉴于此，这些被选定的串谋集团成员的最佳投标报价比不存在串谋集团时为高。正是因为在采购招标中串谋集团削弱了竞争，被选定串谋集团成员的报价更高了。如果被选定的成员赢得招标，该厂商从组织者（procurer）那里获得此次招标的数量。抵制竞争令这个被选定的串谋集团成员获得了更高的卖价，作为串谋集团成员也收获了共谋的好处。

举例而言，Howard-Harrison公司在圣路易斯获得了一次采购招标，采购价为24美元。为了让这家厂商获胜，Addyston公司和Dennis Long公司的

1　根据成员的生产能力，不同成员分配到的数量不相同。

2　Addyston Pipe Transcript of Record, p.83.

3　Addyston Pipe Transcript of Record, pp. 83 and 361.

4　如果串谋集团没有选择估价最高的串谋集团成员，那么共谋的收益就不是最大的，这是因为串谋集团规则中没有关于在拍卖结束后重新决定拍品归属的规定。

5　"旨在保卫订单的组织必须保护所有其他商家"（Addyston Pipe Transcript of Record, p. 83）。

报价分别为24.37美元和24.57美元。而Chattanooga 铸造公司能够以17或18美元向圣路易斯供货，并且在如此低的价格水平上仍有利润——拍卖中的共谋收益可一目了然[1]。

二、竞买者身份信息缺失条件下的升价式拍卖：邮票批发商案

20世纪90年代，11家邮票批发商组成了一个集邮品升价式拍卖的串谋集团，最早针对的是在纽约的拍卖[2]。

串谋集团的价格机制是这样的[3]。串谋集团成员将自己的估价向串谋集团的组织者报告。随后组织者代表估价最高的串谋集团成员参加拍卖；同时在拍卖中，其他串谋集团成员故意压低竞拍价。拍卖结束之后，如果被选中的串谋集团成员赢得拍品，他要付钱给其他串谋集团成员，支付数额决定于拍卖之前向串谋集团报告的估价，以及拍卖价格。

串谋集团内的补偿性支付（side payment）的数额计算如下[4]：串谋集团将收到的估价按顺序排列

$$r_1 > r_2 > \cdots > r_k > p > r_{k+1} > \cdots > r_n$$

p为拍卖后实际支付的价格。成员$k+1$，…，n递交的估价低于拍卖价格p，他们不会获得串谋集团内的补偿性支付。成员k报告的估价比拍卖价p高出$r_k - p$；这一差额的一半将由胜出的串谋集团成员1支付，成员1支付的这一数额在$k-1$个估价高于p但未获胜的成员之中平均分配。成员$k-1$报告的估价比成员k高出$r_k - 1 - r_k$；这一差额的一半将由胜出的串谋集团成员1支付，成员1支付的这一数额在$k-2$个估价高于r_k但未获胜的成员之中平均分配。重复这一计算过程，得到串谋集团成员的支付见表9.1。

1　Addyston Pipe Transcript of Record, p. 362.

2　见Asker (2010)。案例中的数据源自N Y et al. v. Feldman et al., No.01–cv–6691(S.D.N.Y.)。

3　对于集邮品串谋集团的实施情况，见第3章脚注15。

4　见Asker(2010)。串谋集团的机制设计与Graham, Marshall, and Richard (1990)所描述的不同。

表9.1　串谋集团成员的补偿性支付

串谋集团成员	获得的支付
1	$-\dfrac{r_k-p}{2}-\dfrac{r_{k-1}-r_k}{2}-\cdots-\dfrac{r_2-r_3}{2}$
2	$\dfrac{r_k-p}{2}\dfrac{1}{k-1}+\dfrac{r_{k-1}-r_k}{2}\dfrac{1}{k-2}+\cdots+\dfrac{r_2-r_3}{2}$
$\vdots$	$\vdots$
k	$\dfrac{r_k-p}{2}\dfrac{1}{k-1}$
$k+1,\cdots,n$	0

由此，串谋集团成员获得的补偿性支付由每一个出价与成交价的差额构成，前提条件是这些出价高于目标拍卖的成交价格。这一差额的一半由淘汰制的胜出者支付，支付的数额在那些出价等于或大于成交价的串谋集团成员间平均分配。补偿性支付按季度收集和分配（Asker 2010, p. 728）。

这种方式根据串谋集团成员对共谋的贡献来分配共谋收益。估价更高的串谋集团成员获得的支付更多。Asker (2010)和Graham, Marshall, and Richard (1990)提出，在内部淘汰过程中，串谋集团成员有提高估价、进而提高补偿性支付数量的倾向。这一问题被当作串谋集团组织成本的一部分；相应地，卡特尔认可在一定程度上存在成员厂商虚报销售量和产量的问题。二者并无二致。

三、竞买者身份信息公开条件下的升价式拍卖：古董、机床和固定资产案

以上介绍的串谋集团，其共谋机制规定：成员应在拍卖之前向串谋集团组织者报告估价或者竞拍出价，在竞拍过程中约束自己的竞价行为（相应地，这些竞价行为是受监督的），从而决定拍品的归属。在以上密封报价拍卖案例中，共谋收益的分配仅仅取决于拍卖之前成员报告的出价；而在升价式拍卖案例中，共谋收益的分配取决于拍卖之前的报告，以及拍卖

的结果，包括胜出者的身份和所支付的价格。

我们在第3章中得到这样的结论，在拍卖进行过程中，有的升价式拍卖允许串谋集团成员随时了解高价竞买者的身份。在这种规则之下，串谋集团无须在拍卖之前沟通，只是遵守这样的原则即可：如果当时的高价竞买者是串谋集团成员之一，其他人都不许竞价。拍卖之后，串谋集团成员所赢得的任何拍品都要带回到串谋集团中，重新决定这些拍品在串谋集团成员中的归属，及相应的共谋收益之分配。

U.S. v. Seville案、U.S. v. Ronald Pook案和District of Columbia v. George Basiliko案，这三个案例都为升价式拍卖。只要在拍卖过程中能够确定卡特尔成员身份，或者如District of Columbia v. George Basiliko案那样指定一个成员代表卡特尔参加竞拍，串谋集团就无需在拍卖之前进行沟通协商。1988年，U.S. v. Ronald Pook案的判决书指出：在古董委托公开拍卖中，存在着一个古董经销商的圈子（dealer pool）。那些自愿加入圈子的经销商承诺不针对圈子中其他成员实施竞价。在公开拍卖中，如果一位成员赢得拍品，那么这个圈子会在之后进行一次内部拍卖，由那些同样对该拍品感兴趣的成员进行秘密投票（"淘汰制"）……在内部拍卖中出价最高的成员得到拍品，并且向其他每位成员支付好处，支付的总量为公开拍卖价格与内部拍卖胜出价格之差额。每位组织成员获得支付的数量（"圈子分摊"，"pool split"）根据成员在淘汰制中的出价计算得到。

20世纪70年代，U.S. v. Seville Industrial Machinery案中工业机床卡特尔，[1]以及District of Columbia v. George Basiliko案中固定资产卡特尔均采取了类似的共谋机制设计。

District of Columbia v. George Basiliko案的判断书中指出：被告及其众多同伙讨论并同意在拍卖中，避免为了胜出而彼此竞争，选择并指派一名代表代替所有同伙参加竞价……；讨论并同意那些有意参加竞拍的同伙为退

1　见U.S. v. Seville Industrial Machinery案。在20世纪70年代之前，工业机械卡特尔的成员有机会在拍卖之前隐晦地表达自己的兴趣所在。在拍卖中，由卡特尔的唯一组织者参与竞价，其出价为组织者自己对拍品最高估价的估计。这种共谋机制效果不佳。

出竞价而获得一定数额的报酬；或者讨论并同意当受指派的竞买者在固定资产公开拍卖中获胜后，在同伙之中另外组织一次私下的秘密拍卖。很多时候，这些同伙私下的、为获得固定资产所有权而进行的秘密拍卖，其价格要高于受指派的竞买者赢得公开拍卖后所支付的价格，他们约定将公开拍卖与秘密拍卖的价格差额在所有同伙中分配。以合约或其他方式规定秘密拍卖的胜出者获得财产的所有权或产权，并根据承诺向其他同伙支付报酬（District of Columbia v. George Basiliko, p.6）。

以上的案例，在拍卖中，所有竞买者都能了解当时出高价的竞买者的身份信息。特别地，串谋集团成员就不可能既出高价参与竞争（从而背叛串谋集团——译者），又不为其他成员所知。在这种条件下，拍卖之前的协商——这无论如何都是必要的——只需要确定串谋集团成员资格。

给定以上的拍卖方式，只要规定任何串谋集团成员均不得与其他成员竞价，串谋集团就能起作用。赢得拍卖的串谋集团成员向卖者支付成交价，并将拍品带回串谋集团进行秘密拍卖，以决定拍品的最终归属，并确定共谋收益的分配。由于害怕在未来的拍卖中被串谋集团排斥在外，赢得拍品的成员不得不将其带回串谋集团。

古董和机床案中的串谋集团使用集团内淘汰程序，与我们在3.2.4中讨论的情形相似。简单地讲，每个串谋集团成员对共谋收益的贡献各不相同，这种贡献的差别将表现为淘汰程序后支付数额的差别。

第七节　分配的效率

在本章所讨论的所有案例之中，组织串谋集团的目的在于使拍品有希望由估价最高的成员获得。为了从限制竞争中获得最大收益，有效率的共谋收益分配是关键。理论上[1]，为了达到完全效率，只须直接将串谋集团机

---

[1]　如果串谋集团成员是非对称的，那么拍品有时并非由估价最高的成员获得。

制设定为取缔串谋集团内的一切竞争，拍品由估价最高者获得，无论这个胜出者是否为串谋集团成员[1]。这就是说，该机制规定为拍品由估价最高者获得，当且仅当估价最高的串谋集团成员是所有竞买者之中估价最高的[2]。

然而，达到完全效率的结局需要有前提条件，而这些条件在现实中往往不能满足。举例而言，如果串谋集团吸纳了所有竞价者，且成员的估价服从同样的概率分布，而这一点亦为全体成员所知，那么铸铁管密封报价拍卖的串谋集团是有效率的。如果串谋集团成员的估价有不同的概率分布，估价最高的串谋集团成员不一定能胜出。如果存在集团外竞价者，即便起初他们与集团内竞价者并无二致，一旦串谋集团指派出估价最高的成员作为代表，不对称将由此产生[3]。估价最高的集团内竞价者与集团外竞价者之间的非对称意味着，密封报价拍卖不再有效（估价最高的竞价者有可能败北）。因此，在实践中，串谋集团价格机制会存在某种程度的非效率。

在以上所分析的升价式拍卖条件下，尽管某位集团外竞买者实际上估价最高，但是串谋集团成员的理性行为会使得串谋集团赢得拍品。在邮票批发商的案例中，假定某个串谋集团成员赢得了拍品，而其他成员的出价报告影响自己的共谋收益。这样，其他成员向串谋集团报告的出价很可能比自己的实际估价高。这使得串谋集团内的最高估价看起来好像比实际的更高，从而影响竞拍中串谋集团的出价。如果实施拍后淘汰程序，而且这一程序的设计能够达到在串谋集团成员中有效率地分配所拍到的任何拍品之目的，即便在这种条件下，串谋集团成员还是可能在拍卖中出价高于自己的估价，因为他们还能从淘汰程序中获得一部分报酬[4]。

1　对于拍卖中共谋效率的分析可参见Aoyagi（2007），详见参考文献第7条。

2　存在拍卖前协商条件下，对完全效率条件下共谋机制的分析见Mailath and Zemsky (1991) and Marshall and Marx（2007），详见参考文献第168条。

3　理论上存在这种可能性，即串谋集团成员最高估价的分布与集团外竞价者相同，但是这没有实际意义。

4　见Lopomo, Marshall, and Marx（2005），详见参考文献第160条。

　　拍卖方式不同，实现共谋目的所需的机制也会不同。竞买者身份信息公开的升价式拍卖，对集团内成员的行为约束是最少的。串谋集团能够用这样的方式杜绝自利的背叛行为。这种条件下，串谋集团更关注分配机制，分配机制决定了拍品的归属，以及各个串谋集团成员所获得的支付。

　　对于竞买者身份信息不公开的升价式拍卖，串谋集团需要更多地关注约束其成员的出价行为，例如在拍卖中，串谋集团可以委托第三方代表串谋集团参加竞拍。尽管如此，在这种拍卖方式中，分配机制仍旧很重要。

　　对于密封报价拍卖而言，强制机制更为重要。串谋集团必须监督成员的报价，从而避免秘密背叛行为。若在拍卖过程中无法实施监督——比如要求公开报价，强制机制就会面临严峻挑战。密封报价拍卖中，如果串谋集团的报价使得估价最高的集团内成员胜出，分配机制可能比较简单，但仍旧需要制定分配共谋收益的办法。

　　本章和第八章主要分析在竞价者共谋条件下，各种拍卖规则的脆弱之处。总之，对于升价式拍卖与密封报价拍卖两种拍卖形式，串谋集团采用的价格机制和强制机制有很大区别，而分配机制则相差无几。但是这一结论会因拍卖规则而异。在下一章里，我们进一步研究拍卖者对拍卖规则的设计问题，探讨什么样的拍卖规则能够在拍卖中更好地应对共谋。

第十章　拍卖规则设计对恶意串谋者集团的影响

第八章的结论为恶意串谋者集团的收益受拍卖形式——比如，升价式拍卖或密封报价拍卖——的影响。而第9章的结论是，为了组织恶意串谋者集团而制定的共谋机制会因拍卖规则——比如升价式拍卖中，竞买者的身份信息是否公开——而发生改变。这说明拍卖方有能力通过制定拍卖规则来影响共谋[1]。本章中，我们研究拍卖规则设计如何影响共谋收益，或者令共谋机制代价巨大[2]。

强化针对共谋的拍卖规则设计对拍卖收入影响很大[3]。通常拍卖规则设计的目的是缩小与次高估价的边际差异。与此不同的是，通过制约共谋，拍卖规则设计者保证卖者可以获得相当于次高估价（或者接近次高估价）的拍卖收入，而不是第5、第6甚至第10高的估价——这些结果往往是有效的共谋行为所产生的拍卖价格。

同第8和第9章一样，我们仍旧关注两种标准的拍卖形式：升价式拍卖和密封报价拍卖。当存在共谋时，规定不同的拍卖形式，或者在各种拍卖形式下制定不同的拍卖规则，这将会改变拍卖结果。

1　关于识别和测试竞价系统的问题可参见Hendricks and Porter (1989)，Porter and Zona (1993, 1999)，Baldwin, Marshall, and Richard (1997)，Pesendorfer (2000), Bajari (2001), Bajari and Summers (2002), Bajari and Ye (2003), Banerji and Meenakshi (2004)，及Ishii(2009)。对于相关的理论结论，见La Casse(1995)。

2　见Kovacic et al. (2006)关于拍卖和采购招标中应对共谋的方法的分析。也可参考Pavlov(2008)。关于如何在多拍品拍卖中遏制共谋的问题，见Ausubel and Milgrom (2002), Ausubel and Cramton (2004)。

3　Che and Kim (2006)使用了一个理论模型，证明总是可以通过拍卖规则的设计来令串谋集团不能凭借操纵成员出价而获益，从而杜绝共谋。Che and Kim (2006)分析的前提假设是独立的、包含所有竞价者的串谋集团。如果串谋集团的类型有所变化，得到相同的结论需要更多的假设条件，包括对类型空间的限制。当串谋集团没有包含所有竞价者时，谢和凯姆证明，能够设计出杜绝共谋的拍卖机制，这种机制中存在非合作均衡，且满足事后个体理性的占优策略条件。见Che and Kim (2006)。Che and Kim (2006)在设计杜绝共谋的拍卖规则时的目的为，拍卖方以预期的非合作条件下的价格，将拍品卖给串谋集团（作为一个整体）。

第一节　拍卖信息的透明度

卖方向竞买者提供的信息影响后者实施共谋的能力，无论信息是在拍卖开始之前、拍卖过程中，还是在拍卖结束时提供的。因为这些信息影响串谋集团监督其成员执行共谋协议的能力。作为一般原则，卖方提供的有关竞买者身份、出价和拍卖结果的信息越多，串谋集团越易于有效地在成员范围内限制竞争。这一判断直接来自于斯蒂格勒（Stiglerian）关于串谋集团强制机制的分析。下面，我们将证明拍卖规则越透明，拍卖中越容易实施共谋；反之亦然。

由此，似乎很自然地，拍卖规则应当设计为不透明的：卖方向竞买者公开的有关其竞争者的信息要尽可能地少。然而联邦采购条例（Federal Acquisition Regulation）等政府法令要求拍卖和采购招标程序要透明。

如果采购或销售方指派一名雇员作为自己的代表，而这位雇员没有动力在拍卖中卖出高价、或者压低采购价的话，这将导致典型的代理问题（agency problem）。显而易见，负责拍卖或采购招标的受派雇员可能想要不适当地限制竞价者的人数，以避免人多、竞争激烈让自己更麻烦。不仅如此，受派雇员还可能有不正当的想法，打算给某个自己熟识的竞价者好处，或者更糟糕地，打算向竞价者索贿[1]。

对于公共部门的拍卖和采购招标，由于下级政府雇员可能存在上面这些推卸责任或渎职的问题，民选官员的反应是采取公开透明的原则[2]。竞价者名单在拍卖开始之前向公众宣布，所有报价和竞标者身份在密封报价拍卖或采购招标结束之后公开。公开这些信息的目的是解决代理问题，然而这样做的同时增加了竞价者共谋的可能性。当一个竞价者集团支持增加透

---

[1]　见Compte, Lambert-Mogiliansky, and Verdier（2005），详见参考文献第59条。

[2]　见Marshall, Meurer, and Rchard（1994），详见参考文献第174条。

明度并为此进行游说——他们通常主张将所有竞价者在某个平台公布，以此避免拍卖者推卸责任或渎职——之时，这一问题应当引起重视，因为竞价者集团的真正动机在于提高其共谋收益。

在拍卖过程使用新技术能够在很大程度上缓和代理问题——比如自动竞价系统——因为这些新技术提高了透明度。举例而言，美国联邦通讯委员会（U. S. Federal Communications Commission，简称FCC）的无线电频率使用权拍卖就使用自动拍卖，因而在很大程度上缓解了拍卖者的代理问题。对于能够使用自动程序进行的拍卖，追求透明度反而会为共谋大开方便之门。

尽管自动拍卖限制或大大缓解了拍卖者的负面问题，但是如果拍卖规则设计有利于共谋，特别地，如果拍卖规则向竞价者披露或者允许竞价者了解有关其竞争对手的信息，拍卖本身自动化与否无助于杜绝共谋。

例如，在FCC早期的对无线电频率使用权的拍卖中，出价者能够在现行最高出价水平之上自由选择更大的加价幅度（bid increment）[1]。由于出价以百万美元计，在某种意义上，竞价者有可能对最终出价的位数（final digits of the bids）进行沟通。竞价者立即意识到最后三个报价的位数提供了共谋信号的机会[2]。结果，此后的FCC拍卖规定，每次更高出价仅允许提高规定的加价幅度，让竞价者难于就出价信息进行沟通。不仅如此，后来FCC规定在拍卖进行过程中，不向其他竞买者公开出价者的身份信息（在拍卖结束后公开出价记录）。

甚至在民间拍卖中，由于拍卖或采购招标设计不当，令串谋集团能够方便地监督其成员行为，这样的例子比比皆是。举例来说，采购招标者常常规定，对于在前一轮拍卖中胜出的那个现任卖家（incumbent supplier）给予一次最后的拒绝机会。换言之，在采购招标截止之前，现任卖家了

1　关于FCC拍卖的讨论，比如易于出现共谋的问题见McMillan（1994），McAfee and McMillan（1996），Weber（1997），Klemperer（1998，2000，2002），Cramton and Schwartz（2000，2002），Kwasnica and Sherstyuk（2001），Brusco and Lopomo（2002），和 Milgrom（2004）。关于FCC拍卖规则设计所带来的低效率，见Bajary and Fox（2007）。关于战略性的跳跃出价（jump bidding）见Avery（1998）。

2　根据Weber(1997)的介绍，这类传递信号的做法曾在FCC的个人通信业务A&B频段拍卖(FCC's PCS A&B Block Spectrum Auction, FCC Auction4)中出现。

解新一轮招标的最低报价，且有权接受这一价格，从而继续保持卖方的地位。注意在采购招标结束之前尚存在一个现任卖家，这使得现任卖家得以监视潜在合谋者的出价行为，对违反共谋协议者立刻采取行动。这对串谋集团成员的背叛行为有预防作用，因而是有利于共谋的。

一、"雇佣"出价者（"shill" bidder）

所谓"雇佣出价者"是指那种为一个"真实的"竞价者作代理、没有自己利益的竞价者，但是其他竞价者并不知道他是个雇佣出价者。也就是说，其他竞价者将雇佣出价者当作一个实实在在的竞争对手。雇佣出价者在真实拍卖中存在[1]，但是借助他，我们能够方便地分析在易于出现雇佣出价者的条件下，某种拍卖设计环境下的监督问题。在密封报价拍卖中，如果串谋集团成员通过雇佣出价者进行报价，他就能够隐匿自己的身份[2]，这使得串谋集团难于对其成员的报价进行内部监管。特别地，有些成员被串谋集团要求提出超低报价，这些成员可能会倾向于隐匿身份参加拍卖，并避免因背叛而受到串谋集团的惩罚。

雇佣出价者的存在会令串谋集团具有潜在的不稳定性，特别是在密封报价拍卖之中，因此，拍卖者有动机使用"雇佣出价者"。例如，拍卖者可以不公布竞标者的身份信息，只公布竞标者的人数。拍卖者也可能会允许竞标者根据不同的竞标人数提出不止一个报价，或者用不同的身份报价。

二、注册

拍卖者要求竞价者在拍卖之前注册，这种做法很常见。拍卖者甚至可能会给每个竞价者指派一个以上的注册号码供其在拍卖中使用[3]。

我们分析这样两种注册方式，一种是非公开注册（nontransparent registration），指拍卖者不公布竞价者的注册号码，而且隐瞒注册号码与竞

1　见第12章的案例部分。

2　国防部就一种导弹系统进行采购招标，只有两家供应商有能力生产这种产品。有鉴于此，国防部要求采购招标的胜出者不得转让采购合约，这令竞标者无法寻找代理人代替自己出价。

3　见Marshall and Marx (2009)，详见参考文献第169条。

价者真实身份间的对应关系；另一种是公开注册（transparent registration），指拍卖者公布竞买者的注册号码及其真实身份。我们假定无论拍卖者决定公开哪些信息，所公布的任何信息都是真实准确的。在公开注册条件下，竞价者能够了解谁参加了拍卖，以及每个竞价者的注册号码。这样，不管谁注册了两个号码，这件事都瞒不住任何竞价者。因此在公开注册条件下，从一开始，竞价者中雇佣出价者的身份就无从隐匿。而在非公开注册条件下，竞价者事先甚至不知道注册号码都是哪些。这样除了雇佣出价者的委托者之外，其他人既不知道竞价者之中是否存在雇佣出价者，也不知道这个雇佣出价者是谁。

对于公开注册，串谋集团便能够约定价格机制和分配机制，要求其成员报告各自的估价，指示估价最高的成员在拍卖叫价低于估价之前参与竞价，而其他成员故意压低报价。如果串谋集团成员赢得拍品（在某些公开注册的拍卖中，这是可以观察到的），那么这一成员向串谋集团支付报酬，其数额相当于串谋集团成员的次高估价与拍卖成交价格之差额，这一差额是正的[1]。当以上约定得以切实地执行时，任何一个串谋集团成员都没有背叛的动机。

而对非公开注册，串谋集团有可能难于抑制成员间的对抗。在非公开注册拍卖中，串谋集团只知道胜出者的注册号码，而不能确定胜出的注册号码究竟是否为集团内成员所有。尽管如此，我们还是可以证明：如果在升价式拍卖过程中，对每一轮次叫价，出价者的身份均是公开的，那么尽管串谋集团成员能够另外注册一个"雇佣出价者"，但是串谋集团仍不致陷入混乱。因为串谋集团可以这样设计价格机制：估价最高的成员向其他成员公开自己的注册号码（在公开注册时无需如此）；串谋集团指示其他低估价成员（在叫价低于其估价时）可以出价，前提是估价最高的成员没能成为出价最高者，且拍卖行将结束；串谋集团指示估价最高的成员，只要他不是现行的高价竞买者，而当时的叫价又低于其估价，他就应立即出

1　Graham and Marshall (1987)介绍了这种做法。这种做法采用事先预算平衡的原则，赢得拍品的成员按事先规定的数额支付给串谋集团，并由串谋集团成员按事先规定的比例分享。

价。当叫价低于串谋集团成员的估价，且与自己竞争的注册号码不属于已知的串谋集团成员时，所有串谋集团成员均可出价——这样就能够避免因身份信息缺失所带来的背叛问题。价格机制能够使估价最高的串谋集团成员放弃这样的如意算盘：使用另一个竞拍注册号码赢得拍品，且因此不将拍品在拍卖之后带回串谋集团，在成员中重新决定归属，或向其他成员进行转移支付。因为这样能够确保如果任何串谋集团成员采用这种方式背叛共谋，他并不能以低于非合作竞拍时的价格赢得拍卖。

与此相反的情形是，升价式拍卖中出价的竞买者身份未知，不公开身份信息令串谋集团无机可乘。为了说明这一结论，请注意拍卖中胜出的串谋集团成员必须向其他成员支付报酬，否则大家就会争相虚报高估价，并且要求其他成员不要在拍卖中与自己相争。当某串谋集团成员的估价比集团外成员的估价高，但在串谋集团内不是估价最高者之时，这样做会使他背叛共谋的益处更多。然而，如果串谋集团要求其成员赢得拍卖后向其他成员支付共谋收益，那么串谋集团成员就能够秘密背叛共谋协议并因此受益。具体做法是让串谋集团认为他是估价最高的成员，同时另外注册一个竞拍号码，这个号码不为串谋集团所知。在拍卖中，秘密背叛的串谋集团成员能够使用串谋集团所不知道的注册号码出价，直至叫价达到自己的估价。

总而言之，对于升价式拍卖，在拍卖进行过程中拍卖者不公布竞买者身份信息，且注册信息也不公开的条件下，如果串谋集团的分配机制为胜出的串谋集团成员需要向其他成员支付报酬，那么串谋集团无法通过这样的分配机制达到在所有成员中真正实现限制竞争的目的。但是无论拍卖进行过程中公开哪些信息，只要注册信息是公开的，串谋集团就能限制竞争。

这一结论表明，甚至在特殊类型的升价式拍卖中，拍卖人还是可以通过改变拍卖规则来限制共谋收益，比如降低竞买者注册信息的透明度。

三、关于待售物品的信息

在有些拍卖中，竞买者对于拍品有相当丰富的经验。例如，古董商的专业知识令他们能够辨识拍品的年代，而木材厂主的经验使得他们能够判断木材产自特定的地域。在这种条件下，竞买者有额外的动机实施共谋，因为竞争会使得租从这些专家一方转移到拍卖者一方。

为了减少共谋的激励，拍卖者应当采用适度公开拍品信息的策略。如果卖方透露的信息使得"赢者的诅咒"程度减轻，那么这将使得竞价更为激烈，特别是那些不太了解拍品的竞价者——他们往往不是串谋集团成员。然而，对于拍品的信息，如果卖方知道的还不如竞买者多，那么对卖方而言，秘而不宣就是有利的，因为竞买者有共谋的倾向。如果拍卖者低估了拍品的价值，而共谋的竞买者了解到拍的真实价值更高，那么拍卖者公开自己过低的估价可能会使成交价格过低[1]。

第二节　拍卖的次数

串谋集团成员所获共谋收益的支付，有时是在一次实施共谋的拍卖之后，或者暂时记录下来，一段时间之后一并结算。如果串谋集团知道他们还将参加一系列的拍卖的话，这种做法更简便。如果是那种定期的拍卖，串谋集团就能方便地安排轮替顺序，并更好地实施强制机制来惩罚那些在拍卖中有背叛行为的集团内成员[2]。如果每次拍卖中，拍品的价值均比较低，那么串谋集团成员可能不打算违反串谋集团的指令，因为比起将要受到惩罚而言，这么做不值得。

出于这些原因，关注共谋的拍卖者倾向于举办次数更少的拍卖，且增加每次拍卖的拍品数量。拍卖者也有可能将高价值拍品与众多低价值拍品一起拍卖。拍卖者可能不会宣布未来拍卖的固定日期，而是举办不定期的拍卖。拍卖的时间间隔越长，串谋集团成员越可能有背叛行为，原因是来自同伙的惩罚被延迟到更加遥远的未来。

1　参见Samkharadze（2011），详见参考文献第214条。
2　参见Aoyagi（2003），详见参考文献第6条。

第三节　出价记录

以上，升价式拍卖规则设计得到了更多的关注，但是与密封报价拍卖相比，升价式拍卖中的出价记录有用信息较少。在密封报价拍卖中，通常由所有参与竞标者递交出价，拍卖者对所有这些出价进行记录（以纸质的或电子的方式）。美国司法部（the U.S. Department of Justice）[1]注意到，如果收到的报价异乎寻常地少，这种现象说明可能存在共谋；因此在密封报价拍卖中，串谋集团有可能安排那些未被指派为胜者的成员也提交报价，从而掩盖串谋集团的存在。

密封报价拍卖中，这些没有胜出可能的报价传递了这样一个信息：可能存在共谋[2]。如果在密封报价拍卖中存在共谋，尽管串谋集团千方百计压低出价，串谋集团同样必须避免自己的成员背叛共谋协议。如果竞标者将出价多少提高一点，串谋集团成员背叛的激励就会下降；为了实现更高出价，串谋集团可能需要有一个成员提交的报价比报价最高成员的报价略低。这暗示着这些报价相互间所差无几，即使这都是些没有胜出可能的报价。这类出价可能意味着存在共谋[3]。因此，在密封报价拍卖中，拍卖者所整理的出价记录可能成为起诉共谋的证据。

升价式拍卖通常没有这样的出价记录。首先，出价可能是口头的，因而没有出价的正式记录。其次，根据不同的拍卖规则，尽管拍卖场中不存在共谋，许多竞买者也可能自始至终就没有出价。因此，观察到只有一部分竞买者实际出价，这可能不像密封报价拍卖中那样意味着共谋行为。第三，在升价式拍卖中，人们可能无法识别出每一个参与者，因为只能知道谁真的出价了。以上特点意味着，比较升价式拍卖和密封报价拍卖，通常更难于从前者的出价记录中寻找共谋的证据。

1　参见第8章脚注1中美国司法部的出版物。

2　参见Porter and Zona（1993），详见参考文献第199条。

3　参见Marshall and Marx（2007），详见参考文献第168条。

本章分析拍卖中对抗的作用，以及串谋集团用来限制竞争的共谋机制，从中能够了解到如何设计反制措施来应对拍卖中的共谋。拍卖者能够采取以下策略来阻击共谋：

1.使用密封报价拍卖，而不是升价式拍卖的方式。

2.限制提供给竞价者的关于其竞争对手的信息，包括竞价者身份、拍卖结果，以及竞争者的出价等。

3.除非必要，否则不要给予现任卖方以最后拒绝的权力。

4.允许竞价者隐匿身份重复报价。

5.根据拍卖者关于待售物品的了解，选择能够杜绝潜在共谋的适当策略。

6.拍卖的时间间隔要尽可能地长，而且没有规律。

案例：阻击共谋的规则设计

我们用一个例子来说明，如何根据Che and Kim（2006)的计算方法来设计阻击共谋的规则。正如前面所言，在真实的拍卖中使用这一方法，需要具备以下条件：

1.所有竞买者都要向拍卖者缴款，而不仅仅是赢得拍品的竞买者。如果竞买者不能保证这一规则得到切实贯彻，也就是说，如果拍卖者欺骗竞买者，要他们支付高于所需（higher-than -required）的数额，这可能就有问题。

2.拍卖者知道竞买者数量，竞买者的类型，竞买者的身份，以及串谋集团中的竞买者属于两种类型中的哪一种。[1]

---

1 Che and Kim(2006)的博弈模型要求在串谋集团形成之前，竞价者已同意参加拍卖。此外，哪些竞价者有机会组成串谋集团（只存在一个串谋集团），这在竞价者选择是否参加竞价之前已给定。Che and Kim(2009)证明，在某些条件下，对于拍卖者而言，竞价者首先决定是否加入共谋，或者首先决定是否参加拍卖，两种假设的结果相似。

3.串谋集团为每个成员提交报价，串谋集团可能会有意压低部分报价。

假设拍卖中只有一件拍品，有4位竞买者参加本轮次高价拍卖，，竞买者估价独立，且服从U[0,1]，没有保留价。

用符号来表示次高价拍卖，我们有n=4，v=0（拍卖者对拍品的估价为0），拍卖结果为：

$$q_i^*(\theta) = \begin{cases} 1, & \text{if } \theta_i > \max\limits_{j \neq i} \theta_{j'} \\ 0, & \text{otherwise.} \end{cases}$$

（我们忽略流拍（tie）。如果流拍，你尽可以将拍品卖给排名靠前的最高估价竞价者，并相应地调整支付数额。）竞买者支付为：

$$t_i^*(\theta) = \begin{cases} \max\limits_{j \neq i} \theta_{j'} & \text{if } \theta_j > \max\limits_{j \neq i} \theta_{j'} \\ 0, & \text{otherwise.} \end{cases}$$

次高价拍卖中，$\hat{q} = q^*$（胜出规则也如此），支付标准为$\hat{i}$；谢和凯姆证明"阻击共谋"的机制为：

$$\hat{t}_i = (\theta') = E_{\theta - i} [l_i^*(\theta_i', \theta_{-i})] - \frac{1}{3} \sum_{j \neq i} E_{\theta - j} [t_j^*(\theta_j', \theta_{-j})] + \frac{1}{3} \sum_{j \neq i} E_\theta [t_j^*(\theta)].$$

因而，在本例中，

$$\hat{t}_1(\theta') = \int_0^{\theta'1} 3x^3 dx - \frac{1}{3} \left(\int_0^{\theta'2} 3x^3 dx + \int_0^{\theta'3} 3x^3 dx + \int_0^{\theta'3} 3x^3 dx \right)$$

$$+ \frac{1}{4} c \int_0^y 12x^3 dx dy$$

$$= \frac{3}{4} (\theta_1')^4 - \frac{1}{4} [(\theta_2')^4 (\theta_3')^4] + \frac{3}{20}$$

注意到

$$E_{\theta - 1}(\hat{t}_1(\theta_1', \theta - 1)) = \frac{3}{4}(\theta_1')^4 - \frac{1}{4}\left(\frac{1}{5} + \frac{1}{5} + \frac{1}{5}\right) + \frac{3}{20} = \frac{3}{4}(\theta_1')^4$$

以及

$$E_{\theta - 1}[t_1^*(\theta_1', \theta_{-1})] = \int_0^{\theta'1} 3x^3 dx = \frac{3}{4}(\theta_1')^4$$

因此，在"阻击共谋"的新机制条件下，竞买者的预期支付与非合作次高价拍卖中相同。

在这一新机制中，出价最高者赢得拍品，每个竞买者都交钱了，竞买者i'的支付是$\hat{t}_i(r)$。为了说明新机制满足激励相容（incentive compatibility）条件，注意给定出价r_i，并假设其他参与人出价是真实的，参与人i'的预期支付为：

$$\theta_i \operatorname{pr}\left(\max_{j \neq i} \theta_j < r_i\right) - E_{\theta_{-i}}\left[\hat{t}_i\left(r_i, \theta_{-i}\right)\right] = \theta_i r_i^3 - \frac{3}{4}\left(r_i\right)^4$$

该支付在$\theta_i = r_i$条件下满足最大化，故激励相容条件得到满足。

假设所有4位竞买者聚在一起计划实施共谋。共谋机制要求所有竞买者均参与共谋——每位竞买者不断地发出信号。如果他们按照估价最高的竞买者按其估价出价、其他人出价为零的办法实施共谋，不妨假设$\theta_1 > \theta_2, \theta_3, \theta_4$，那么他们总的支付为：

$$\sum_{j \neq i}^{4} \hat{t}_i(\theta_1, 0, 0, 0) = \frac{3}{5}$$

对于任何可能的报价，两个竞买者的支付总额为3/5。若为非合作竞拍，他们的预期支付总额仍旧为3/5。因此共谋无利可图。

有意思的是，与次高价或密封报价拍卖不同的是，在这种阻击共谋的新机制中，一个竞买者的支付随竞争者的出价而下降。

第四部分 利用经济学证据推定共谋的存在

在第十一和第十二章中，我们分析如何使用经济学证据来推定(detection)共谋。以下各方非常重视这个问题：（1）关注卖方可能存在共谋行为的买方；（2）关注买方可能存在共谋的卖方；（3）关注下级部门管理人员可能存在共谋的上级管理者；（4）需要维护消费者剩余的公共权力部门。若是找不到"一支正在冒烟的枪"——比如卡特尔组织/串谋集团的真凭实据或者阴谋串通的白纸黑字，上述市场主体和权力部门只能凭借经济学证据来推定卡特尔或串谋集团的存在。在第十一章中，我们来谈谈如何发现卡特尔；而在第十二章中，我们关注的是串谋集团。

第十三章的内容不再讨论如何推定共谋，转而分析与此有关联的另一个问题：当一个行业发生合并之后，相关厂商将如何调整自己的行为。在这一章之中，我们认为权力部门应有一套规范的分析方法，以便对合并后行业内可能发生的变化做深入探究，考察合并对其他厂商的影响。

第十一章　有利因素

有利因素（plus factor）指针对共谋的经济学间接证据（circumstantial evidence），不仅仅包括行业中厂商的平行的价格行为[1]。有利因素是有助于判断共谋是否存在的若干经济标准[2]。当有利因素表明很有可能存在共谋之时，我们将这些有利因素称为强有利因素（super-plus factor）[3]。

第一节　根据卡特尔结构的分类来组织有利因素

作为开始，我们回顾卡特尔的结构，以及在相应结构下能够观察到的行为，有利因素则由此产生。在第一部分中，我们总结出9大类明显的卡特尔行为（参见4.3）[4]。现在，根据第二部分中分析得到的3种共谋机制，我们对这些卡特尔行为进行归类。

与共谋的定价结构（pricing structure）相关的卡特尔行为有：

1.价格提升（price elevation）：将价格提高到非共谋的价格水平之上。

2.产量限制（quantity restriction）：将整个行业的产量降低到非共谋的产量水平之下。

3.抑制买方对抗的措施（steps to reduce buyer resistance）：采取措施瓦解买方抵制提价的努力。

1　ABA Section of Antitrust Law（2007，pp 71—16）。

2　见Kovacic et al.（2011）和 Harrington（2008），详见参考文献第109条。

3　见Kovacic et al.（2011），详见参考文献第138条。

4　这些中的一部分内容源于Kovacic et al.（2011），详见参考文献第138条。

4.内部激励转移（internal incentive shift）：改变厂商内部的激励，以限制厂商间的竞争，从而推高价格。

与共谋的分配结构（allocation structure）相关的卡特尔行为有：

5.共谋收益的分配（allocation of collusive gain）：在成员中分派共谋的好处。

6.再分配（redistribution）：在成员中，对收益或损失进行再分配，以保证成员能够继续遵守协议。

与共谋的强制结构（enforcement structure）相关的卡特尔行为有：

7.联络和监督（communication and monitoring）：监督共谋协议的执行，定期交流与共谋协议有关的信息，特别是产量、销售额和市场份额[1]。

8.强制和惩罚（enforcement and punishment）：对背叛共谋的行为保持警惕，前提是有的卡特尔成员经常严重背叛共谋协议。

此外，如果某个卡特尔凭借共谋机制成功地在组织内部消除了对抗，他会进一步考虑采取措施与任何有碍行业暴利的其他力量进行对抗。这些进一步的措施包括：

9.支配厂商的行为（dominant-firm conduct）：当厂商间的对抗被完全消除之后，所采取的寻求更多赚钱机会的行为，比如支配厂商的控制行为。

从第二节到第五节，我们深入讨论与以上卡特尔行为相联系的有利因素的例子。然后在第六节中，我们讨论如何使用有利因素对存在卡特尔的可能性进行更为精确——有时是定量——的分析，这些分析有助于我们得到明确结论。在第七节中，我们总结从第二节到第五节中的强有利因素。在第八节中，我们简要讨论在面对根据强有利因素判断存在共谋的指责之时，卡特尔和恶意串谋者集团的反应。

1　Kuhn (2001)将共谋所需交流的信息进行了分类。

第二节　与定价结构相关的有利因素

在这里，我们关注与价格结构相关的若干有利因素和强有利因素，讨论如何寻找那些分开来看无关紧要、但汇合在一起能有力证明存在共谋的有利因素。

一、价格提升

与非共谋条件相比，卖方的成功的共谋行为会提高买方所支付的价格。若能够在不存在共谋条件下，将所有的投入要素加总，那么如果价格高于此水平则说明卖方存在共谋。举例来说，如果考虑到了非共谋条件下所有影响价格的投入要素，在此基础之上得到了可靠的计量经济学预测模型；然后在模型中使用非共谋期的基准（benchmark）数据[1]，在给定的置信度水平上，得到的预测价格与存在潜在共谋的某一时间或地域内的实际价格路径不一致，那么这就是存在共谋的有力证据。

如果以上计算过程能够完成，那么这将十分有利于公共权力机构调查潜在共谋，有利于判断在某些卖者中存在共谋的买者（procurer），有利于厂商高层管理者，他们怀疑下层管理人员可能与其他厂商中的同伙实施共谋而陷自己的厂商于反垄断官司[2]。

1.经验模型[*]

现在我们介绍建立模型、计算对照价格（but-for price）的一种方法。下面的内容要求对计量经济学有基本的了解。母公司往往要求下级单位提供交易数据，连同所有其他相关数据——包括要素成本和需求条件——来确定价格。因此，与买方或公共权力机构相比，母公司进行以下计算会更方便。

1　非共谋的基准是指这样一个时间范围，在此范围内厂商被认为将会考虑他们之间的相互依存（mutual interdependence）。因此，明显的共谋将会令这一基准时间范围发生相应变化。

2　关于在柠檬酸和赖氨酸市场中使用经验方法推定共谋的分析，参见Bolotova, Connor and Miller（2008），详见参考文献第37条。

为了计算现行价格是否比非共谋条件下为高，只需要预测不存在卡特尔时的价格水平[1]。这通常被称为对照价格——如果不存在卡特尔，价格将是多少？图1.1是用两种方法推算的650饲料级维生素A醋酸酯（vitamin A acetate 650 feed grade）的对照价格。如果关注的是卡特尔，那么通常无需辩诉协议（plea agreement）。这意味着需要找到非共谋的基准数据，这给本就困难的问题增添了难度。

对照价格与现行价格间的差距受多种因素的影响。为了区分出共谋对价格的影响，一种可选方法是在我们确信不存在共谋的环境中建立模型，用以准确地估算价格差。如果模型能准确地预测基准期内竞争价格的变动，那么就可以用它来预测共谋期内的价格本应该是多少。但是，这需要在非共谋条件下，设定非共谋的时间段、地理位置，或者产品空间，并由此得到可靠的基准。现在，我们假定基准期和推测的共谋期均为已知，且这些时间段的设定均是合理的。

大学本科水平的计量经济学教材主要讲授计量经济学的基础性概念，着重介绍实验的设计。例如，我们可能被要求在1000块土地上种植玉米，每块土地1英亩，500块土地上施肥，另500块则不施肥。这1000块土地分布在某个州的不同县，气温、降水、土壤肥沃程度、日照时间和湿度等条件都存在一定程度的差异，所有这些差异均可被测量。我们可以用回归分析的方法，测定在这些外生条件下，肥料对玉米产量的边际影响。

将教材中教授的这种方法应用于对卡特尔的判断，我们不再假设1000块平均面积1英亩的玉米地，代之以许多时间段，这些时间段中的价格是可以观察到的。我们不再关注玉米产量，代之以真实的价格。我们不再检查温度、降水、土壤肥沃程度、日照时间和湿度，代之以投入要素的价格、需求变化、库存、开工率、汇率等对产品价格有潜在影响的变量。我们不再考察施肥与否对产量的影响，代之以在某个时期内是否存在共谋。

然而，一般而言，经济环境不是可控实验（controlled experiment）。

1　见White, Marshall, and Kennedy（2006），详见参考文献第248条。

并不是存在1000个孤立的经济体，其中500个存在卡特尔，而另外500个没有。真实的经济是不可实验的。因此，判断卡特尔是否存在，这个问题不能仅仅照搬标准的实验方法。

在种玉米的例子中，不存在策略性的参与人；但卡特尔则是一个重要的策略性参与人。在实验中，我们不能用降水量来解释玉米产量，无法通过控制降水量来说明施肥对玉米产量的影响。降水量是外生变量。在实验中无法改变降水量，起码玉米产量无法改变降水量。但是，有许许多多的因素影响产品价格，而这些因素因卡特尔的存在而变化，甚至是由卡特尔策略性地决定着的。

举例来说，卡特尔的行为包括它可以动态监控并改变库存水平和/或开工率。将这些变量引入模型，并用这个模型同时考察基准期和共谋期，这样做不合适，这是因为由卡特尔直接控制的一些变量会影响卡特尔期的对照价格，这令我们无法测定这个对照价格。

考虑库存水平。假定在基准期内，高库存水平导致激烈的竞争，竞争使价格有下行压力。进一步地，假定卡特尔一方面使得价格提高，另一方面要求成员刻意保持高库存水平；这样做既能够阻止较小的卡特尔成员背叛协议，也能够成为潜在的新进入者的威胁。这时，库存变量不能作为模型的解释变量，用来准确判断卡特尔时期的对照价格，因为卡特尔会策略性地改变这个变量。

上面谈到的问题对于模型参数估计和预测十分关键。首先，如果对基准期和可能的共谋期进行参数估计，用库存作为模型中的一个回归变量（regressor），那么库存的参数将包含上述因素的两种影响，其中一种影响在基准期起作用，而另一种在可能的共谋期起作用，然而事实上对库存这个变量在两个时期内进行参数估计的方法是相同的。其次，即便参数仅由基准期决定，然后根据这一模型来预测卡特尔时间的对照价格，由于卡特尔对厂商的策略性控制，库存变量也注定有相应变化。特别是，与之前或之后的时间段相比，在可能的卡特尔期，库存对价格的影响是不一致的。

广告支出可能是另一个与库存类似的变量。在基准期，厂商自行决定增加广告支出，以谋求从其他厂商那里攫取更大的市场份额；而在可能的卡特尔期，所有卡特尔成员同意通过为产品做广告来扩大整个行业的需求，那么为了得到能准确而可靠地估计对照价格的模型，广告支出不宜被当作回归变量。

看起来，投入要素的价格似乎不会有这种为难之处，但是这也需要仔细审视。如果卡特尔凭借其买方力量与投入品供应商讨价还价，从而影响了投入品的价格，那么投入品价格会受可能存在的卡特尔的影响，不能用来对对照价格进行准确而可靠的估计。

进行计量经济分析需要深入考察行业和产品市场，决定哪些变量潜在地受卡特尔的影响或控制，哪些变量是独立变量。

对于像投入品价格这样的变量，还存在另一个问题。假设对于某种投入品而言，在整个市场中卡特尔只是一个小买方，对投入品价格没有影响。当投入品价格发生变化，比较那些在供过于求的行业中的非共谋厂商与卡特尔厂商，他们的反应截然不同。因投入品价格变化而进行的产品价格调整，供过于求行业的非共谋厂商比卡特尔更为敏感。如果可能的话，尽量注意既不要使用可能的卡特尔期，也不要使用基准期的数据来估计投入品价格对产品价格变化的影响。

从实验方法来看，投入品价格通常与受卡特尔控制的变量相互影响，因此在基准期与可能的卡特尔期，注意投入品价格有不同的作用。许多时候，更好的方法是使用基准期——假设此时的行为是非共谋的——来估计参数，然后使用这些参数来预测可能的卡特尔时期的价格变动。

下一个问题是在模型中引入诸如汇率这样的回归变量。假设汇率的影响需要考虑，这是因为现实中，共谋的卖方会以汇率变化作为借口，乘机抬高产品价格。但是，在卡特尔借汇率变化提价之时，汇率对行业价格的实际影响很可能并不大。这样的话，将汇率引入模型来对基准期和可能的卡特尔时期进行计算，汇率的作用可能被算出来很重要，但实际上对价格没有影响，不应该将汇率作为回归变量以决定对照价格。

在实验中，没有真正的内在经济关联的时间序列变量有时会错误地显得很重要。例如，因为存在经济周期和长期经济增长，许多经济变量随时间做同方向的变化。回归分析也会计入这些变量，但是他们与我们所关心的产品价格变化不相关。在研究中需要正确地处理这些变量，以便正确反映他们对价格变化的真实影响。

某些重要信息可能缺失。永远要小心，不要忽略了重要信息。举例而言，假定某种运费是重要的成本，这些运费由长期合同约定。如果这些运费未知，那么需要设法寻求这一重要成本的替代指标。这时，可能会考虑使用能够得到的运费价格指数作为回归变量来代替运费成本。

我们的目的是获得准确可靠的、在可能存在卡特尔的时期的对照价格[1]。我们用根据基准期数据估计的模型来预测可能存在卡特尔的时期的对照价格。

为了确保根据模型进行的预测准确可靠，需要对基准期的预测精度进行评价。设想我们选出一组变量，这些变通可能能够解释价格的变化，而且不受潜在的战略性的卡特尔组织所控制。这组变量的个数将会非常多。

只有能够获得这么多的数据和信息，才能得到一个模型。选取变量的前提是他们有助于提高基准期的预测精度。在基准期之外，许多时间段（"对照期"，"hold-out periods"）并不用来估计模型。可以用对照期的数据来检验模型的预测是否准确。对所有潜在的模型、在基准期内多个时间段进行反复预测。最好的模型是那个所有计算结果中预测精度最好的[2]。

最佳模型中的回归变量是所有备选变量的一个子集。根据基准期的数据进行模型估计，然后利用这个模型预测可能存在卡特尔的时期的价格。得到的就是对照价格。

预测模型中的系数估计不能够用于评价模型的可靠性或准确性。预测

---

1 见Shao（1993），Racine（2000），Bernheim（2002），Inoue and Kilian（2006），和 Giaco-miniand White（2006），详见参考文献第222、205、121、97条。

2 见Racine（2000），详见参考文献第205条。

模型中的系数没有这种类型的结构性内涵。系数仅仅是变量的权重，这些权重共同形成对对照价格的最佳预测。

这些系数的严格的结构性内涵产生于理想的实验条件。比如，假设我们正在预测维生素产品的价格。我们都知道油脂是一种重要的生产原料，于是在任何其他条件保持不变的前提下，预计油脂价格上升会推动维生素的价格上涨。假设那个最佳预测模型中，油脂价格的系数是负的。这并不说明该模型有缺陷。油脂价格作为回归变量被加入模型之中，它的系数代表进行预测时的最佳权重。预测模型中的系数不是在其他条件不变时的边际影响。

回到图1.1，人们可以看到在抗辩期（plea-era period）内，实际价格和对照价格间相差很多。而实际价格和对照价格之间的差额代表了卡特尔所带来的危害，能够用来推定存在卡特尔行为。特别地，正如1992年的650饲料级维生素A醋酸酯市场那样，如果真实价格开始明显偏离对照价格水平，这成为共谋存在的有力证据。

二、产量限制

有效的共谋会使行业产量比不存在共谋时为低。举例而言，欧佩克卡特尔的产量限制人尽皆知。欧佩克国家间的协议使得石油产量低于不存在卡特尔时的水平——不管这个产量水平可能是多少，而且令石油价格比没有产量限制时市场出清的价格更高。

正如第6章中所谈到的，一次集体诉讼的申诉指出，根据Capper-Volstead Act法案，United Potato Growers of America Inc.实施了产量限制，要求其成员减少土豆种植面积，并使用卫星和地面检查来监视限产协议的执行。

三、抑制买方对抗的措施

在维生素卡特尔中，作为定价结构的一部分，卡特尔组织通过公开宣布提价来平息购买者的反感情绪，价格公告（price announcement）刊登在著名的行业杂志上。比较确认存在卡特尔时期的维生素价格公告与此前的1985年——这一年明显的共谋似乎少很多，分析卡特尔成员的各种维生素产品的价格公告，我们能够发现以下特征[1]：

1.与非共谋相比，共谋期的价格公告在时间上更为频繁。卡特尔更为频繁地发布提价公告，反映出价格提升是卡特尔定价结构的重要特征。

2.共谋期价格公告出现的时间比较有规律。卡特尔价格公告的规律性是卡特尔会议时间规律性的反映。举例而言，每到间隔半年的卡特尔例会后，随之而来的可能就是新的价格公告，从而形成一种为期半年的调价规律[2]。

3.在共谋的价格公告中，每次提价幅度往往是谨慎而渐进的。渐进式的涨价就是为了应对买方的不满。如前所述，正是由于提价幅度太大，机电用碳和石墨产品行业的卡特尔厂商遭遇买方的抵制。不仅如此，Harrington(2006)提出渐进式提价不大可能引起（反垄断机构的——译者）警觉。

4.共谋的价格公告通常是"联合公告"（joint announcement），表现为一家厂商带头，然后其他厂商迅速发布类似的涨价公告。联合公告的目的仍旧是平息买方的不满与抵制。如果买方观察到某个行业中的所有厂商，或者至少大部分厂商发布通知表示要提高价格，他们一般不太会在一对一的采购中激烈地讨价还价。维生素卡特尔厂商的价格公告往往在时间上有几天的差异（相关的行业杂志每周发行一期）[3]。对维生素案，欧共体（EC）的判决指出："当事人一般同意一家厂商率先发布涨价公告，通告发布在行业杂志上，或者直接通知顾客。一个卡特尔成员发布价格公告后，其他厂商往往会跟进。这样，在一个寡占市场中，作为价格领导策略的结果，如果涨价行为受到质疑，这轮提价能够被终止。[4]"

5.率先发布共谋价格公告的可能并非行业中的领导者。非共谋的价格公告往往由行业领导者率先发布，这是因为小一些的厂商担心涨价会令大厂商侵蚀自己的市场份额，而大厂商则并不关心小厂商躲在自己的价格保

---

1 价格公告行为产生于特殊的产品/市场/行业，故这些特征并不适用于Marshall, Marx, and Raiff (2008)所涉及范围之外的产品。

2 见Marshall, Marx, and Raiff（2008），详见参考文献第170条。

3 见Marshall, Marx, and Raiff（2008），详见参考文献第170条。

4 EC decision in Vitamins at paras. 203—204。

护伞之下[1]。根据观察，在1985年之前，维生素行业往往由行业领导者——一般是罗氏公司（Roche）——带头发起涨价公告。但在1985年之后，带头者则通常不再是罗氏公司[2]。

6.在共谋价格公告中所规定的新价格生效之前，往往有较长的前置时间。公开宣布的新价格有时立即生效，有时则在一段时间之后生效。若新价格在一段时间之后生效，卖方可能会收回或改变所公布的价格。公开价格公告设置前置时间，这种做法让卡特尔有机会观察提价能否被接受，若遇买方反映强烈则收回价格公告，而不会引发原有卡特尔市场份额分配体系的崩溃。至于维生素卡特尔，大约有一半的通告价格，其前置时间都比较长。然而，在此前不存在共谋的基准时期，只有5%的价格公告预留了提价的生效时间[3]。

在Wall Products v. National Gypsum案中[4]，共谋厂商所发布的所有价格公告都在未来同一个时点上生效[5]。由于涨价的预先通告能够起到有利于共谋协议的作用，在某些案例中，反垄断机构禁止发布提前预告价格的公告。1934年，精制糖行业厂商就曾被禁止这么做[6]，但是最高法院推翻了地区法院判决中的这一部分决定[7]。后来，在1967年的U.S. v. Pennsalt Chem. Corp[8]案的和解协议（consent agreement）中，预先价格公告也被禁止。此外，在Ethyl Corp.案中[9]，美国联邦贸易委员会发现预先公布价格变动这一行为有反竞争的作用。

为了说明价格公告的作用，我们介绍维生素卡特尔的价格公告和交易价格数据[10]。自1970年至2001年，价格公告刊登在两份行业周刊上，一

1　见Marshall, Marx, and Raiff（2008），详见参考文献第170条。

2　例如，在图11.1所示的650饲料级维生素A醋酸酯的案例中，自1989年晚些时间开始，最先公布的6次价格公告，第一次由是罗氏公司带头的联合公告，随后依次由巴斯夫公司（BASF）、Rhone Poulenc公司、巴斯夫公司、罗氏公司和巴斯夫公司带头。

3　见Maishall, Marx, and Raiff（2008），详见参考文献第170条。

4　Wall Products Co. v. National Gypsum Co. 326 F. Supp. 295, 316N.D. Cal. 1971).

5　见Clark (1983)的报告。

6　U.S. v. Sugar Inst., 15 F. Supp. 817, 830, 908 (S.D.N.Y. 1934).

7　Sugar Inst. v. U.S., 297 U.S. 553, 603 (1936).

8　U.S. v. Pennsalt Chem. Corp., 1967 Trade Cas. (CCH) P71, 982, at 83,475 (E.D. Pa. 1967).

9　re Ethyl Corp., 3 Trade Reg. Rep. (CCH) at 22,546 (F.T.C Mar. 22, 1983).

10　虽然维生素卡特尔是一个国际性的卡特尔组织，我们的分析所使用的是在美国发布的公开价格公告。

份是《饲料》（Feedstuffs），另一份是《化工品销售报告》（Chemical Marketing Reporter）。下面是此期间美国市场上，若干种维生素产品的所有的市场价格公告[1]。图11.1是650饲料级维生素A醋酸酯的价格公告；本章的附录A是饲料级Caplan (B5) SD产品（图11.4）、饲料级Caplan (B5) USP产品（图11.5），以及维生素E醋酸油USP（vitamin E acetate oil USP）（图11.6）的价格公告[2]。

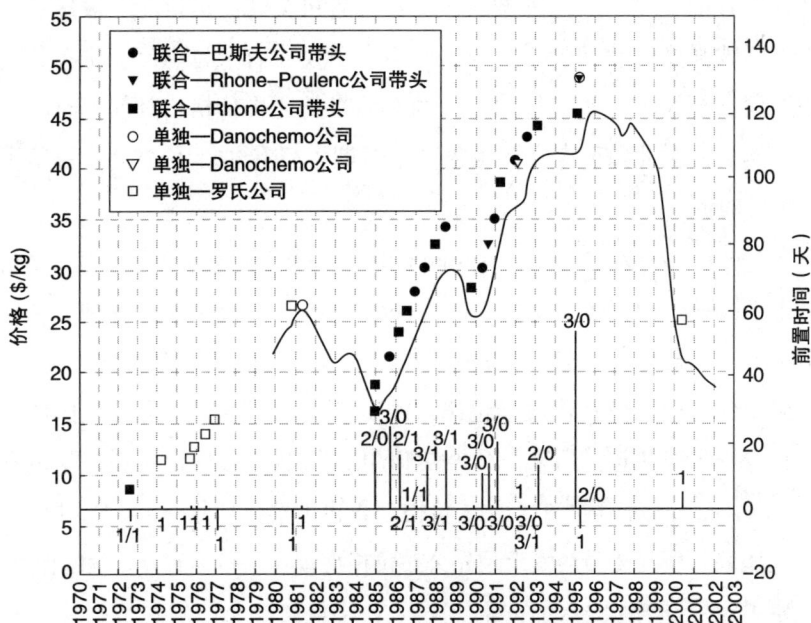

图11.1　650饲料级维生素A醋酸酯的价格公告及价格

　　图11.1中的数据是650饲料级维生素A醋酸酯的价格公告和具体价格。真实的平均交易价格用粗线代表，通告价格用实心或空心的圆圈、方框和三角形表示，分别代表了不同类别的具体价格。联合通告是指在90天之内，一个或多个卡特尔成员公布的同样的价格。联合通告由实心图形代表。单一通告是指其他通告中没有同样价格的通告，由空心图形所代表。如图例所示，图形本身代表厂商进行了单独通告或领导了一次联合通告。

1　见Marshall, Marx, and Raiff（2008），详见参考文献第170条。

2　价格数据由Bernheim (2002)所附的图中得到。Bemheim (2002)第12章显示了自1980—2002年间——即诉讼的时期（plea-period），以美元计、按月加权的每千克产品价格，以及卡特尔厂商的名称。

图11.1还用纵轴（右侧纵轴）代表每次通告中，通告发布日期与价格实施日期之间的天数。有时，通告发布的时间晚于提价实施的时点。此时，间隔天数是负的。最后，在代表时间间隔的直线之上还有两个数字，第一个是参加联合通告的卡特尔成员数，第二个（在"/"）之后是联合通告中非卡特尔成员数。对于650饲料级维生素A醋酸酯而言，卡特尔成员有3家：罗氏、巴斯夫和Rhone-Poulenc公司[1]，因此第一个数字不会超过3。

650饲料级维生素A醋酸酯的诉讼时间为1990年1月至1999年2月，但是伯恩海姆（Bernheim）（2002）认为共谋的起始时间应为1985年1月[2]。从图11.1中可以看出，自1985年1月始，价格公告行为有了明显变化，此后是持续数年的价格上涨。在1985年之前，价格公告相对较少，几乎所有价格公告都是单独公告——意思是公告是由单个厂商发布的，其他厂商没有随之发布同样价格的公告。不仅如此，在1985年之前，价格公告与新价格正式生效之间的间隔时间相对较短，然而在1985年1月之后，价格公告比新价格正式实施的时间提前很久。这一行为在整个共谋时间一直存在。在1999年2月，当反垄断机构认定存在共谋之后，联合价格公告有所减少，同时产品价格大幅度下降。

尽管事实上，制造商可能在公布价格的基础上有一定的折扣，但是从图11.1中可以看出，卡特尔公布的价格和实际价格按相同的趋势变化[3]。

图11.1还说明，厂商倾向于宣布价格上涨，而不是价格下降。1985年

1　见图1.1（原文如此，应为"图11.1"——译者）。

2　见Bernheim（2002，p.iii），详见参考文献第33条。

3　作为另一个案例，在对Cartonboard的判决中，欧共体对公告价格和实际价格的特点归结为："经济学研究不能证明卡特尔是无效的。委员会从未断言在新价格生效的第一天，卖方就完全按照计划、向所有顾客全额收取实际交易价格，期待他们会这样做也是不现实的（见事实述101和102）。生产商所委托的经济研究得到的各种收敛曲线图（生产商用这些图来支持这种观点：在'公告'价格和'实际'价格之间没有因果关系）事实上表明，在两组数据中存在明显的线性关系，不论使用本国货币单位还是实际支付所使用的欧元均是如此（见第21项陈述事实）。虽然有时在时间上有延迟，但是价格增幅严格地追随公告价格。报告的作者承认自己听说这发生在1988年至1989年间。这只能说明每一份合约，在不同的时点上——有时是因为顾客的反对——存在折扣或让步，实际的提价幅度或多或少低于公告中的提价幅度。使用'平均'提价幅度也是为了掩盖这样的事实：在多数时间内，生产商成功地迫使顾客按照所公布的价格全额支付。"（欧共体对Cartonboard案的判决，第115段）。

之后的公告价格以稳定的比例上升，并引导实际价格。1985年之后，除价格达到顶点之外，在任何其他时点上，公告价格高于实际价格，而且公告价格高于实际价格的差额相似，卡特尔厂商持续不断地宣称提高价格，尽管此期间交易价格持平或掉头向下。图中表明在价格达到高点的1988年，涨价遇到了阻力，1994年发生了同样的情况。

在本章的附录中，我们提供了另一张关于其他饲料级维生素和两种人类用维生素的价格公告的图表。这些图所表现出来的特点与图11.1异常相似。

四、内部激励转移

如果一个部门管理者决定加入一个卡特尔组织，该部门的运营就会根据部门管理者的决策而发生改变。特别地，如第五章（原文如此，应为第二章第五节——译者）所述，部门管理者一般不会鼓励销售人员努力提高市场份额，而是代之以鼓励销售人员"重价不重量"（price before volume）。换言之，销售人员被要求按卡特尔规定的高价销售商品，而且不打算从竞争对手那里挖走顾客。如果竞争者鼓励他们的销售人员努力提高市场份额，那么"重价不重量"——或不强调重视其他业绩指标——的要求在市场竞争中就无法持续。假若竞争对手降价，一个单方面采取"重价不重量"策略的厂商就成为易受攻击的目标。假如若干厂商的销售策略发生了同样的变化，这显示内部激励发生了明显变化。在生产同质产品的行业中，如果突然出现从追求市场份额改变为强化价格约束，这种变化就是一个强有利因素。

五、一组经济学证据（Economic Evidence in Combination）

在某些案例中，各个经济学证据如群星般闪烁，单独地，每个证据都似不引人注目，但是当他们同时出现时，就形成了强有利因素。举例而言，当市场需求萎缩时，厂商的行为看起来好像是非共谋的孤立行为（separate conduct）；或者当市场需求膨胀时，厂商的行为看起来也可能是孤立的。然而，将这些行为集合起来考察，人们可能会发现与非共谋的孤立行为相悖，那么结论就是很有可能存在共谋。

假设行业中数家大厂商一致限制产量——当需求突然萎缩时，可能会发生这种现象。又或假设价格相对而言比较高——单独分析这一现象，可能有很多导致高价格的非共谋诱因，比如需求突然高涨。再假设行业中厂商的利润相对较高——单独分析，也有很多可能导致高利润的非共谋因素，比如需求突然高涨。然而，若是高利润、高价格和产量限制等现象在行业主要厂商中普遍存在，那么就很难完全排除存在共谋。特别地，当价格和利润相对较高时，制造商出于自身利益原因肯定会奋力扩大销售，通过扩大销量来增加利润。倘若此时主要厂商相继限制产量，这种行为的机会成本异乎寻常地高，这强烈预示存在共谋。

当价格上涨时，买方会以某种方式对抗提价。作为对抗的手段，买家可能诱使某些供应商接受"特殊"交易——以较低的价格购买更多数量。如若面对买家的这种策略，供应商的反应是限制供给量，这种反应与孤立的竞争行为不一致。

如第三节中所述，"固定的市场份额"是一种有利因素。单独来看，他不构成强有利因素。很多与共谋无关的原因使得一个行业中厂商的市场份额相对稳定。但是如果该行业中的厂商采取了某些行动来维持市场份额的稳定（这就形成强有利因素——译者）。比如，尽管需求较为旺盛，但是厂商为了保持市场份额稳定而限产。又比如，部分厂商采用了一种新技术，这种技术令其在与其他厂商的竞争中占据优势，但是采用新技术的厂商，其回报与市场份额之比没有变化。若不仅产品市场份额相对稳定，而且存在以上的行为，则构成强有利因素。

第三节　与分配机制相关的有利因素

这里，我们关注与分配机制相关的两种有利因素：市场份额的稳定性——这可能是由卡特尔协议所规定的，以及能够观察到的厂商间的转移行为。

一、共谋收益的分配

如6.3所述，市场份额协议是卡特尔分配结构的基础。市场份额协议意味着市场份额应当保持稳定，在卡特尔之外的人们能够观察到这一现象。

图11.2描述了自1980年—1998年间，全世界所有维生素C产品生产商的市场份额。其中，我们将这些生产商分为3类：非卡特尔厂商、卡特尔厂商和中国厂商。图中可明显看到1980年代初期，中国厂商的维生素C市场份额增加了很多。假定在这一市场中，顾客忠诚可以忽略不计。粗略地看，从图中很难观察到维生素C生产商中存在卡特尔。

图11.3与图11.2不同——前者描述的是维生素C卡特尔成员厂商的市场份额。图11.3表明在相当长的期间内，市场份额十分稳定；这一特点在1990年—1994年间表现尤为明显，因为此时这些厂商同意加入卡特尔。故而，尽管在维生素C市场中，中国厂商占据了相当大的市场份额，结果使卡特尔成员的市场份额缩小了，但是卡特尔厂商仍旧能够凭借分配结构和强制结构来维持卡特尔内部市场份额的稳定[1]。

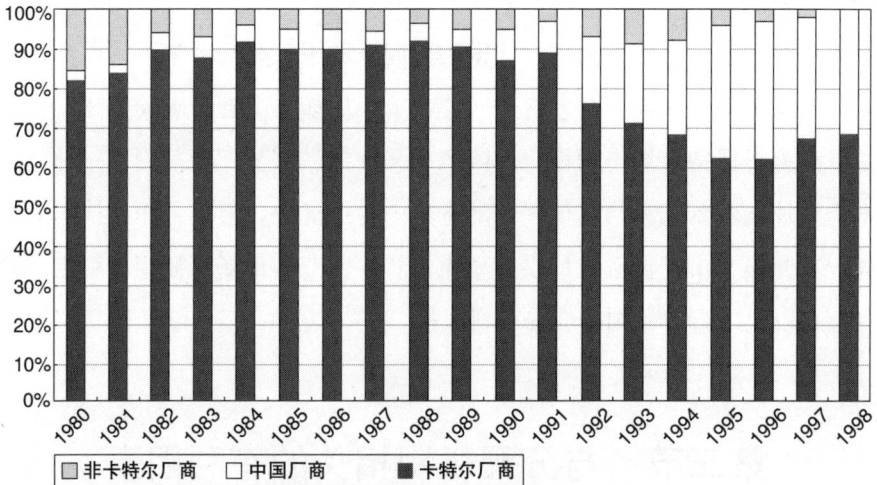

图11.2 维生素C产品市场份额。

来源：Bernheim(2002, fig.8-7)。

---

1 参见欧共体关于维生素案的判决，第394段。

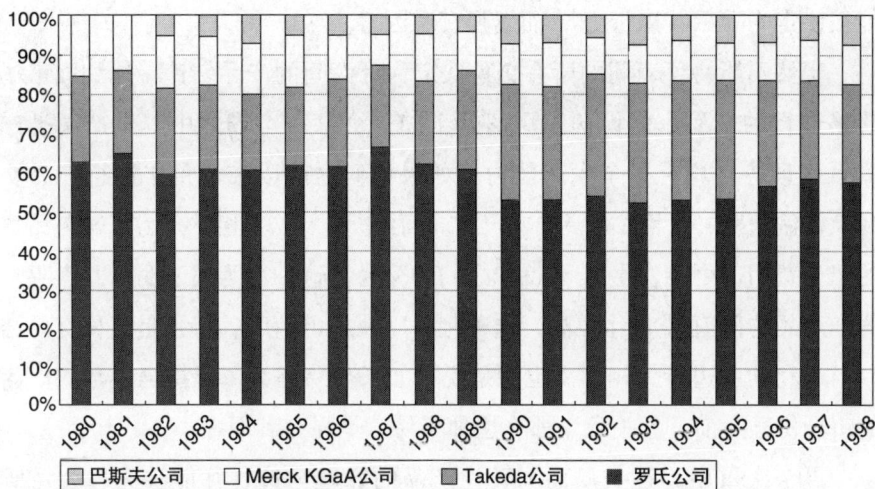

图11.3 卡特尔市场份额分配。来源：根据Bernheim（2002，fig.8-7）计算。

在这个例子中，当面临强有力的进入之时，在部分厂商之中维持市场份额的稳定，这是一个有利因素。然而仅仅存在市场份额的稳定，这还不是强有利因素，原因在于这可能是厂商孤立行为所至。地理市场和顾客群的稳定同样不属于强有利因素。但是，市场份额、地理市场和/或顾客群的稳定，附之以行业中存在过剩生产能力，而且价格和利润水平相对较高，这就是一组闪烁的星星——强有利因素形成了。

二、利益再分配

卡特尔需要在共谋参与者间分配共谋收益，使之与卡特尔协议相一致。举例而言，根据市场份额协议，有的卡特尔成员需要从另一些卡特尔成员那里购买产品，交易按卡特尔内部价格进行，这样做的目的是使双方的销售量与市场份额协议相符。厂商间各种各样的产品转让不属于非共谋的孤立行为，而且也不属于默示共谋的范畴。这种产品转让是强有利因素。

假如有一个生产日用品的寡占市场，行业内生产厂商互相买和/或卖其产品。交易以厂商商量好的数量和价格实施。如果该寡占行业中的买卖双方生产的产品是同质的，均存在富余的生产能力，并且交易价格与市场价格不一致，那么这类交易就不是厂商的孤立行为。这种交易和产品转让不能被认定为默示共谋行为[1]，而属强有利因素。

当然不能将厂商间的所有交易认定为厂商间的产品转让，比如以市场价格进行的交易。假设两家厂商处于同一个寡占市场之中，生产同类产品，而且各自均有富余生产能力。如果他们之间以市场价格进行产品交易。举例而言，厂商A的一位客户离厂商B很近，或者相反，为了避免昂贵的船运费用，可能发生厂商A和B之间的交易。这种行为属于明示共谋吗？假如产品的价值/重量比很高，这种判断则缺乏可信度，特别是这种交易结果与逐利的单边行为相悖。也就是说，如果交易是为了保持当年某些厂商的市场份额与前一年一致，那么这种交易就是强有利因素。

再一次重申，这类厂商间转让产品的蛛丝马迹往往能够为母公司所察觉，这与买方不同，买方只能通过诉讼调查（litigation-based discovery）和/或公共权力机构的突击调查（dawn raid）（欧洲委员会）或民事调查令（civil investigative directive）（美国司法部），才能了解到这类情况。

第四节　与强制机制相关的有利因素

一、串通信息与监管

对于行业中的厂商来说，试图了解竞争对手的状态、意图和行动是件正常的事。这类信息有助于增加赢利。比如，竞争对手正在开足马力生产，了解到这个信息能够使卖方从即将达成的交易中增加预期利润。反过来，一个厂商应该防止自己的厂商信息为竞争对手所了解。然而，卡特尔的关键之处是监视成员厂商的运营状况和行为。因此，在卡特尔之内，厂商间通过相互交流信息来监控卡特尔协议是否得到贯彻。特别地，一个厂商会将自己的信息透露给其他卡特尔成员，而在非共谋条件下，这些信息本该是保密的。

1　默示共谋的前提是没有信息串通与产品转让。如果一家厂商以1美元/镑的价格从一家"竞争对手"那里大量购买产品，而市场价格为10美元/镑，那么卖者将总量为9美元乘以交易量的利益转移给了购买者。

举例而言，为了保证市场份额协议得到贯彻，卡特尔厂商会向其他成员报告自己的产量和销售数据，并向其他卡特尔成员保证其数据的准确性。

如果厂商得到的关于竞争对手的信息来源于详尽的市场调查，那么这不是强有利因素。然而，如果厂商所了解到的关于竞争对手的信息对于落实共谋协议十分关键，而且该信息无法通过合理的市场调查来获得，或者除非厂商共谋否则该信息无利可图的话，那么了解和传递此类信息，这构成强有利因素。

详尽的市场调查可能会告诉人们哪家厂商赢得了最近的合同。交易拍板之后，买方甚至可能将胜出者的信息提供给落选的其他卖方。但是，更多的买方不会披露这种信息，因此仅仅通过市场调查，很难知道每个厂商生产和销售的准确数量。如果一个厂商知道了某个"竞争者"的销售和生产数量，这本身就是强有利因素。尽管任何厂商都想要掌握这类信息，但是非共谋条件下，没有人向"竞争者"合盘托出。

一般的市场调查不会将厂商间的交易透露给其他"竞争者"。厂商A不会知道厂商B和厂商C之间的交易细节，除非B和C把这些信息告知A。只有在厂商A、B属同一个卡特尔，而且B与C的交易属共谋协议范围内时，B和/或C才会把交易细节告知A。如果厂商B和C间进行的只不过是非共谋的厂商间交易，那么他们各自均没有理由将交易细节告知厂商A。

作为强有利因素，信息串通行为无法证明单个厂商违法，实际上，是关于一组厂商间存在共谋的证据。如果厂商A知道关于厂商B的某些信息，而在非共谋条件下厂商B不会向外披露这些信息，几乎可以肯定厂商A单方面的信息收集活动得不到这些信息，那么这就是强有利因素。厂商A可能会反驳说，自己有权了解和利用厂商B无意中泄露的信息，不应该为厂商B的失密负责，然而这是另外一个问题。如果厂商A了解了在非共谋条件下厂商B本来一定不会告诉自己的某些信息，那么我们有强有利因素推定厂商A与B之间涉嫌存在共谋。

买方需要凭借诉讼调查、突击调查或者民事调查令来证实存在这些行为，而母公司只需向下级机构管理者索取这类信息即可。

二、执行与惩罚

卡特尔必须时刻警惕成员的秘密背叛。如果秘密背叛行为被揭露，并采取重新分配或交割失败（fail）等作为补救措施，卡特尔必须做出回应。如第二章（脚注57）所述，历史上，有的卡特尔需要成员缴纳保证金（post bond）以杜绝此类背叛行为。保证金就是强有利因素。尽管缴纳保证金可能是公开的，如钢铁、冶铝和白炽灯泡卡特尔案那样，但也可能采取更加微妙的方式。

举例而言，专利转让协议能够作为卡特尔向其成员施以惩罚的抓手[1]，分享某些资产的所有权也有此种作用。马歇尔和莫伊雷尔（Marshall and Meurer）（2004，第109页第99行）注意到，二手设备经销商共谋案中，"一个经销商往往同时投资多套设备，而且与多家经销商共同拥有这些设备。把设备存在自己仓库的经销商对决定该设备最终交易价格有很大发言权。真实的最终交易价格无据可查，经销商可以借此惩罚那些背叛串谋集团的成员。"

第五节　与居支配地位厂商行为相关的有利因素

当卡特尔成功消除了成员之间的对抗，他就会进一步采取措施，消除妨碍卡特尔成员获利的其他因素。当行业中没有居支配地位的厂商，而存在只有居支配地位厂商才会采取的行为之时，这就可能预示着行业中的厂商存在明示共谋。

我们从支配厂商开始进行分析。"一个居支配地位的厂商是指无需共谋协议，能够独自行使实质性的市场力量（或者同等地，垄断力量）的销售者。"（Schmalensee 1985，第3页）

1　参见Priest（1977），详见参考文献第203条。

根据这一定义，如果必须存在共谋协议才能行使实质性的市场力量，那么共谋协议中的任何厂商都不具有支配地位。美国权力机构（司法部和联邦贸易委员会）认定除非单个厂商在行业中占有50%以上的市场份额，否则该单个厂商不能被认定居市场支配地位[1]。继而，如果我们观察到一组厂商有居市场支配地位厂商才会采取的行为，且这一组厂商在行业中的市场份额之和高于50%，但是其中任何单个厂商的市场份额都不超过50%，那么，这一组厂商很有可能形成了卡特尔[2]。

这一强有利因素有其便利之处，因为无需通过诉讼调查、突击调查或者民事调查令，支配厂商行为（dominant-firm conduct）就可以方便地观察到。不需要甄别这些支配厂商行为是否具有反竞争的作用，也不需要任何一个厂商的市场份额超过50%，就可以对卡特尔的存在进行推定。

然而必须注意的是，如果支配厂商行为是由一家居支配地位的厂商单独采取的——比如搭售，这可能是非共谋的单方面行为。

第六节　有利因素的差异

上面所谈的行为是可以被发觉和观察到的，故而可以用来作为推定共谋的有利因素。科瓦契奇（Kovacic et al.）（2011）提出了一种方法来评测有利因素的强度。这里，我们介绍这种方法的主要思想。

某个观察到的经济行为构成有利因素，并且能够被用来推定共谋，前提是：在这一可观察到的有利因素条件下形成卡特尔的可能性，高于没有此条件下形成卡特尔的可能性。

不妨用数学方法来说明以上结论。在出现有利因素条件下形成卡特尔的可能性记作$P_t[F|C]$。竖线是标准表示方法，读作"给定"，这一表达式

1　"司法部发现，任何法庭从来没有将市场份额小于50%的被告认定为拥有市场力量。实践中，超过50%的市场份额是法庭认定存在垄断力量的必要条件。"（Barnett and Wellford 2008, pp. 5-6）

2　Posner (2001)将寡占行业中某些支配公司行为视作强有利因素。Heeb et al. (2009)注意到，卡特尔常常参与到支配公司行为之中。Marshall, Marx, and Samkharadze (2011)提出，一旦卡特尔成功地在内部消除了对抗，他就会通过采取支配厂商的行为来寻求更多的利润。

的意思是"给定条件F，C出现的可能性"。这里，C代表存在共谋，而F代表出现有利因素。

我们把给定存在有利因素F时，存在卡特尔的可能性记为$P_r[F|C]$，他决定于其他一些概率。特别地，假设在存在或不存在卡特尔的条件下，有利因素出现的概率分别为$P_r[F|C]$和$P_r[F|notC]$，我们就可以用这些概率来表示$P_r[F|C]$：[1]

$$P_r[C/F]=\frac{P_r[F|C]\cdot P_r[C]}{P_r[F|C]\cdot P_r[C]+P_r[F|notC]\cdot P_r[notC]} \tag{11.1}$$

这一等式表明，若当不存在卡特尔之时，某有利因素出现的概率——即$P_r[F|notC]$——接近于0，那么给定该有利因素，存在卡特尔的可能性就接近于1[2]。为了说明等式（11.1），注意到当非常接近于0的时候，等式右侧的分子和分母接近于相等，从而使得比值非常接近1。这就是说，假设在确定不存在卡特尔的条件下，某有利因素一般不会出现；如果我们观察到该有利因素已经出现，那么这表明卡特尔存在的可能性非常大。我们会将符合这种条件的有利因素视为强有利因素。由等式（11.1）可知，如果接近$P_r[F|notC]$0，那么$P_r[F|C]$大约为1，F则是强有利因素。

对于某些有利因素，存在这些有利因素条件下共谋的可能性，并不显著大于无条件下共谋的可能性。在这样的条件下，有利因素的出现，并不显著增加存在共谋的可能性。举例而言，在卡纸市场中，能够观察到市场销售份额相对固定，由于卡纸产品本身的特征（参见6.2.6），这并不能构成有利因素。但是，单独而言某些有利因素固然无法增加存在共谋的可能性，但它可作为一组有利因素的一部分，如果这一组有利因素均指向共谋，那么存在共谋的可能性就很大。

有利因素的强度可以表示为有利因素条件下存在卡特尔的概率，与有

1　这个表达式常被称为贝叶斯方程。

2　为了说明这一点，假设一种肿瘤X会使得血液检查中，某个指标出现某种特征。罹患肿瘤被比喻为存在共谋，血液指标特征则对应着有利因素。如果在未患肿瘤时，这种血液指标特征几乎从不会出现，这表明测得这种血液指标而未患肿瘤的概率几乎为0，进而如果血液检查异常的话，患肿瘤的概率接近于1。

利因素条件下不存在卡特尔的概率之比：[1]

$$S= \frac{P_r[F|C]}{P_r[F|notC]}$$

从概念上来看，根据有利因素强度S的大小，可以将若干有利因素排序，也可以用来将有利因素分组[2]。

第七节 卡特尔的强有利因素

如第六节中所叙，有利因素的强度会有所差异。若单个有利因素或一组有利因素能够有力地支持存在共谋的判断，则他们是强有利因素。下面，我们总结一下第二节至第五节中的所有强有利因素。我们将卡特尔的强有利因素归结为：

1.交易价格高于预测值：如果考察了所有影响价格的非共谋因素，利用非共谋的基准数据估计参数，然后得到了一个可靠的经济模型，但是该模型预测的价格与可能存在共谋的时间或区域内的实际价格不符，即可以某种置信度（认定存在共谋——译者）[3]。

2.信息串通与共享：单个或一组厂商对其他厂商的交易、产量、销量和/或库存水平知之甚详，而在非共谋条件下，泄露这些信息将置厂商于不利的竞争地位。

3.厂商间的产品转让：厂商间存在产品交易，从而使得资源出现转移，而且这种行为在很大程度上与非共谋的运营激励相悖。

---

1 参见Kovacic et al. (2011)。为什么可以用S来代表有利因素的强度？原因在于如果令O代表卡特尔的基准几率，$O= \frac{P_r[notC]}{P_r[C]}$，则有$P_r[C|F]= \frac{1}{1+O/S}$，故增加S使得Pr[C|F]也相应变大了。

2 参见Kovacic et al. (2011)对有利因素强度的进一步分析。

3 置信度水平越高，有利因素越强。假设置信度水平是95%。在不存在共谋条件下，观察到的真实价格在置信度范围之外（出现F）的机率为5%（$Pr[F|notC]=0.05$）。例如，在同样置信度水平下，当$Pr[C|F]=0.99$，无共谋的几率是存在共谋几率的2倍（即$Pr(C)=0.33$），得到$Pr[C|F]=0.908$，超过了刑事责任门槛（criminal liability threshold）。

4.厂商内部激励：当一个行业内不同厂商生产的产品几乎没有差异时，在某个时间段之中，公司销售部门的激励出现了不连续的变化，销售部门不再追求扩大市场份额，代之以维持高价（即转向"重价不重量"）。

5.未居支配地位的厂商采取了居支配地位厂商的行为：一组厂商的市场份额之和大到足以在市场中居支配地位、行使市场权力，他们共同采取了居市场支配地位的厂商的行为，而在这一组厂商中，除非集体采取支配行为，否则任何单个厂商都没有足够的市场力量，令其能够单独采取支配行为。

6.一组经济学证据：当价格和利润相对较高而且不断增加时：

（1）部分厂商限制产量，或者

（2）在部分厂商中，市场份额、顾客忠诚或者地理市场优势是稳定的，而厂商拥有过剩生产能力。

第八节 对根据强有利因素进行共谋推定的反应

当共谋厂商发觉法庭掌握的强有利因素能够有力地推定出明显的共谋行为之时，共谋厂商会试图避免形成强有利因素[1]。但是，避免形成强有利因素的行为会极大地损害盈利能力和卡特尔的稳定性，甚至会令共谋瓦解。

举例而言，如果厂商间的产品转让被反垄断权力机构认定为强有利因素，共谋的厂商就会避免出现厂商间产品转让，或者为这种行为找借口。然而厂商间不再转让产品会令卡特尔难于对其成员实施监控。比如，固定市场份额的卡特尔需要确保到年底时，规定好的卡特尔市场份额得以保持。

另外的例子是，如果市场份额的稳定——外加其他因素——被视为强有利因素，那么共谋的厂商可能会人为制造市场份额的无规律变化。但是，这会动摇卡特尔的基础，因为市场份额协议是卡特尔的根基所在。

1　参见Kovacic et al.(2011)。反垄断法律对卡特尔行为的潜在影响见Harrington(2003. 2004a)。亦可见Cyrenne(1999)。

案例：其他价格公告数据

一、饲料级Caplan（B5）SD产品价格公告

图11.4描绘了饲料级Caplan（B5）SD的价格和价格公告。这种维生素产品的诉讼期间是1991年1月至1999年2月，Bernheim(2002)认为共谋的起始时间为1985年1月[1]。卡特尔成员厂商包括罗氏、巴斯夫和Daiichi公司[2]。

二、Caplan（B5）USP产品价格公告

图11.5描绘了Caplan（B5）USP的价格和价格公告。这种维生素产品的诉讼期间为1991年1月至1999年2月，Bernheim(2002)将共谋的起始时间定为1985年1月。[3]卡特尔成员厂商包括罗氏、巴斯夫和Daiichi公司[4]。

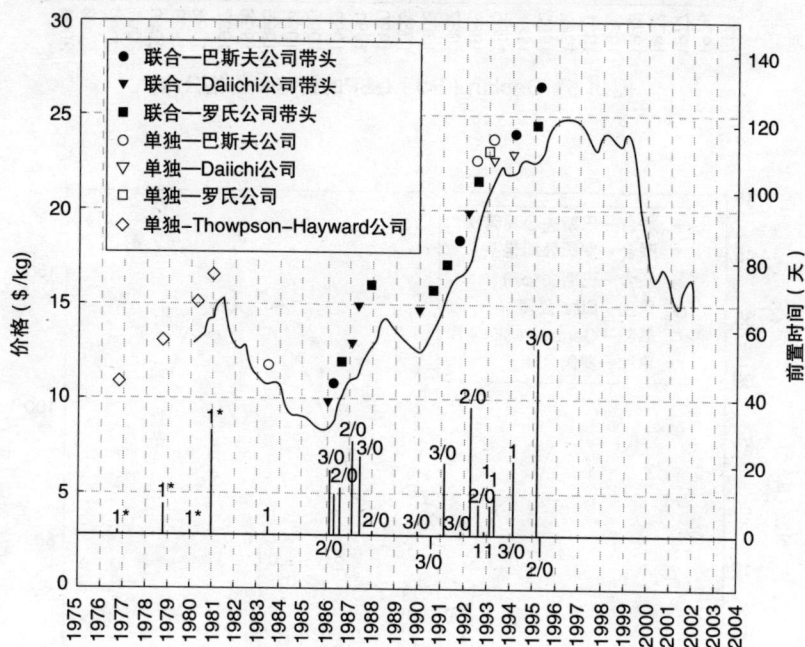

图11.4　饲料级Caplan（B5）SD的价格和价格公告

1　参见Bernheim(2002)，详见参考文献第33条。
2　参见Bernheim(2002)，详见参考文献第33条。
3　参见Bernheim(2002)，详见参考文献第33条。
4　参见Bernheim(2002)，详见参考文献第33条。

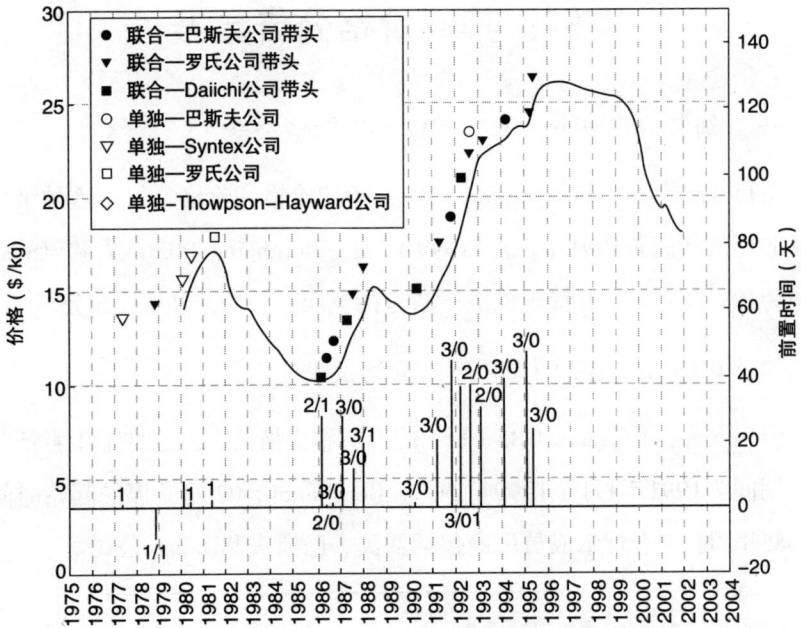

图11.5　Caplan（B5）USP的价格和价格公告

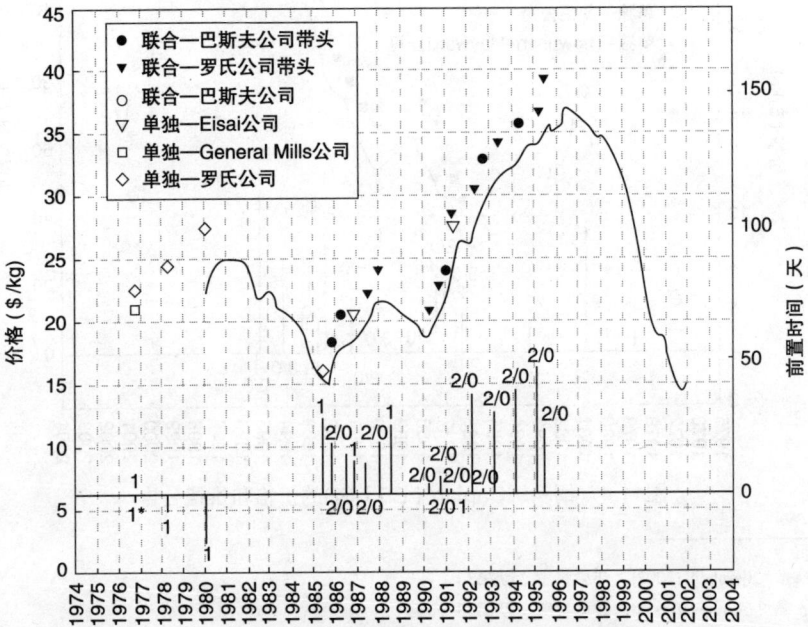

图11.6　维生素E醋酸油USP产品的价格和价格公告

三、维生素E醋酸油USP产品的价格和价格公告

图11.6描绘了维生素E醋酸油USP的价格和价格公告。这种维生素产品的诉讼期间为1990年1月至1999年2月，伯恩海姆（Bernheim）（2002）将共谋的起始时间定为1985年1月[1]。卡特尔成员厂商包括罗氏、巴斯夫和Eisai公司。

1　参见Bernheim(2002)，见参考文献第33条。

第十二章 恶意串谋者集团中的有利因素

在第11章中，"有利因素"中"有利"这个词的含义是指在相似的价格变化基础之上，那些令人们得到存在共谋之结论的因素。尽管我们在寡占厂商生产相似产品时能观察到这类价格变化特征，然而如果拍卖或采购招标中交易的是独一无二的商品，那么成交价格的相似变化就没有任何意义。因此，（在推定卡特尔时——译者）某些指向明显共谋的因素，在分析拍卖之时并不是真正的"有利"因素。尽管如此，我们仍旧沿用"有利因素"这一术语，但是在探讨串谋集团问题时，我们增加了一个定语"恶意串谋者集团中的有利因素"。

第一节 两点注意

无论对拍卖还是采购招标，分析串谋集团中的有利因素时有两点值得注意。首先，如果拍卖方（auctioneer）或招标方（procurer）是（委托—代理关系中的）代理者，如果这种代理关系涉及到拍卖方或招标方的经济利益，那么拍卖/招标尽管看起来似乎存在共谋，而实际上是代理关系使然。举例而言，如果拍卖/招标方收受贿赂，给某个竞价者好处，那么结果是最终拍卖价格较低或采购价格较高，而实际上这种结局并不是源于竞价者的共谋[1]。拍卖/招标方偏袒某个竞价者的具体方式可能多种多样，包括（但不限于）：（1）阻止某些合格的竞价者参加拍卖/招标，（2）打分的时候

---

[1] 不一定是行贿。拍卖/招标方可能仅仅是稍加关注，使拍卖向某个他们所熟悉的竞价者倾斜。

偏袒行贿的竞价者，以及（3）在拍卖/招标之前或过程中，向行贿的竞价者提供信息，从而增加其预期回报。如果其他竞价者觉察到或怀疑存在这些偏袒行为，他们参加拍卖/招标的利益就会缩水，进而压低出价，结果会让行贿的竞价者获益。若被偏袒的竞价者是串谋集团中那个领头的，表面上看，无论最终拍卖/招标的结果还是竞价者的行为似乎都表明存在共谋。尽管以上行为显然不利于竞争，但是在这个例子中，共谋并不存在[1]。

我们很自然地联想到，在拍卖/招标中行贿的可能不是单个的竞价者，而是一个串谋集团。有人认为这种情况更有可能发生，因为串谋集团能够将行贿拍卖/招标者的成本在所有成员中分摊，而单个的行贿者则需要独自承担所有的行贿成本。

接下来，我们假设拍卖/招标方是好的代理人，但是必须牢记串谋集团中的有利因素可能将其恶化为代理关系——尽管实际上竞价者不存在共谋。某些有利因素让我们能将二者区分清楚。

其次，一般而言，"竞价者共谋"一词意味着两个或多个真正的竞价者在他们之间抑制了对抗。但是，拍卖/招标规则通常规定参加竞价者人数的最小数量，否则拍卖/招标不能进行。在这种条件下，如果只有一位真正的竞价者，他可能使用雇佣出价者来满足拍卖/招标方的规定[2]。表面上，在真正的竞价者和雇佣出价者之间存在共谋，在他们之间，竞争被暗中消除了。这里，我们只用一个例子来分析这个问题。几年之前，在俄罗斯石油和天然气开采权拍卖中，规则要求至少有两个竞买者注册，拍卖方可进行。这些拍卖的数据显示，如果只有一个真正的竞买者，他就会安排一个代理者参加拍卖注册，目的是满足"至少有两个竞买者注册，拍卖方可进

1　尽管可以将拍卖方/招标方与这些被偏袒的竞价者之间的关系视为共谋，但是这种关系也能够被归结为委托关系（principal-agent relationship）。

2　如果存在若干真实的竞价者，但是只有其中的一个得知这次拍卖，拍卖规则要求为了使拍卖及拍品归属有效，竞买者人数必须达到某个水平，那么可能会发生这样的情况：这名知情的竞价者，在他自己做主且未事先与其同伙沟通的条件下，提供了合适的、看上去是真实的报价。

串谋报价，包括提交同一的、虚假的、伪装的、互补的、欺骗性的、挂名的和毫无道理的报价，为仲裁（consent decrees）所禁止，这些例子可见Commerce Clearing House, Inc. (1988) Trade Regulation Reports, Bidding Practices，4680.381, pp. 8931—32。

行"的要求。在本章附录中，我们进一步讨论在俄罗斯石油和天然气开采权拍卖中发现的问题。

第二节　两种拍卖形式中的普遍问题

在本章以下的部分，为了节约篇幅，我们仅讨论拍卖中的串谋集团问题。对采购招标问题的分析与拍卖类似[1]。

在第三部分中，我们探讨的是两种常见的拍卖形式：升价式拍卖和密封报价拍卖。对于不同拍卖形式条件下的串谋集团有利因素，一些是相同的，另一些则不然。此外，每种拍卖形式中，都存在某些串谋集团有利因素，串谋集团若不对串谋集团机制进行实质性的改变，这些因素就无法避免；相反也存在另一些串谋集团有利因素，串谋集团无需对串谋集团机制进行根本性的改变，就可避免这些串谋集团有利因素。

举例而言，如果有n个竞买者，其中k个竞买者组成串谋集团（假设$k \leq n$），这样串谋集团可以凭借$k-1$个刻意的低价来为自己谋利。假定人们可以通过观察出价的方式来判断是否存在串谋集团，比如串谋集团成员的出价是完全相同的[2]，假设串谋集团并不在乎这$k-1$个自由出价，或者不知何故无法在公司间进行产品转让，因而必须依靠报价者的自主报价（bid-taker randomization）来分配共谋收益[3]。一个运作正常的串谋集团必须凭借自由出价来达到串谋集团的目的，而且一般不会轻易暴露串谋集团的存在。然而，

1　如果合格竞买者的出价仅包含价格，那么我们称之为"简单"招标。

2　参见前面第8章脚注1中美国司法部的相关文献。此外，1961年4月24日，由约翰·F·肯尼迪总统签署的总统行政命令第10936号十分关注相同出价（identical bidding）所蕴含的反竞争意义："关于相同出价的报告。鉴于在国家举行的采购招标、资产和服务出售程序中，获得真实的竞争性出价关乎美国的利益，流行的相同出价妨害竞争性投标系统的有效运作；鉴于同一出价可能构成存在共谋的证据，而这些共谋有垄断或限制贸易或商业的作用……"。（美国总统任期计划（American Presidency Project）网站网址：http://www.presidency.ucsb.edu/ws/index.php? pid=58874#axzz1JndmkCgU, accessed April 24, 2011）。

3　参见McAfee and Mc Millan(1992)。亦可见Comanor and Schankerman(1976)，文章认为强调相同出价是一种误导。

如果存在串谋集团，必然在出价模式和拍卖结果方面存在蛛丝马迹，串谋集团很难在不影响自己的目的和利益的前提下抹去这些痕迹。

下面分析"串谋集团的强有利因素"，这是指不存在串谋集团时，这些因素出现的几率接近于零。对于升价式拍卖和密封报价拍卖这两种形式，有两个串谋集团的强有利因素是普遍存在的。第一个，竞价者间如果存在利益转移，这是一个串谋集团的强有利因素。这种利益转移由内部淘汰制实现，借此在串谋集团成员中分配共谋收益。利益转移有多种不同形式，可以采取每次内部淘汰和拍卖之后的现金交割，也可以采取转包合同和/或相互参股——在拍卖之前，这些是保密的。而未事先公布就是关键之处，因为如果两个或多个厂商打算作为一个整体来出价，这么做是合法的，他们可以在注册之时告之拍卖方，并寻求拍卖方的同意。

第二个串谋集团的强有利因素是，观察到的价格和由预测模型计算出来的价格不一致。与卡特尔的分析中相同，如果使用根据基准期——即不存在串谋集团的时候——数据估计出的预测模型，对怀疑可能存在共谋时期的拍卖价格进行估算，其结果远高于拍卖中的真实价格，而且这种价格差别在统计意义上是显著的，那么很可能存在串谋集团。这两种串谋集团的强有利因素——竞价者间的利益转移，以及预测价格偏离观察到的价格——均是本质性的，如果串谋集团为了不被察觉而取消利益转移，或者提高拍卖价格，那么串谋集团机制就必须有所改变，且串谋集团的剩余将下降。

第三节　升价式拍卖中，串谋集团的有利因素

对于升价式拍卖，串谋集团的出价规则十分简单：串谋集团成员仅需在其他成员出价时，自己放弃出价。这一规则意味着胜出者及其最后的竞争者不会同属串谋集团的成员，这一点与在拍卖中随着价格上升相互竞争的任意两个竞买者并无二致。这一出价规则也意味着，只要由串谋集团成员赢得拍品，拍品的最终所有者可以是串谋集团中任何一个成员。这些都

构成串谋集团的强有利因素。

由于多数升价式拍卖允许竞买者再次出价（指竞买者可能在短时间内停止出价，然后再次出价），一般认为只有两个出价具有经济意义——胜出者的和他最后竞争者的。然而，如果可能存在共谋，这一结论不一定是准确的。

假定拍卖的所有出价都被记录下来——包括出价是多少和出价者的身份。如果拍品是相似的，而且对于任何有意义的出价[1]，有一组竞买者从来不会同时出价，则人们有理由认定这些竞买者组成了串谋集团。然而，串谋集团有可能采取某些行动打乱这种推理。特别地，如果在一到二次叫价中，串谋集团成员偶尔同时出价，这时做出这种判断就比较困难[2]。但是对于串谋集团来说，与指示成员须得小心提防别人看出存在串谋集团相比，指示成员间不要彼此竞争要简单得多。也正是因为前者更困难，方能使得拍卖中串谋集团在其成员间消除竞争成为推定共谋的强有利因素，但是人们可能需要通过很多次拍卖才能做出存在共谋的推定。

若是在一次拍卖过后，胜出者很快就失去了拍品，同时参加此次拍卖的另一个竞买者拥有了这项拍品，这一事实也构成串谋集团的强有利因素。拍卖结束之后立即发生拍品所有权的转移，这有可能是拍卖之后串谋集团内部淘汰的结果。正是因为升价式拍卖对拍品的配置是有效率的，不可能出现拍卖后胜者立刻将拍品再次出售给另一个同时参加拍卖的竞买者，除非存在共谋[3]。这是一个独立的串谋集团强有利因素，因为若不允许拍卖后再次出售拍品，那么串谋集团就得改变其运作机制。

共谋的竞买者有另外一种方式来消除彼此间的竞争，即除了估价最高的成员之外，其他成员不得注册参加拍卖，或者不得出席拍卖会。实践

1　在叫价非常低时，串谋集团成员可能同时出价，这时拍卖人叫出的价格甚至可能低于拍卖方的保留价。这种串谋集团成员间的竞争没有任何意义。只有当叫价上升到拍卖方可能将拍品判给出价最高者、从而结束拍卖之时，竞买者间的竞争才有意义。（参见Graham and Marshall 1987。）

2　如果仅增加了一个加价幅度的成本，而串谋集团赢得拍品，那么串谋集团可以令最后两个竞买者均为串谋集团成员。

3　参见Garratt, Tröger and Zheng(2009)，文章认为英式拍卖中如果允许拍卖之后再次出售拍品，这将使拍卖中易于存在共谋。

中，串谋集团会要求成员出席拍卖会，只有这样才能在分配共谋收益时确定符合条件的受益者[1]。由此，是否出席升价式拍卖，这不是强有利因素。

第四节 密封报价拍卖中，串谋集团的有利因素

与升价式拍卖相比，密封报价拍卖面临其他一些问题。对于密封报价拍卖，串谋集团成员在拍卖之前彼此公开估价，若估价最高的竞标者为串谋集团成员，串谋集团能够决定参加竞标的最优报价。由于串谋集团能够指派估价最高的成员代表串谋集团进行报价，一般不会出现标的物短期内再次易手的情况。然而，与升价式拍卖不同，如果竞标者不对称，密封报价拍卖的结局可能是没有效率的，进而出现拍卖之后标的物易手。因此，对密封报价拍卖而言，标的物再次易手不是串谋集团的强有利因素，这与升价式拍卖不一样。实际上，我们认为共谋可能令拍卖后再次交易的价格，比非共谋条件下缩水，这是因为串谋集团会在成员间进行协调，令估价最高的成员投标报出串谋集团成员中最高的价格。总之，对于密封报价拍卖，参加拍卖后再次交易的一对竞标者可能不是串谋集团的成员，这是与升价式拍卖又一个不同之处，在升价式拍卖中，参与拍卖后再次交易的竞买者立即可被断定为串谋集团成员。

如果串谋集团限制成员的报价，仅简单地指示他们的报价要比串谋集团的最高报价为低，那么可以通过这样的方法判断存在串谋集团：许多未能胜出的报价与潜在的最优估价没有任何关系。这种方法是早先提出来的，[2]他的问题在于串谋集团尽可以随意地改变那些不会胜出的报价，只要这些报价不能胜出即可。特别是，串谋集团会要求除估价最高者之外，任何其他竞标者重新调整报价，使其看起来与非共谋条件下的报价相差无几，只需要保持这些调整后的报价仍低于集团内最高估价者的报价。

1　纽约市邮品串谋集团是一个例外，见第九章第六节。

2　参见Porter and Zona（1993），详见参考文献第199条。

有的密封报价拍卖中，估价最高的串谋集团成员可能倾向于降低报价，低报价令其他成员有背叛共谋协议、找一个雇佣出价者来替代自己出价的动机。为了避免这种情况的发生，串谋集团可能会要求估价最高的成员适当抬高报价，但不能够高于非共谋的出价水平。举例而言，估价最高的串谋集团成员的估价为10万美元，在非共谋条件下他报价为9万美元；根据串谋集团的大小及集团外成员的情况，估价最高的串谋集团成员打算提出数额为5万美元的报价。区区5万美元的低价会招致其他串谋集团成员秘密背叛共谋协议，寻找雇佣出价者来出价。比如，一名成员的估价为6万美元，他预计分得的共谋收益为1万美元，这样，他就可以通过雇佣出价者，出价50001美元。这样，串谋集团可能指示估价最高的成员出价高于5万美元，比如出价6.5万美元。但是，对于估价最高的成员而言，出价6.5万美元必须比出价5万美元更合算。为了让估价最高的成员遵守串谋集团的指示，同意出价6.5万美元，串谋集团可能要求其他成员出价均低于6.5万美元[1]。这个报价仍旧可能没有令估价最高的串谋集团成员在拍卖中胜出，但是这样做满足了这个目的：保证估价最高的成员的报价足够高，从而阻止低估价成员的背叛。故而，串谋集团可能需要提交两个数额相近的报价。而频繁出现的两个数额接近的报价则意味着共谋。这一串谋集团的有利因素也是实质性的，因为如果串谋集团不提交两个相近的报价，就会在成员中形成秘密背叛的激励[2]。

第五节　从升价式拍卖转为密封报价拍卖

突然将拍卖形式从升价式拍卖转为密封报价拍卖，这有可能是由于竞买者存在共谋，因为比较两种拍卖形式，密封报价拍卖更不易产生共谋。

1　参见Marshall and Marx(2007)中的命题3。

2　在将所有出价按数额排序后，如果总是有两个报价很接近，特别是如果他们均不是最高的一对报价，这意味着存在共谋。从这一对相近报价中，可推定出谁是串谋集团成员。

如果在改变拍卖形式后，拍卖价格显著提高了，这说明在升价式拍卖中很有可能存在串谋集团。当然，如果串谋集团能够保持稳定、运作顺畅，那么改变拍卖形式对成交价格影响不大。尽管价格变化不大并不能证明没有共谋，然而价格明显提高则证明在升价式拍卖中存在共谋。

除了共谋，还有其他因素使得改变拍卖形式后价格提高。比如厌恶风险的竞价者在密封报价拍卖中的出价可能高于升价式拍卖。然而，与改为密封报价拍卖后，由一个大规模的有效的卡特尔转变为非共谋拍卖从而带来的价格变化相比，出于竞买者厌恶风险的原因而产生的价格提升的幅度相对较小。

如果仅仅考察串谋集团及其共谋的偶发性特征，许多卡特尔的有利因素与串谋集团的有利因素无关。在很大程度上，串谋集团的有利因素源自他为了实现在成员中限制竞争的目标，源自降低支付给拍卖方的价格之结果，源自共谋收益的分配。比较升价式拍卖与一价拍卖（first-price auction）中串谋集团的有利因素，显示出一价拍卖比升价式拍卖更有利于防止共谋。

案例：俄罗斯石油和天然气拍卖中的雇佣出价者

过去几年中，俄罗斯政府以升价式拍卖转让石油和天然气开采权[1]。拍卖规则要求至少有两个竞买者方可实施拍卖。俄罗斯政府还规定了开采权的保留价格和最小加价幅度。最低的成交价为保留价加上一个最小加价幅度。

---

[1] 这些拍卖数据可以从位于宾夕法尼亚州的"拍卖、采购与竞争政策研究中心"的网站上得到，网址为http://econ.la.psu.edu/CAPCP/。本附录摘自Marshall and Marx(2009)，详见参考文献第169条。

对于俄罗斯石油和天然气开采权拍卖，有三点值得注意。第一点，对于两个以上竞买者参加的拍卖，竞争常常很激烈。第二点，对于大多数只有两个竞买者参加的拍卖，一轮出价往往就会结束拍卖，即开采权的交易价格是最低的。第三点，根据我们的资料，如果拍卖只有两个竞买者参加，多数——但不是所有——竞买者从未赢得任何石油和天然气开采权。因此，对于很多这种只有两个竞买者参加的拍卖，第二个竞买者看起来是雇佣出价者，听命于胜出者。这些雇佣出价者之所以存在，原因仅仅在于拍卖规则要求至少有两个竞买者。至于两个竞买者中哪个是雇佣出价者，这尚难于判断。

考虑到拍卖的规则要求，在拍卖之前进行的竞买者注册程序[1]可以揭示一些——但不是全部——关于竞买者的信息。下面的分析显示出竞买者注册程序所要求的信息的重要性，因为这些信息可以起到防止或者引发共谋的作用。

从2004年至2007年，我们有620次拍卖的数据。其中121次拍卖的数据是完整的，而另外499次拍卖迄今没有得到完整数据。平均而言，数据完整的121次拍卖的平均保留价为71 503 769卢布，而其他499次拍卖平均保留价为49 484 900卢布，前者略高。在这121次数据完整的拍卖中，有5次拍卖流拍。此外还有1次拍卖是按照标准数额决定的开采权使用费，而不是竞买者的出价。我们更为关注的是余下的资料完备的115次拍卖。下面，我们将其称为"115次拍卖构成的样本子集"。

表12.1考察了这115次拍卖构成的样本子集，竞买者数量、结束拍卖前的竞价次数（等于胜出价格与保留价格之间的差额，除以最小加价幅度）等信息表明，20%的拍卖中有两位竞买者，其中一个竞买者在保留价的基础上，按最小加价幅度加价一次，就以规则要求的最低价格赢得了拍卖。从表中还可看出，对于有6个或6个以上竞买者的拍卖，胜出者的出价往往比保留价高出20多倍最小加价幅度，而对于5个或5个以下竞买者的拍卖，

1　我们从注册中查到的信息符合俄罗斯石油和天然气开采权拍卖的申请和批准程序。

至少有一次拍卖中，胜出的出价比保留价只高出一个最小加价幅度，即规则要求的最低价格。

表12.1　115次拍卖的样本子集中，胜出者的出价和竞买者数量

竞买者数量	竞价次数（比保留价高出Z个最小加价幅度）					
	Z=1	Z=2	Z={3,...,19}	Z={20,...,99}	Z≥100	总计
2	0.20	0.10	0.03	0.03	0.02	0.37
3	0.01	0.03	0.08	0.12	0.06	0.30
4	0.01	0.00	0.02	0.02	0.07	0.11
5	0.01	0.01	0.02	0.01	0.04	0.09
6	0.00	0.00	0.00	0.01	0.03	0.03
7	0.00	0.00	0.00	0.00	0.01	0.02
8	0.00	0.00	0.00	0.00	0.00	0.01
9	0.00	0.00	0.00	0.01	0.03	0.03
10	0.00	0.00	0.00	0.01	0.01	0.02
11	0.00	0.00	0.00	0.00	0.02	0.02
合计	0.23	0.13	0.15	0.22	0.28	1.00

表12.2用另一种方式来汇总拍卖中竞买者的数量分布。该表清楚地显示出只有2个竞买者，与有3至5个竞买者，或者6个及以上竞买者相比，在胜出的出价次数方面的差别。

进一步分析115次拍卖所构成的样本子集，其中有43次拍卖只有两个竞买者参加。在这43次二人对决中，有34次拍卖（占79%），胜出的出价仅比保留价高1至2个最小加价幅度。对于竞买者在这些拍卖中所显示的漠不关心的态度，一个可能的解释是这些开采权权限不大，仅仅吸引了地区性的公司。这些胜出的出价仅比保留价高1至2个最小加价幅度的、仅2个竞买者参加的拍卖，其平均保留价为27 515 394卢布，不到所有620次拍卖平均保留价的一半。

若只有区区一个竞买者注册参加拍卖，则拍卖被取消。因此，如果只

有一个竞买者对这份开采权感兴趣，那么他可能倾向于寻找第二位竞买者，这第二位竞买者虽然注册，但是并参与竞争。我们的数据暗示了这种行为的存在。为了说明这一点，我们分析一下两个竞买者参加的、胜出的出价比保留价高1至2个最小加价幅度的34次拍卖。对这些拍卖，我们用字母来代表拍卖的参加者（竞买者的名字很长，而且是俄文）。在附录末尾的表12.4汇总了这些拍卖及其参加者。

表12.2　115次拍卖所构成的样本子集中，胜出的竞价次数所占的百分比，以及竞买者数量

竞买者数量	竞价次数					合计	拍卖次数
	1	2	3–19	20–99	100及以上		
2	53%	26%	9%	7%	5%	100%	43
3	3%	9%	26%	41%	21%	100%	34
4	8%	0	15%	15%	62%	100%	13
5	10%	10%	20%	10%	50%	100%	10
6及以上	0	0	0	33%	67%	100%	15
总计	23%	13%	15%	22%	28%	100%	115

　　在表12.3中，有24个胜出的竞买者和26个未能胜出的竞买者。表格中每一行代表了一对胜出和未胜出的竞买者。数据分析还表明，在这些未胜出的竞买者中，有很多从未赢得过620次拍卖中的任何一次。比如，竞买者Y以保留价之上的1或2个最小加价幅度赢得了6次拍卖，而且在所有这6次拍卖中，竞买者Y的对手均为竞买者1Y。在我们所掌握的所有数据中，竞买者1Y从未赢得过任何拍卖。同样从表中可以看出，竞买者1L和1N各自赢得和未能赢得的拍卖均为1次，在某次拍卖中，竞买者1L为胜者而竞买者1N未能胜出，而在另一次拍卖中，竞买者1N为胜者而竞买者1L未能胜出（此外，竞买者1L还赢得过一次拍卖，在那次拍卖中，1M未能胜出）。

表12.3 34次数据完整、胜出的出价比保留价高一至二个最小加价幅度的拍卖中，竞买者的身份

两个竞买者参加的、胜出价格比保留价高一到二个最小加价幅度的拍卖			
胜出者	失败者	拍卖次数	本次拍卖中的失败者在其他620次拍卖中胜出的次数
1B	1C	1	
1D	1E	1	1
1F	1G	1	1
1H	1I	1	
1J	1K	1	
1L	1M	1	2
1L	1N	1	1
1N	1L	1	2
1O	1P	1	1
1Q	1R	1	
1S	1T	1	
1U	1V	1	3
A	B	1	
C	D	1	
E	F	1	2
G	H	2	
I	J	1	1
K	L	1	
M	N	2	1
M	Q	2	1
O	P	1	
R	S	1	1
T	U	1	
V	X	1	
Y	1Y	6	
Z	1A	1	
合计		34	17

数据表明，部分未能胜出的竞买者并未提交有竞争力的出价。根据数

据，对于34次只有2个竞买者参加的、胜出出价仅比保留价高一至二个最小加价幅度的拍卖，我们将这26个从未胜出的竞买者划分为"纯雇佣出价者"（pure shills）、"临时雇佣出价者"（occasional shills）和"竞拍搭档"（rotating bidder），具体如下：

我们将13个从未胜出的竞买者归为"纯雇佣出价者"，包括B、D、H、L、P、X、1Y、1A、1C、1I、1K、1R和1T，原因是：

1.这些竞买者或者从未出过价，或者只出价一次（开采权在仅比保留价高一至二个最小加价幅度的价格水平上成交）；

2.根据我们所掌握的620次拍卖的数据，这些竞买者从未赢得任何一次拍卖；

3.他们也绝不会参加自己的竞争对手没有参加的拍卖。

我们把未胜出的竞买者1L和1N归为"竞拍搭档"，因为这一对竞买者参加了多场二人对决式的拍卖，每个竞买者在仅高于保留价一至二个最小加价幅度的价格上至少赢得一次拍卖。

最后，我们把其余的11个竞买者归为"临时雇佣出价者"，包括F、J、N、Q、S、U、1E、1G、1M、1P和1V。这些竞买者或者不出价，或者只出价一次，从而使其他竞买者在高于保留价一至两个最小加价幅度的价格上赢得拍卖。但是，在我们的620个拍卖样本中，这些竞买者或者曾经赢得过拍卖（如竞买者1G），或者在他们的伙伴不在的情况下参加过拍卖（如竞买者U），或者两种情况都存在（如竞买者F、J、N、Q、S、1E、1M、1P和1V）。

特别是那些"纯雇佣出价者"竞买者，人们不禁怀疑这些从未胜出过的竞买者仅仅是胜出竞买者寻找的雇佣出价者，参加拍卖的目的只是为了满足拍卖中至少有两个竞买者的要求。

根据Marshall和Marx(2009)，俄罗斯石油和天然气开采权拍卖被归结为半透明的，因此文章（特别是命题5）认为在一个运行良好的卡特尔中不会出现雇佣出价者。然而，如果我们分析俄罗斯石油和天然气资料中的这13个"纯雇佣出价者"，会发现其中L和X这两个竞买者，与他们的伙伴（胜出的竞买者）一起，参加了竞拍人数多于两个的拍卖。[1]马歇尔和马克斯（Marshall and Marx）（2009）的分析不是动态的，若将分析动态化，或者能清楚地分析这些雇佣出价者的作用。比如，这些竞拍伙伴可能利用其他拍卖来迷惑别人，令人相信这些雇佣出价者是真正的竞买者。Marshall和Marx(2009)还假定拍卖方是非策略性的（仅规定了保留价格），然而对于策略性的拍卖方，雇佣出价者可能被用来掩饰卡特尔的存在，或者限制了拍卖方采取策略性行为的能力（举例来说，凭借"快速淘汰制"（quick knock）将开采权分派给卡特尔之外的竞买者）。最后，文章假设卡特尔内的竞买者，他们的数量和身份在卡特尔内是公开的。若非如此，任何一个卡特尔成员均有动机另找一个雇佣出价者加入卡特尔，从而在共谋收益中多分得一杯羹。

表12.4　在俄罗斯石油和天然气开采权拍卖中，以高于保留价一至二个最小加价幅度的价格赢得二人拍卖的公司名称及他们的代表字母

符号	公司名称
A	ООО"РосНедра Астрахань"
B	ООО"ВолжСторНЭСТ"
C	ЗАО"Нефтегазовая компания АфБ"
D	ЗАО"Концерн"Нефтепродукт"
E	ООО"Интенсификация и повышение нефтеотдачи"
F	ООО"зААБ Инвест"
G	ЗАО"фроловское нефтегазодобывающее управление"
H	ЗАО"Вольновскнефть"
I	ЗАО"Транс Нафта"
J	ООО"Газнефтесервис"
K	ООО"Авангард"
L	ООО"Истенйл"
M	ОАО"Новосирсибирскнефтегаз"
N	ООО"Тагульское"
O	ООО"Северное сияние"

1　L和他的伙伴K一起，参加过一次三人拍卖，K胜出（价格高于保留价5个最小加价幅度）；还参加过一次四人拍卖，K和L都未能胜出（价格高出保留价320个最小加价幅度）。X和他的伙伴V一起参加了一次四人拍卖，V胜出（价格高于保留价12个最小加价幅度）。B和他的伙伴A一起参加了另一次二人拍卖。这次拍卖的最小加价幅度未知。在这34次拍卖之外，其他纯雇佣出价者从未参加任何一次我们所了解的拍卖。

P	ООО"Гранит"
Q	ОАО"Тюменнефтегаз"
R	ОООПКФ"Селена"
S	ООО"ДДМ"
T	ОАО"Пермоблнефть"
U	ООО"ПФК"Центртехснаб"
V	ООО"Парма-Ресурс"
X	ООО"Проминвест"
Y	ОАО"АНК Башнефть"
1A	ООО"Башминерал"
Z	ООО"ДНК"
1A	ООО"Жиллеттойл ЛТД"
1B	ОАО"Ингушнефтегазпром"
1C	ООО"НПЦ Ингушроссгео"
1D	ООО"Холмогорнефтегаз"
1E	ОАО"Самотлорнефтегаз"
1F	ОАО"Сахалин-Девлопмент"
1G	ООО"Томгазнефть"
1H	ОАО"Уралнефть"
1I	ООО"Уралтрансгаз"
1J	ОАО"Батайскнефтегаз"
1K	ОАО"Аксайнефтегаз"
1L	ООО"Славутич"
1M	ООО"Союзнефтестрой"
1N	ООО"ФУТЭК"
1O	ОАО"Негуснефть"
1P	ОАО"Ульяновскнефть"
1Q	ООО"Холдинговая компания Сигма-групп"
1R	ОАО"Инвестиционная группа"Алроса"
1S	ОАО"Эвенкийская топливно-энергетическая компания"
1T	ООО"Горно-промышленная компания"Самсон"
1U	ООО"НК"Мангазея"
1V	ОАО"Сибнефть-Ноябрьскнефтегаз"

第十三章 横向合并的影响

前面两章谈的是推定业已存在的共谋，本章对合并之后，随之而来的共谋进行预判（anticipation）。推定共谋需要寻求经济学证据，进而得到共谋存在的结论，而对共谋进行预判则需要分析产品/市场/行业的特征，这些特征可能导致在两个或以上的公司合并之后出现共谋。

第一节 横向合并指南

在有的案例之中，当若干厂商决定合并成为一个独立的公司主体之时，他们必须向联邦机构进行申报，接受相关机构的审查，以便查明并购对消费者剩余的潜在负面影响[1]。有时，联邦机构会对合并提出强烈质疑。《横向合并指南》（Horizontal Merger Guidelines，以下简称《指南》）明确阐述了对合并进行质疑的经济学依据[2]。《指南》的第二自然段明确了其宗旨：本机构寻求识别和防止那些妨害竞争的合并，同时避免对那些有利于竞争或者竞争中性的合并进行不必要的干涉。多数合并报告有必要进行预判，对如若发生合并与如若未发生合并进行评估和比较。由于这种预判必不可少，《指南》遵从国会的意愿，从初始就坚决防止合并实施后所产生的竞争问题，保证合法的合并不具有反竞争的效应。（《指南》，第1页）。

---

1 与指南关系最为密切的是克莱顿法案第7章，15 USC §18，该法案从社会角度认为："对国家任何单位的任何商业或任何影响商业的行为，这类并购的效果可能会实质性地减少竞争，或者倾向于萌生垄断。"

2 美国司法部和联邦贸易委员会横向合并指南，2010年8月19日（http://www.justice.gov/atr/public/guidelines/hmg-2010.html）。

对于合并，《指南》关注两类问题：单边效应（unilateral effect）和协同效应（coordinated effect）。单边效应指合并所带来的、在两个厂商之间的实质性的排除竞争，以及降低消费者剩余的后果。[1]从经济分析的角度，单边效应关注合并的局部效果，在假定合并的影响没有波及整个行业的基础上，研究合并对产品价格和非价格因素的影响。协同效应则指行业中，由合并引起的、未来厂商间的相互作用，这些作用可能是默示的，也可能是明示共谋[2]。

第二节　单边效应和协同效应的分析

对单边效应进行经济分析要估计产品需求函数，结合相应的竞争模型，从而决定合并对价格的静态影响（以及对非价格因素影响）。《指南》第6.1章中的内容就是简单的例子，类似的还有第5章中的差异产品价格竞争模型（differentiated product price competition model）；在这些例子中，需求函数可以根据统计数据来估计。此外，正如《指南》第6.2章所指出的，采购招标模型也许更好地说明了产品/市场/行业的变化。只涉及两个厂商的合并[3]会给行业带来厂商数量减少一个、合并厂商的规模发生相应变化等影响，可以用这些模型来分析合并对价格的作用。

虽然合并的单边效应关乎社会的利益，但是合并的协同效应可能更引起更大关注，因为由合并而引起的、负面的协同效应可能有更广泛的影响——合并的影响会超越参与合并的两家厂商，在整个行业部分厂商之中

1　《指南》第6章明确了单边效应。

2　《指南》第7章明确了协同效应。参见Davidson and Deneckere(1984), Kovacic et al.(2007, 2009), 及Gayle et al. (2011)。Bos and Harrington (2010)的结论是大多数严重的协同效应可能源自中等规模公司间的合并，而不是最大或最小规模的公司间合并。另有一些文献研究的是以共谋为目的的垂直合并的影响，见Nocke (2007), Nocke and White (2007), 和Normann (2009)。

3　在19世纪晚期和20世纪早期，若干家厂商一夜间合并的事情很常见。而现在更为常见的是两家厂商的合并。

产生限制竞争的后果。尽管如此，对合并的经济分析更关注单边效应，而对协同效应的分析主要停留在简单的定量研判，比如合并所带来的赫芬德尔指数（Herfindahl Index）的变化，以及联邦机构如何看待合并可能引发的未来的行业协调行为这种负面影响。

无数的经济学和计量经济学前沿理论可以用来分析单边效应。举例而言，在过去25年之中，估计需求函数的数学方法有了很大进步，令后来的单边分析有了可观的进展。对协同效应进行经济分析的困难之处在于，1997年版的《指南》强调，要对合并后协调（coordinated）行为可能性的提高进行评估。对协调行为可能性的提高进行测度很困难，特别是因为在合并后的环境中，潜在的协调行为既包括默示共谋，也包含明示共谋。

2010年版的《指南》不再关注合并后协调行为可能性的变化，转为强调合并后与协调行为相关的支付的变化："本机构认为协调行为发生的可能性越大，相关参与者就越坚持从成功的合作中获益[1]。"

这个看起来不大的变化具有重要意义，它像杠杆一样撬动了联邦机构对协同效应的关注。原因很简单：人们已经可以凭借单边效应模型来分析合并后协同效应所带来的支付的变化。单边效应模型分析行业中两个厂商的合并对价格和消费者剩余带来的影响，因为竞争厂商的数量减少了一个。这种模型通常同样可以用来对行业变化进行推测，包括分析合并后行业厂商的共谋，以及随之而来的反竞争作用。

我们可以用这种分析方法来计算合并后共谋给每个成员所带来的益处。当然，单边效应模型也可以用来推测合并前明示共谋的收益。对比合并前后明示共谋所带来的支付的增量，人们就会发现，合并后明示共谋的激励增强了。如果能够进行单边分析，那么可以用同样的方法分析合并的协同效应，即合并增强了厂商明示共谋的激励。从对单边效应扩展到对协同效应的分析，人们只不过需要"转一下手柄"（"turn the crank"）。由单边效应扩展而得到的协同效应分析，与其他类型的协同效应分析并无冲突。

1　《指南》第7.2章。

这种增量分析并没有直接得到"合并后协调行为的可能性增加"的结论，而是间接分析，即合理地作出这样的推测：如果由于合并后行业协调行为增多，支付也实实在在地提高了，那么合并后发生共谋的可能性也会比合并前增大。

这种增量分析并没有直接明确合并会带来何种形式的协调，而它关注的是明示共谋。从这个角度，增量分析划出了将会发生什么的边界。然而，对于协调行为所带来支付的增量，可以用——比对的方法来比较（apples-to-apples）合并前后的情形。

科瓦契奇（Kovacic）et al.（2006, 2009）和盖尔（Gayle）et al.（2011）沿着这一方向进行了探索。这些研究考察了Hospital Corp of America v. FTC案[1]、FTC v. Arch Coal案[2]，以及后来的BASF/Ciba合并案[3]。考虑到合并后的协调行为，联邦贸易委员会否决了前两个合并案件。下面，我们用第5章中介绍的差异产品价格竞争模型，对Hospital Corporation案的综合效应进行分析。

第三节 Hospital Corporation案的协同效应分析

1980年代早期，在田纳西州的查塔努加（Chattanooga）市，在本次合并发生之前，Hospital Corporation of America（HCA）拥有并管理着查塔努加市内11家医疗机构中的一间，市场占有率为14%。该地区的各家医疗机构提供的服务不尽相同，一些医院规模更大，提供更为全面的医疗服务。HCA计划收购该地区的另外两家医疗机构，这样的话，它将拥有或者控制

---

1 807 F.2d 1381 (7th Cir. 1986)。

2 Fed. Trade Commission v. Arch Coal, Inc. 329 F. Supp. 2d 109 (DDC 2004) .

3 2009年4月2日联邦贸易委员会出版物，"FTC Intervenes in BASF s Proposed $5.1 Billion Acquisition of Ciba Holding Inc"（http://www.ftc.gov/opa/2009/04/basf.shtm,accessed December 18, 2010）. 案件号 COMP/M.5355 – BASF/ CIBA, 2009年1月22日根据参议院条例（Council Regulation）第4条的通告No 139/20041（见http://ec.europa.eu/competition/mergers/cases/decisions/m5355_20090312 20212 _en.pdf, accessed December 17，2010）。

11家医疗机构中的5家，并使自己的市场份额提高到26%。合并前，该地区最大4家医疗机构的市场占有率为79%，而合并之后，这一比例将提高到92%。出于协同效应的考虑，联邦贸易委员会否决了这次合并。

在第五章中我们介绍的辛格和比维斯（Singh and Vives）（1984）的差异产品价格竞争模型，可以对这11家拥有不同规模的医疗机构进行分析。这一模型将合并前行业的特征（characteristic）——比如合并前厂商的市场份额——作为变量[1]，也可以设定为各间医疗机构或医疗服务品质的差异。

我们来看看可能存在的情形，将这些可能的情形置入模型来评估厂商和行业的绩效。此合并案中有4种重要的假设情形：

1.收购前不存在合作行为：合并前所有厂商不存在共谋。

2.收购后不存在合作行为：HCA及其并购对象作为一个厂商，但所有其他厂商和合并后的HCA联合体均不存在共谋。

3.收购前存在合作行为：HCA与其他部分未参与合并的厂商间存在共谋，他们的行为就如一个厂商一般，但是这一联合体与所有其余厂商——包括HCA打算并购的厂商——之间相互竞争。

4.收购后存在合作行为：HCA及其收购对象，与部分厂商之间存在共谋，他们的行为就如一个厂商一般，但是这一联合体与其余厂商间相互竞争。

前两种情形的对比是单边效应分析。如果得到了一个模型来对这两种情形进行对比分析，那么这个模型也可以用来进行其他两种情形的对比分析。特别地，对情形1和情形3进行对比会告诉我们合并前的协同效应，而对情形2和情形4进行对比则告诉我们合并后的协同效应；而对这两类的对比分析结果进行比较，则告诉我们从合并前到合并后协同效应所发生的变化。

调整科瓦契奇（Kovacic）et al.（2009）模型，以合并前不存在共谋这种情形为基准来分析Hospital Corporation案，得到两个重要结论。首先，模型表明合并发生之前，如果HCA与市内其他3家最大的医疗机构发生共谋，这4家厂商共同的利润将提高9%；如果共谋发生在合并之后，这4家

---

1 见Kovacic et al.(2009)对HCA市场的估计。

厂商共同的利润将提高65%。其次，在非合作的条件下，合并将导致合并所形成新联合体的服务价格上升幅度略低于50%；如果在合并后发生了共谋，则合并所形成新联合体的服务价格将提高超过100%。

这种对合并的影响所作的增量分析激发了对协同效应是否值得关注的讨论。比如，在以上的案例中，如果合并后出现共谋，行业最大4家厂商的利润总额将提高65%；如果这个利润总额增加的比例大幅度下降，这表明合并后共谋的动机较低，而且协同效应不值得关注。同样地，在上例中，合并后共谋使价格上升超过100%；如果上升幅度显著低于这一数值，那么协同效应也是无足轻重的。

正因为人们能够对协同效应进行定量研究，对一次合并发生后可能随之而来的协同效应的争论才活跃起来。当争论中意见相左的双方对一个单边效应模型均无异议后，方得以在定量的基础上对协同效应充分讨论。

这种分析可以用于分析各种有意义的经济问题，比如合并的效率问题。举例而言，将成本变量引入模型，可以分析合并后的效率问题。又或者，模型可以设定合并所需达到的效率改进的标准（指合并的正面效果——译者），只有达到这个标准，才能抵消随之而来的协同效应（指合并的负面效果——译者）。然后，这一标准能够与估计的真实效率进行比较。

对于母公司剥离子公司（divestiture）的问题，人们也能用这种模型来分析各种剥离后的协同效应。潜在进入、生产能力扩张、产量提高等，这些问题仍旧可以用这种模型进行定量研究。这类定量研究可能引发关于模型设定、参数估计和行业竞争条件等问题的争论，成为各种学术论文的研究主题。

欧共体决定清单索引

1.Amino acids：Case COMP/36.545/F3—Amino acids,Comm'n Decision(Jun 7,2000).

2.Carbonless paper：Case COMP/E-1/36.212—Carbonless paper,Comm'n Decision(Dec 20,2001).

3.Cartonboard：IV/C/33.83—Cartonboard,Comm'n Decision(Jul 13,1994)

4.Choline chloride：Case COMP / E—2 / 37. 533—Choline chloride,Comm'n Decision(Sep 12,2004).

5.Citric acid：Case COMP/E-1/36.604—Citric acid,Comm'n Decision(Dec 5,2001).

6.Copper plumbing tubes：Case COMP/E-1/38.069—Copper plumbing tubes,Comm'n Decision(Sep 3,2004).

7.Electrical and mechanical carbon and graphite products: Case C38.359—Electrical and mechanical carbon and graphite products,Comm'n Decision(Dec 3,2003).

8.Foodflavor enhancers: Case COMP/C37. 671—Flood flavour enhancers. Comm'n Decision (Dec 17,2002).

9.Graphite electrodes: Case COMP/E-1/36.490—Graphite electrodes,Comm'n Decision(Jul 18,2001).

10.Hydrogen peroxide: Case COMP/F/38.620—Hydrogen peroxide,Comm'n Decision(May 3,3006).

11.Industrial and medical gases: Case COMP/E-3/36.700—Industrial and medical gases,Comm'n Decision(Jul 24,2002).

12.Industrial bags: Case COMP/38354—Industrial bags,Comm'n Decision(Nov 30,2005).

13.Industrial tubes: Case COMP/E-1/38.240—Industrial tubes,Comm'n Decision(Dec 16,2003).

14.Methionine: Case C.37.519—Methionine,Comm'n Decision(Jul 2,2002).

15.Methyglucamine: Case COMP/E-2/37.978—Methylglucamine,Comm'n Decision(Nov 27,2002).

16.Monochloroacetic acid: Case COMP/E-1/.37.773—MCAA,Comm'n Decision(jan 19,2005).

17.Needles: Case F-1/38.338—PO/Needles,Comm'n Decision(Oct 26,2004).

18.Organic peroxides: Case COMP/E-2/37.857—Organic peroxides,Comm'n Decision(Dec 10,2003).

19.Plasterboard: Case COMP/E-1/37.152—Plasterboard,Comm'n Decision(Nov 27,2002).

20.Pre-insulated pipe: Case No IV/35.691/E-4—Pre-insulated pipe cartel,Comm'n Decision (Oct 21,1998).

21.Rubber chemicals: Case COMP/F/38.443—Rubber chemicals,Comm'n Decision(Dec 21,2005).

22.Soda-ash—Solvay: COMP/33.133-B: Soda-ash—Solvay,CFK,Comm'n Decision(Dec 13,2000).

23.Sorbates: Case COMP/E-1/37.370—Sorbates,Comm'n Decision(Oct 1,2003).

24.Specialty graphite(isostatic and extruded): Case COMP/E-2/37.667—Specialty graphite. Comm'n Decision(Dec 17,2002).

25.Vitamins: Case COMP/E-1/37.512—Vitamins,Comm'n Decision(Nov 21,2001).

26.Wood pulp: IV/29.725—Wood pulp,Comm'n Decision(Dec 19,1984).

27.Zinc phosphate: Case COMP/E-1/37.027—Zinc phosphate,Comm'n Decision(Dec 11,2001).

参 考 文 献

1.ABA Section of Antitrust Law. 2007. *Antitrust Law Developments,6th edition*. Chicago: American Bar Association.

2.Abreu,D. 1986. Extremal equilibria of oligopolistic supergames. *Journal of Economic Theory* 39: 191-225.

3.Abreu. D.,Pearce,D.,|and Stacchetti,E. 1986. Optimal cartel equilibria with imperfect monitoring. *Journal of Economic Theory* 39(1): 251-69.

4.Abreu,D.,Pearce,D.,and Stacchettii,E. 1990. Toward a theory of discounted repeated games with imperfect monitoring. *Econometrica* 58(5): 1041-63.

5.Albano,G. L.,Germano,F.,and Lovo,S. 2006. Ascending auctions for multiple objects: The case for the Japanese design. *Economic Theory* 28(2): 331-55.

6.Aoyagi,M. 2003. Bid rotation and collusion in repeated auctions. *Journal of Economic Theory* 112(1): 79-105.

7.Aoyagi,M. 2007. Efficient collusion in repeated auctions with communication. *Journal of Economic Theory* 134(1): 61-92.

8.Argenton,C. 2011. Joint predation. Working papen CentER&TILEC,Tilburg University.

9.Aske,J. 2010. A study of the internal organization of a bidding cartel. *American Economic Review* 100: 724-62.

10.Athey,S. 2001. Single crossing properties and the existence of pure strategy equilibria in games of incomplete information. *Econometrica* 69: 861-90.

11.Athey,S.,and Bagwell,K. 2001. Optimal collusion with private information. RAND *Journal of Economics* 32(3): 428-65.

12.Athey,S.,and Bagwell,K. 2008. Collusion with persistent cost shocks. *Econometrica* 76: 493-540.

13.Athey,S.,Bagwell,K.,and Sanchirico,c·2004·Collusion and price rigidity·Review of *Economic Studies* 71: 317-49.

14.Aubert,C.,Kovacic,W.,and Rey,P. 2006. The impact of leniency and whistleblowing programs on cartels. *International 10urnal of Industrial Organization* 24: 1241-66.

15.Ausubel,L. M.,and Cramton,P.2004. Auctioning many divisible goods. Papers and Proceedings of the Eighteenth Annual Congress of the European Economic Association. *Jurnal of the Eurovean Economic ASSOciation 2*（2/3）:480-93

16.Ausubel,L.,and Milgrom,P.2002). Ascending auctions with package bidding. *Frontiers of Theoretical Economics* 1(1): article 1.

17.Avery,C. 1998. Strategic jump bidding in English auctions. *Review of Economic Studies* 65 (2): 185-210.

18.Ayres,I. 1987. How cartels punish: A structural theory of self-enforcing collusion. *Colum-bia Law Review* 87: 295.

19.Bagwell,K.,and Staiger,R. W 1997. Collusion over the business cycle. *RAND Journal of Economics* 28: 82-106.

20.Bagwell,K.,and Wolinsky,A. 2002. Game theory and industrial organization. In R. J. Aumann and S. Hart,eds.*Handbook of Game Theory*,vol. 3. Amsterdam: North-Holland,1851-95.

21.Bain,J. S. 1951. Relation of profit rates to industry concentration. *Quarterly Journal of Economics* 55: 293-324.

22.Bain,J. S. 1960. Price leaders,barometers,and kinks. Journal of Business 33: 193-203.

23.Bajari,P. 2001. Comparing competition and collusion: A numerical approach. *Economic Theory* 18: 187-205.

24.Bajari,P.,and Fox,J. T. 2007. Measuring the efficiency of an FCC spectrum auction. Working paper. University of Minnesota.

25.Bajari,P.,and Summers,G. 2002. Detecting collusion in procurement auctions. *Antitrust Law Journal* 70(1): 143-70.

26.Bajari,P.,and Ye,L. 2003. Deciding between competition and collusion. *Review of Econom-ics and Statistics* 85(4): 971-89.

27.Baker,J. B. 2002. Mavericks,mergers,and exclusion: Proving coordinated competitive effects under the antitrust laws. *New York University Law Review* 77: 135-73.

28.Baldwin,L. H.,Marshall,R. C.,and Richard,J.-F. 1997. Bidder collusion at Forest Service timber auctions. *Journal of Political Economy* 105(4): 657-99.

29.Banerji,A.,and Meenakshi,J. V 2004. Buyer collusion and efficiency of government intervention in wheat markets in northern India: An asymmetric structural auctions analysis. *American lournal ofAgricultural Economics* 86(1): 236-53.

30.Barnett,T. O.,and Wellford,H. B. 2008. The DOJ'S single—firm conduct report: Promoting consumer welfare through clearer standards for section 2 of the Sherman Act. http: //WWW.justice. gov/atr/public/speeches/238599. pdf(accessed January 12,2011).

31.Belleflamme,P.,and Bloch,F.2004. Market sharing agreements and collusive networks. *Internationaf Economic Review* 45: 387-411.

32.Benoit,J.-P,and Krishna,V. 1987. Dynamic duopoly: Prices and Quantities. *Review of Economic Studies* 54: 23-35.

33.Bernheim,B. D. 2002. Expert report of B. Douglas Bernheim. MDL 1285. In Re: *Vitamins Antitrust Litigation*,Misc. 99-0197(TFH),May 24,2002.

34.Bernheim,B. D.,and Whinston,M. D. 1990. Multimarket contact and collusive behavior. *RAND Journal of Economics* 21: 1-26.

35.Bittlingmayer,G. 1985. Did antitrust policy cause the great merger wave?*Journal of Law and Economics* 28: 77-118.

36.Blume,A.,and Heidhues,P.2008. Modeling tacit collusion in auctions. *Journal of Institu-l tional and Theoretical Economics* 164: 163-84.

37.Bolotova,Y,Connor,J. M.,and Miller,D. J. 2008. The impact of collusion on price behav-ior: Empirical results from two recent cases. *International Journal of Industrial Organization* 26: 1290-1307.

38.Booth,D. L.,Kanetkar,v.,Vertinsky,I.,and Whistler,D. 1991. An empirical model of capacity expansion and pricing in an oligopoly with barometric price leadership: A case study of the newsprint industry in North America. *Journal of Industrial Economics* 39: 255-76.

39.Borenstein,S.,and Shepard,A. 1996. Dynamic pricing in retail gasoline markets. *RAND Journal of Economics* 27: 429-51.

40.Bos,I.,and Harrington,J. E. 2010. Endogenous cartel formation with heterogeneous firms. *RAND Journal of Economics* 41: 92-117.

41.Bresnahan,T. F,and Reiss,P.C. 1991. Entry and competition in concentrated markets. *Journal of Political Economy* 99: 977-1009.

42.Brock,W. A.,and Scheinkman,J. A. 1985. Price setting supergames with capacity con-straints. *Review of Economic Studies* 52: 371-82.

43.Brusco,S.,and Lopomo,G. 2002. Collusion via signalling in simultaneous ascending bid auctions with heterogeneous objects,with and without complementarities. *Review of Economic Studies* 69(2): 407-36.

44.Burns,A. R. 1936. *The Decline of Competition: A Study ofthe Evolution of American Industry*. New York: McGraw-Hill.

45.Caillaud. B.,and J6hiel,P. 1998. Collusion in auctions with externalities. *RAND Journal of Economics* 29(4): 680-702.

46.Carlton,D. W,Gertner,R. H.,and Rosenfield,A. M. 1997. Communications among competitors: Game theory and antitrust. *George Mason Law Review* 5: 423-40.

47.Cassady,R. 1967. *Auctions and Auctioneering*. Berkeley: UC Press.

48.Chakrabarti,S. K. 2010. Collusive equilibrium in Cournot oligopolies with unknown costs. *International Economic Review* 51: 1209-38.

49.Chamberlin,E. H. 1933. *The Theory of Monopolistic Competition*. Cambridge: Harvard University Press.

50.Chang,M.-H. 1991. The effects of product differentiation on collusive pricing. *Interna-tional lournal of Industrial Organization* 9(3): 453-69.

51.Che,Y.-K.,and Kim,J. 2006. Robustly collusion-proof implementation. *Econometrica* 74(4): 1063-1107.

52.Che,Y.-K.,and Kim,J. 2009. Optimal collusion-proof auctions. *Journal of Economic Theory* 144: 565-603.

53.Chen,C.-L.,and Tauman,Y.2006. Collusion in one-shot second-price auctions *Economic Theory* 28(1): 145-72.

54.Clark,D. S. 1983. Price-fixing without collusion: An antitrust analysis of facilitating practices after Ethyl Corp. *Wisconsin Law Review* 1983: 887-952.

55.Coase,R. 1937. The nature of the firm. *Economica* 4: 386-405.

56.Comanor,S.,and Schankerman,M. A. 1976 Identical bids and cartel behavioL *Bell Journal of Economics* 7(1): 281-86.

57.Compte,O. 2002. On failing to cooperate when monitoring is private *Journal of Economic Theory* 102: 151-88.

58.Compte,O.,Jenny,F,and Rey,P. 2002. Capacity constraints,mergers and collusion. *European Economic Review* 46: 1-29.

59.Compte,O.,Lambert-Mogiliansky,A.,and Verdier,T. 2005. Corruption and competition in procurement auctions. *RAND Journal of Economics* 36（1）: 1-15.

60.Connor,J. 2008,*Global Price Fixing*,2nd ed. Berlin: Springer.

61.Coopeg,T. E. 1986. Most-favored-customer pricing and tacit collusion. *RAND Journal of Economics* 17: 377-88.

62.Cramton,P. C.,and Palfrey, T. R. 1990. Cartel enforcement with uncertainty about costs. *International Economic Reviw* 31: 17-47.

63.Cramton,P.,and Schwartz,J. A. 2000. Collusive bidding: Lessons from the FCC spectrum auctions. *Journal of Regulatory Economics* 17（3）:229.

64.Cramton,P,and Schwartz,Jl A. 2002. Collusive bidding in the FCC spectrum auctions *Contributions to Economic Analysis and Policy* 1（1）:1-18.

65.Cyrenne,P. 1999. On antitrust enforcement and the deterrence of coilusive behavior. *Review of International Economics* 14: 257-72.

66.D'Aspremont,C.,Jacquemin,A.,Gabszewicz,J. J.,and Weymark,J. A. 1983. On the stability of collusive price leadership. *Canadian Journal of Economics,Revue Canadienne d'Economique* 16: 17-25.

67.Davidson,C. 1984. Cartel stability and tariff policy. *Journal of International Economics* 17: 219-37.

68.Davidson,C.,and Deneckere,R. J. 1984. Horizontal mergers and collusive behavior. *International Journal of Industrial Organization* 2: 117-32.

69.Davidson,C.,and Deneckere,R. J. 1990. Excess capacity and collusion. *International Economic Review* 31: 521-41.

70.Dechenaux,E.,and Kovenock,D. 2007. Tacit collusion and capacity withholding in repeated uniform price auctions. *RAND Journaf of Economics* 38 (4): 1044-69.

71.Deltas,G. 2002. Determining damages from the operation of bidding rings: An analysis Of the post-auction"knockout"sale. *Economic Theory* 19(2): 243-69.

72.Demougin,D.,and Fishman,A. 1991. Efficient budget balancing cartel equilibria with imperfect monitoring. *Economic Theonry*: 373-83.

73.Deneckere,R. J. 1983. Duopoly supergames with product differentiation. *Economics Letters* 11: 37-42.

74.Deneckere,R. J.,and Kovenock,D. 1992. Price leadership. *Review of Economic Studies* 59: 143-62.

75.Deneckere,R.,Kovenock,D.,and Lee,R. 1992. A model of price leadership based on consumer loyalty. *Journaf of Industrial Economics* 40: 147-56.

76.Dequiedt,V. 2007. Efficient collusion in optimal auctions. *Journal of Economic Theory* 136（1）：30-23.

77.Diamantoudi,E. 2005. Stable cartels revisited. *Economic Theory* 26: 907-21.

78.Dolbear,F. T.,Lave,L. B. ,Bowman,G.,Lieberman,A.,Prescott,E.,Rueter,P.,et al. 1968. Collusion in oligopoly: An experiment on the effect of numbers and information. *Quarterly/Journal 0f Economics* 82: 240-59.

79.Donsimoni,M.-P. 1985. Stable heterogeneous cartels. *International Journal of Industrial Organization* 3: 451-67.

80.Donsimoni,M.-P,Economides,N.,and Polemarchakis,H. 1986. Stable Cartels. *Interna-tional Economic Review* 27(2): 317-27.

81.Ellison,G. 1994. Theories of cartel stability and the joint executive committee. *RAND Journal of Economics* 25: 37-57.

82.Evans,W. N.,and Kessides,I. N. 1994. Living by the"golden rule": Multimarket contact in the U. S. airline industry. *Quarterly Journal of Economics* 109: 341-66.

83.Fabra,N. 2003. Tacit collusion in repeated auctions: Uniform versus discriminatory. *Journal of Industrial Economics 51*(3): 271-93.

84.Fehl,U.,and Güith,W. 1978. Internal and external stability of bidder cartels in auctions and public···tenders: a comparison of pricing rules. *International Journal of Industrial Orga-nization* 5(3): 303-13.

85.Feinstein,J-S.,Block,M. K.,and Nold,F. C. 1985. Asymmetric information and collusive behavior in auction markets. *American Economic Review* 75(3): 441-60.

86.Fershtman,C.,and Gandal,N. 1994. Disadvantageous semicollusion. *International Journal of Industriaf Organization* 12: 141-54.

87.Fershtman,C.,and Pakes,A. 2000. A dynamic game with collusion and price wars *RAND Journal of Economics* 31(2),207-36.

88.Feuerstein,S.,and Gersbach,H. 2003. Is capital a collusion device?*Economic Theory* 21: 133-54.

89.Friedman,J. w. 1971. A non-cooperative equilibrium for supergames. *Review of Economic Studies*,28: 1-12.

90.Frjedman,J. W.,and Thisse,J.-E. 1994. Sustainable collusion in oligopoly with free entry. *European Economic Review* 38: 271-83.

91.Fudenberg,D.,and Maskin,E. 1986. The folk theorem in repeated games with discount-ing or incomplete information. *Econometrica* 54: 533-54.

92.Fudenberg,D.,Levine,D.,and Maskin,E. 1994. The folk theorem with imperfect public information. *Econometrica* 62: 997-1039.

93.Garratt,R. J.,Tr6ger,T.,and Zheng,C. Z. 2009. Collusion via resale. *Econometrica* 77(4): 1095-1136.

94.Gayle,W.-R.,Marshall,R. C.,Marx,L. M.,and Richard,J.-E 2011. Coordinated efiects in the 2010 horizontal merger guidelines. Working paper. Penn State University.

95.Gellhorn. E.,and Kovacic,E. 1994. *Antitrust Law and Economics* in a Nutshell. St. Paul,MN: West.

96.Gerlach,H. 2009. Stochastic market sharing,partial communication and collusion. *International Journal of Industrial Organization* 27: 655-67.

97.Giacolnini,R.,and White,H. 2006. Tests of conditional predictive ability. *Econometrica* 74 (6): 1545-78.

98.Graham,D. A.,and Marshall,R. C. 1987. Collusive bidder behavior at single-obiect second price and English auctions. *Journal of Political Economy* 95: 1217-39.

99.Graham,D. A.,Marshall,R. C. ,and Richard,L-E 1990. Differential payments within a bidder coalition and the Shapley value. *American Ecoomic Review* 80: 493-510.

100.Graham,D. A.,Marshall,R. C.,and Richard,J.-F 1996. Lift-lining. *Advances in Applied Micro-Economics* 6: 15-40.

101.Green,E. J.,and Porter R. H. 1984. Noncooperative collusion under imperfect price Information. *Econometrica* 52(1): 87-100.

102.Haltiwanger,J.,and Harrington,J. E. 1991. The impact of cyclical demand movements on collusive behavior. RAND *Journal of Economics* 22: 89-106.

103.Hammond,S. D. 2005. Cracking cartels with leniency programs. http: // www. justice. gov/atr/public/speeches/212269. pdf.

104.Harrington,J. E. Jr. 1989. Collusion among asymmetric firms: The case of different dis-count factors. *International Journal of Industrial Organization* 7: 289-307.

105.Harrington,J. E. Jr 2003. Some implications of antitrust laws for cartel pricing. *Economics Letters* 79: 377-83.

106.Harrington,J. E. Jr. 2004a. Cartel pricing dynamics in the presence of an antitrust author-ity. *RAND Journal of Economics* 35: 651-67.

107.Harrington,J. E. Jr. 2004b. Post-cartel pricing during litigation. *Journal of Industrial Eco-nomics* 52 (4): 517-33.

108.Harrington,J. E. Jr. 2006. How do cartels operate?*Foundations and Trends in Microeconom-ics* 2(1): 1-105.

109.Harrington,J. E. Jr. 2008. Detecting cartels. In P. Buccirossi,ed.,*Handbook of Antitrust Economics*. Cambridge: MIT Press,213-58.

110.Harrington,J. E. Jr.,and Skrzypacz,A. 2007. Collusion with monitoring of sales. *RAND Journal of Economics* 38: 314-31.

111.Harrington,J. E. Jr.,and Skrzypacz,A. 2010. Private monitoring and communication in cartels: Explaining recent collusive practices. *American Economic Review,forthcoming*.

112.Hay,G. A. 1982. Oligopoly,shared monopoly,and antitrust law. *Cornell Law Review* 67: 439-53.

113.Heeb,R. D.,Kovacic,W. E.,Marshall,R. C.,and Marx,L. M. 2009. Cartels as two-stage mechanisms: Implications for the analysis of dominant-firm conduct. *Chicago Journal of International Law* 10: 213-31.

114.Hendricks,K.,and Porter,R. H. 1989. Collusion in auctions. *Annals of Economics and Statistics/Annales d' Economie et de Statistique* 15/16: 217-30.

115.Hendricks,K.,Porter,R.,and Tan,G. 2008. Bidding rings and the winner' s curse. *RAND Journal of Economics* 39(4): 101841.

116.Henry,B. R. 1994. Benchmarking and antitrust. *Antitrust Law Journal* 62: 483-512.

117.Hexner,E. 1943. *The International Steel Cartel*. Chapel Hill: University of North Carolina Press.

118.Homer,J.,and Jamison,J. 2007. Collusion with(almost)no information. *RAND Journal of Economics* 38: 804-22.

119.Hortacsu,A.,Martinez-Jerez,A.,and Douglas,J. 2006. The geography of trade on eBay and MercadoLibre. Working paper 06-09. NET Institute

120.Huck,S.,Normann,H. -T.,and Oechssler,J. 2004. Through trial and error to collusion. *International Economic Review* 45: 205-24.

121.Inoue,A.,and Kilian,L. 2006. on the selection of forecasting models. *Journal of Econometrics* 130(2): 273-306.

122.Ishii,R. 2009. Favor exchange in collusion: Empirical study of repeated procurement auctions in Japan. *International Journal of Industrial Organization* 27(2): 137-44.

123.Jones,F. D. 1922. *Trade Association Activities and the Law: A Discussion of the Legal and Eco-nomic Aspects ofCollective Action through Trade Organizations*. New York: McGraw-Hill.

124.Kandori,M. 1991. Correlated demand shocks and price wars during booms. *Review of Economic Studies* 58: 171-80.

125.Kandori,M.,and Matsushima,H. 1998. Private observation,communication and collu-sion. *Econometrica* 66: 627-152.

126.Kaysen,C. 1951. Collusion under the Sherman Act. *Quarterly Journal of Economics* 65(2): 263-70.

127.Kihlstrom,R.,and Vives,X. 1992. Collusion by asymmetrically informed firms. *Journal of Economics & Management Strategy* 1(2): 371-96.

128.Kihlstrom,R. E.,and Vives,X. 1989. Collusion by asymmetrically informed duopolists. *European lournaf of Politicaf Economy* 5: 371-402.

129.Klemperer,P. 1998. Auctions with almost common values. *European Economic Review* 42: 757-69.

130.Klemperer,P. 2000. Why eVery ecOnOmist should learn some auction theory. In M. Dewat-ripont,L. Hansen,and S. Tumovsky,eds. *Advances in Economics and Econometrics Invited Lectures to Eighth World Congress of the Econometric Society*. Cambridge,UK: Cambridge University Press,25-55.

131.KlemPerer,P. 2002. What really matters in auction design. *Journal of Economic Perspectives* 16(1): 169-89.

132.Knittel,C. R.,and Stango,V. 2003. Price ceilings as focal points for tacit collusiOn: Evi-dence from credit cards. *American Economic Review* 93: 1703-29.

133.Knittel,C. R.,and Lepore,J. J. 2010. Tacit collusion in the presence of cyclical demand and endogenous capacity levels. *International Journal of Industrial Organization* 28: 131—44.

134.Kovacic,W. E.,Marshall,R. C.,Marx,L. M.,and Raiff,M. E. 2007. Lessons for cOmpeti-tion policy from the vitamins cartel. In V. Ghosal and J. Stennek,eds.,*The Political Economy of Antitrust*. Amsterdam: Elsevier,149-76.

135.Kovacic,W. E.,Marshall,R. C.,Marx,L. M.,and Raiff,M. E. 2006. Bidding rings and the design of anti-collusion measures for auctions and procurements. In N. Dimitri,G. Piga,and G. Spagnolo,eds.,*Handbook of Procurement*. Cambridge Universitv Press,149-76.

136.Kovacic,W. E.,Marshall,R. C.,Marx,L. M.,and Schulenberg,S. R 2009. Quantitative analysis of coordinated effects. *Antitrust Law Journal* 76 (2): 397-430.

137.Kovacic,w. E.,Marshall,R. C.,Marx,L. M.,and White,H. L. 2010. *Plus factors and agreement in antitrust law*. Michigan Law Review,forthcoming.

138.Kovacic,W E.,Marshall,R. C.,Marx,L. M.,and White,H. L. 2011. *P1us factors and agreement in antitrust law*. Michigan Law Review 110(3): 393-436.

139.Krishna,V. 2009. *Auction Theory*. New York: Academic Press.

140.Kuhn,K.-U. 2001. Fighting collusion by regulating communication between firms. *Eco-nomic Policy* 16: 167-204.

141.Kuipers,J.,and Olaizola,N. 2008. A dynamic approach to cartel formation. *International Journal of Game Theory* 37: 397-408.

142.Kumar,V.,Marshall,R. C.,Marx,L. M.,and Samkharadze,L. 2011. Cartel versus merger. Working paper. Penn State University.

143.Kwasnica,A. M.,and Sherstyuk,K. 2001. Collusion via signaling in multiple object auctions. with complementarities: An experimental test. Working paper. Penn State Unlversltv.

144.Kwoka,J. E. 1979. The effect of market share distribution on industry performance. *Review of Economics and Statistics* 61: 101-109.

145.LaCasse,C. 1995. Bid rigging and the threat of government prosecution *RAND Journal of Economics* 26(3): 398-417.

146.Laffont,J.-J and Martimort,D. 1997. Collusion under asymmetric information. *Econometrica* 65: 875-91.

147.Laffont,J-J.,and Martimort,D. 2000. Mechanism design with collusion and correlation *Econometrica* 68: 309-34.

148.Lambson,V. E. 1987. 0ptimal penal codes in price-setting supergames with capacity constraints. *Review of Economic Studies* 54: 385-97.

149.Lambson,V. E. 1994. some results on optimal penal codes in asymmetric Bertrand super-games. *Journal of Economic Theory* 62: 444-68.

150.Lebrun,B. 1996. Existence of an equilibrium in first price auctions. *Economic Theory* 7: 421—43.

151.Lebrun,B. 1999. First price auctions in the asymmetric N bidder case. *International Eco-nomic Review* 40: 125-42.

152.Lebrun,B. 2006. Uniqueness of the equilibrium in first-price auctions. *Games and Economic Behavior* 55(1): 131-51.

153.Lee,G. M. 2010. Optimal collusion with internal contracting. *Games and Economic Behavior* 68: 646-69.

154.Levenstein,M. C. 1997. Price wars and the stability of collusion: A study of the pre-World War I bromine industry. *Journal of Industrial Economics* 45: 117-37.

155.Levenstein,M.,and Suslow,V. Y. 2006. What determines cartel success?*Journal of Economic Literature* 44: 43-95.

156.Levenstein,M.,and Suslow,V. Y. 2010. Breaking up is hard to do: Determinants of cartel duration. *Journal of Law and Economic,*forthcoming.

157.Levin,D. 2004. The competitivenessofjointbiddinginmulti-unitumform-priceauctions. *RAND Journal of Economics* 35(2): 373-85.

158.Liski,M.,and Montero,J.-P. 2006. Forward trading and collusion in oligopoly. *Journal of Economic Theory* 131: 212-30.

159.Lommerud,K. E.,and Sorgard,L. 2001. Trade liberalization and cartel stability. *Review of International Economics* 9: 343-55.

160.Lopomo,G.,Marshall,R. C.,and Marx,L. M. 2005. Inefficiency of collusion at English auctions. *Contributions in Theoretical Economics* 5: (1): article 4.

161.Lyk-Jensen,p. 1996. Some suggestions on how to cheat the auctioneer: Collusion in auc-tions when signals are affiliated. Working paper. University of Copenhagen.

162.Lyk-Jensen,P. 1997a. Post-auction knock-outs. Working paper. University of Copenhagen.

163.Lyk-Jensen,P. 1997b. Collusion at auctions with affiliated signals. Working paper. Uni-versit6 de Toulouse.

164.Maasland,E.,and Onderstal,S. 2007. Auctions with financial externalities. *Economic Theory* 32(3): 551-74.

165.Madhavan,A.,Masson,R.,and Lesser,W. 1988. Cooperation or retaliation: An empirical analysis of cartelization. Unpublished working paper. Cornell University.

166.Mailath,G.,and Zemsky,P 1991. Collusion in second price auctions with heterogeneous bidders. *Games and Economic Behavior* 3: 467-86.

167.Markham,J. W. 1951. The nature and significance of price leadership. *American Economic Review* 41: 891-905.

168.Marshall,R. C.,and Marx,L. M. 2007. Bidder collusion. *Journal of Economic Theory* 133: 374-402.

169.Marshall,R. C.,and Marx,L. M. 2009. The vulnerability of auctions to bidder collusion. *Quarterly lournal of Economics* 124(2): 883-910.

170.Marshall,R. C.,Marx,L. M.,and Raiff,M. E. 2008. Cartel price announcements: The vitamins industry. *International Journal of Industrial Organization* 26: 762-802.

171.Marshall,R. C.,Marx,L. M.,and Samkharadze,L. 2011. Dominant-firm conduct by cartels-Working paper. Penn State University.

172.Marshall,R. C.,and Meurer,M. J. 2001. The economics of bidder collusion. In K. Chat-terjee and W. Samuelson,eds.,*Game Theory and Business Applications*. Dordrecht: Kluwer Press,339-70.

173.Marshall,R. C.,and Meurer,M. J. 2004. Bidder collusion and antitrust law: Refining the analysis of price fixing to account for the special features of auction markets. *Antitrust Law Journal* 72(1): 83-118.

174.Marshall,R. C.,Meurer,M. J.,and Richard,J.-E 1994. Litigation settlement and collusion. *Quarterly 10urnaf of Economics* 109 (1): 211-40.

175.Marshall,R. C.,Meurer,M. J.,Richard,J.-F.,and Stromquist,W. 1994. Numerical analysis of asymmetric first price auctions. *Games and Economic Behavior* 7: 193-220.

176.Maskin,E. S.,and Riley,J. G-1996a. Uniqueness in sealed high bid auctions. Working paper. Harvard and UCLA.

177.Maskin,E. S.,and Rilev,J. G. 1996b. Existence in sealed high bid auctions. Working paper Harvard and UCLA.

178.Maskin,E. S.,and Riley,J. G. 2000a. Asymmetric auctions. *Review of Economic Studies* 67: 413-38.

179.Maskin,E. S.,and Riley,J. G. 2000b. Equilibrium in sealed high bid auctions *Review of Economic Studies* 67: 439-54.

180.Matsu5hima,H. 2001·Multimarket contact,imperfect monitoring,and implicit collusion. *Journal of Economic Theory* 98: 158-78.

181.McAfee,P. R.,and McMillan,J. 1992. Bidding rings. *American Economic Review* 82: 579-99.

182.McAfee,P. R.,and McMillan,J. 1996. Analyzing the airwaves auction. *Journal of Economic Perspectives* 10: 159-76.

183.McMillan,J. 1994. Selling spectrum rights. *Journal of Economic Perspectives* 8(3): 145-62. 184. Mikl6s-Thal,J. 2011. Optimal collusion under cost asymmetry. *Economic Theory* 46: 99-125.

185.Milgrom,P. 2004. *Putting Auction Theory to Work*. Cambridge: Cambridge University rress.

186.Milgrom,P R·,and weber,R. J. 1982. A theory of auctions and competitive bidding. *Econometrica* 50: 1089-1122.

187.Miller,N. H. 2009. Strategic leniency and cartel enforcement. *American Economic Review* 99(3): 750-68.

188.Motta,M.,and Polo,M. 2003. Leniency programs and cartel prosecution. *International Journal of Industriaf Organization* 21: 347-79.

189.Mouraviev,I.,and Rey,P. 2010. Collusion and leadership. Working paper. Toulouse SChOO1 of conomics.

190.Myerson,R. B. 1981. Optimal auction design. *Mathematics of Operations Research* 6: 58-73.

191.Nocke,V. 2007. Collusion and dynamic(under-) investment in quality. *RAND Journal of Economics* 38: 227-49.

191.Nocke,V.,and White. L. 2007. Do vertical mergers facilitate upstream collusion? *American Economic Review* 97(4): 1321-39.

193.Normann,H.-T. 2009. Vertical integration,raising rivals'costs and upstream collusion. *European Economic Review* 53: 461-80.

194.Pavlov,G. 2008. Auction design in the presence of collusion. *Theoretical Economics* 3: 383-429.

195.Pesendorfer,M. 2000. A study of collusion in first-price auctions. *Review of Economic Studies* 67 (3): 381-411.

196.Porter,M. E. 1980. Competitive Strategy: *Techniques for Analyzing Industries and Competitors*. New York: Free Press.

197.Porter,R. H. 1983. Optimal cartel trigger price strategies. *Journal of Economic Theory* 29 (2): 313-38.

198.Porter,R. H. 1983b. A study of cartel stability: The joint executive committee,1880-1886. *Bell lournal of Economics* 14: 301-14.

199.Porter,R. H.,and Douglas Zona,J. 1993. Detection of bid rigging in procurement auc-tions. *Journal of Political Economy* 101(3): 518-38.

200.Porter,R. H.,and Douglas Zona,J. 1999. Ohio school milk markets: An analysis of bidding. *RAND Journal of Economics* 30(2): 263-88.

201.Posner,R. A. 1976. *Antitrust Law: An Economic Perspective*. Chicago: University of Chicago Press.

202.Posner,R. A. 2001. *Antitrust Law*,2nd ed. Chicago: University of Chicago Press.

203.Priest,G. L. 1977. Cartels and patent license arrangements. *Journal of Law and Economics* 20(2): 309-77.

204.Prokop,J. 1999. Process of dominant-cartel formation. *International Journal of Industrial Organization* 17: 241-57.

205.Racine,J. 2000. A consistent cross-validatory method for dependent data: hv-block cross validation. *Journal of Econometrics* 99(1): 39-61.

206.Raith,M. 1996. A general model of information sharing in oligopoly. *Journal of Economic Theory* 71: 260-88.

207.Rey,P,and Stiglitz,J. 1995. The role of exclusive territories in producers'competition. *RAND Journal of Economics* 26: 431-51.

208.Riley,J. G.,and Samuelson,w 1981. Optimal auctions. *American Economic Review* 71: 381-92.

209.Robinson,M. S. 1985. Collusion and the choice of auction. *RAND Journal of Economics* 16: 141-45.

210.Ross,T. w. 1992. Cartel stability and product differentiation. *International Journal of Industrial Organization* 10: 1-13.

211.Rotemberg,J. J.,and Saloner,G. 1986. A supergame-theoretic model of price wars during booms. *American Economic Review* 76 (3): 390-407.

212.Rotemberg,J. J.,and Saloner,G. 1989. Tariffs VS quotas with implicit collusion. *Canadian Journal of Economics*. Revue Canadienne d'Economique 22: 237-44.

213.Rotemberg,J. J.,and Saloner,G. 1990. Price leadership. *Journal of Industrial Economics* 39: 93-111.

214.Samkharadze,L. 2011. Buyer resistance to cartel conduct. Working paper. Penn State University.

215.Sannlkov,Y.,and Skrzypacz,A. 2007. Impossibility of collusion under imperfect monitor-ing with flexible production. *American Economic Review* 97(5): 1794-1823.

216.Scherer,F. M. 1980. *Industrial Market Structure and Economic Performance*. Chicago: Rand MacNallv.

217.Schmalensee,R. 1985. Standards for dominant firm conduct: What can economics con-tribute? Working paper 1723-85. Sloan School of Management. http: //dspace. mit. edu/bitstream/handle/1721. 1/2128/SWP-1723-12868188. pdf?sequence=l(accessed January 12,2011).

218.Schultz,C. 2005. Transparency on the consumer side and tacit collusion. *European Economic Review* 49: 279-97.

219.Scott Morton,F. 1997. Entry and predation: British shipping cartels 1897-1929. *Journal of Economics and Management Strategy* 6: 679-724.

220.Selten,R. 1973. A simple model of imperfect competition,Where 4 are few and 6 are many. *International Journal of Game Theory* 2: 141-201.

221.Senate Committee On Patents. 1942. Hearings before the Committee on Patents on S. 2303 and S. 2491,Part 5,77th Cong. 2nd Sess. (May 13&16,1942).

222.Shao,J. 1993. Linear model selection by cross-validation. *Journal of the American Statistical Association* 88 (422): 486-94.

223.singh,N.,and Vives,x. 1984. Price and quantity competition in a differentiated duopoly. *RAND Journaf of Economics* 15 (4): 546-54.

224.Skrzypacz,A.,and Hopenhayn,H. 2004. Tacit Ccollusion in repeated auctions. *Journal of Economic Theory* 114(1): 153-69.

225.Slade,M. E. 1992. Vancouvers gasoline-price wars: An empirical exercise in uncovering supergame strategies. *Review of Economic Studies* 59: 257-76.

226.Smith,A. 1981. *An Inquiry into the Nature and Causes ofthe Wealth of Nations*,vo1. 1,edited by R. H. Campbell and A. S. Skinner. Indianpolis: Liberty Classics.

227.Spagnolo,G. 2004. Divide et impera: Optimal leniency programmes. Discussion paper 4840. CEPR.

228.Spagnolo,G. 2005. Managerial incentives and collusive behavior. *European Economic* Review 49: 1501-23.

229.Staiger,R. W.,and Wolak,F. A. 1992. Collusive pricing with capacity constraints in the presence of demand uncertainty. *RAND Journal of Economics* 23: 203-20.

230.Stenbacka,R. 1994. Financial structure and tacit collusion with repeated oligopoly com-petition. *Journal of Economic Behavior and Organization* 25: 281-92.

231.Stigler,G. J. 1947. The kinky oligopoly demand curve and rigid prices. *Journal of Political Economy* 55: 432-49.

232.Stigler,G. J. 1964. A theory of oligopoly. *Journal of Political Economy* 72: 44-61.

233.Stocking. G. W.,and Watkins. M. W. 1991. Cartels in Action: *Case Studies in International Business Divlomacy*. Buffalo,NY: Hein.

234.Sullivan,E. T.,and Harrison,J. L. 1988. *Understanding Antitrust and It Economic Implications*. New York: Bender.

235.Tan,G.,and Yilankaya,O. 2007. Ratifiability of efficient collusive mechanisms in second-price auctions with participation costs. *Games and Economic Behavior* 59(2): 383-96.

236.Temporary National Economic Committee. 1940. Hearings before the Temporary National Economic Committee,Part 5,Cartels,75th Cong. 3rd Sess. (January 15—19,1940).

237.Thomas,C. J. 2005. Using reserve prices to deter collusion in procurement competition. *Journal of Industrial Economics* 53(3): 301-26.

238.Thoron,S. 1998. Formation of a coalition-proof stable cartel. *Canadian Journal of Economics* 31: 63-76.

239.Tirole,J. 1988. *The Theory of Industrial Organization*. Cambridge: MIT Press.

240. Turner,D. F. 1962. The definition of agreement under the Sherman Act: Cons cious paral-lelism and refusals to deal. *Harvard Law Review* 75(4): 655-706.

241.Vasconcelos,H. 2005. Tacit collusion,cost asymmetries,and mergers. *RAND Journal of Economics* 36(1): 39-62.

242.Vickrey,W. 1961. Counterspeculation,auctions and competitive sealed tenders. *Journal of Finance* 16: 8-37.

243.Vickrev. W. 1962. Auctions and bidding games. *In Recent Advances in Game Theory*. Princ-eton Conference Series 29. Princeton: Princeton University Press,15-27.

244.Waehrer,K. 1999. Asymmetric private values auctions with application to joint bidding and mergers. *International Journal of Industrial Organization* 17(3): 437-52.

245.Weber,R. 1997. Making more from less: Strategic demand reduction in the FCC spectrum auctions. *Journal of Economics and Management Strategy* 6(3): 529-48.

246.Werden,G. J.,and Baumann,M. G. 1986. A simple model of imperfect competition in which four are few but three are not. *Journal of Industrial Economics* 34: 331-35.

247.Wemerfelt,B. 1989. Tacit collusion in differentiated Cournot games. *Economics Letters* 29: 303-306.

248.White,H.,Marshall,R. C.,and Kennedy,P. 2006. The measurement of economic damages in antitrust civil litigation. *Economics Committee Newsletter*

6(1): 17-22.

249.Wilcox,C. 1940. *Competition and Monopoly in American Industry,Monograph No. 21,Senate Committee Print(76th Congress,3d Session),Investigation ofConcentration ofEconomic Power,*

Temporary National Economic Committee. Washington,DC: Govemment Printing Office.

250.Williamson,O. E. 1985. *The Economic Institutions of Capitalism*. New York: Free Press.

经济学经典译著丛书

书名: 新竞争者的壁垒

书号: ISBN 978-7-01-011618-1

定价: 39.00元

作者: (美) 乔·贝恩 (Joe S. Bein) 著
　　　徐国兴等译·

内容简介: 作为产业组织领域哈佛学派的经典之作,本书分析了市场进入条件的基本特征和影响市场进入壁垒的基本因素,通过实证研究检验了规模经济、产品差异、绝对资本需求等市场结构特性和市场行为、产业绩效之间的关系,奠定了市场进入壁垒的基本分析框架和产业组织理论的SCP范式。

即将出版　欧共体竞争法的经济学:
　　　　　　概念、应用和计量

　　该书英文版在欧洲地区有着重要影响,是业界很畅销的专业书籍,在欧洲被反垄断领域专业人士视为"反垄断实用经济学的圣经"。

内容简介: 该书考察了欧共体竞争执法中应用的经济学理论和分析方法,讨论了竞争法背后的经济学原理,包括市场势力、市场界定和有效竞争等;考察了欧盟委员会制定竞争执法相关指南的经济分析技术;说明了欧盟委员会和欧洲法庭在重要竞争案件中对经济学的应用。本书不仅对法学和经济学专业的本科生和研究生有参考价值,对从事竞争案件分析政府执法机构人员和相关律师也都有较重要的参考价值。

责任编辑:高晓璐

图书在版编目(CIP)数据

共谋经济学——卡特尔与串谋竞标/(美)马歇尔,(美)马克思 著;蒲艳,
　张志奇 译. -北京:人民出版社,2015.8
书名原文:The Economics of Collusion
ISBN 978－7－01－015118－2

Ⅰ.①共…　Ⅱ.①马…②马…③蒲…④张…　Ⅲ.①垄断经济学-研究
　Ⅳ.①F038.2

中国版本图书馆 CIP 数据核字(2015)第 178180 号

共谋经济学
GONGMOU JINGJI XUE
——卡特尔与串谋竞标

[美]罗伯特 C.马歇尔　[美]莱斯利 M.马克思　著

蒲　艳　张志奇　译　吴汉洪　校

人民出版社 出版发行
(100706　北京市东城区隆福寺街 99 号)

北京汇林印务有限公司印刷　新华书店经销

2015 年 8 月第 1 版　2015 年 8 月北京第 1 次印刷
开本:710 毫米×1000 毫米 1/16　印张:17.5
字数:231 千字

ISBN 978－7－01－015118－2　定价:56.00 元

邮购地址 100706　北京市东城区隆福寺街 99 号
人民东方图书销售中心　电话 (010)65250042　65289539